我喜歡思奔，和陳昇的歌

寫在歌詞裡的十四堂哲學課

香港浸會大學
宗教及哲學系教授

張穎　著

【詩序】

一朝醒來愛陳昇愛到風箏也願意私奔到擁擠的華人公寓

朱頭皮／臺灣傳奇音樂創作人

全臺出唱片的無不羨慕佩服陳昇
陳昇才不管賣不賣
我出我的管你去死
本來大致上一年一張
近幾年變本加厲，兩張四張
越老越有威力而且鋼強
陳昇才不管賣不賣
儘管偶爾也被專業音樂圈嚴詞批評亂做一通
我出我的管你去死
全臺出唱片的無不羨慕佩服陳昇

張穎教授想和陳昇的歌一起去喜歡思奔

歡迎張教授來南機場吃餃子
把悲傷留給思念人之屋

【推薦序】

心靈浪人的共心

張錦青／香港中文大學哲學系教授

Ellen（張穎博士）是我之前任教的浸會大學的同事。她是專研宗教和哲學的學者，亦是深受學生愛戴的教授。Ellen熱愛文藝，喜歡詩歌、音樂、繪畫，往往藉文藝作品，思索和體悟人生的哲理。

Ellen在上世紀八〇年代末，離開中國前往美國讀書，進而留在美國執教。十年前，當她隻身來到香港時，已經在美國住了近二十年。正如Ellen自己所說，她從來沒有想過，會有一天在香港這個跟自己性格並不搭配的城市生活。無論是美國或香港，她都是一片葉子，在風中飄來飄去。

在這來去如飛的歲月裡，不知何時，Ellen成為了一位心靈浪人。在孤獨浪蕩的人生中，命運讓她透過音樂遇上了另一位心靈浪人——臺灣音樂人陳昇；思想上的共鳴遂成就了本書的誕生。

在書中，Ellen帶領我們浪遊陳昇的音樂曲詞，透過穿梭其間的哲學反思，從中同悟五味紛陳的人生。在談及陳昇的情歌時，Ellen認為他在歌中融入了「我是誰？」這個哲學問題，繼而用康德對「自由」的某種看法，來解讀陳昇「放肆的情人」和「浪子」的身分。她進一步指出，陳昇的〈恨情歌〉展現了「自由的悖論」，並由此帶出從莊子到竹林七賢、再到陳昇，都有類似的浪子的困惑。在Ellen筆下，尼采的酒神與太陽神的精神對峙、阮籍和劉伶放浪形骸的酒醉張狂，以及陳昇任性率直的音樂，都深刻地描畫了一群心靈浪人在自由與宿命中狂歌的光景。

人蒼茫獨立於天地之間，每每感受到無邊、無際、無盡的孤獨與疏離。最能令Ellen對陳昇感到著迷的，應該是他在〈別讓我哭〉、〈我喜歡私奔和我自己〉、〈一個人去旅行〉、〈不再讓你孤單〉、〈青鳥日記〉、〈思念人之屋〉、〈凡人都寂寞〉等等歌曲，以及散文集《寂寞帶我去散步》中所表露的「存在之孤獨」。她以獨特的角度，帶著我們穿梭於齊克果、叔本華、尼采、音樂套曲《流浪者之歌》的馬勒，甚至《會飲篇》的柏拉圖、《溫莎的風流婦人》的莎士比亞之間，把陳昇作品中所表達的孤獨與疏離，揭示得淋漓盡致。

為什麼Ellen對陳昇歌曲作品有如此共鳴？

清末詞人況周頤在《蕙風詞話》寫道，「吾聽風雨，吾覽江山，常覺風雨江山外有萬不得已者在。此萬不得已者，即詞心也。」原來，曲詞良品之所以能引起共鳴，實無關風雨江山。正如歐陽永叔在〈玉樓春〉中所言，「人生自是有情痴，此恨不關風與月。」一切、一切，盡在詞人與讀者、陳昇與Ellen之共心。

至此，我們便明白Ellen為何如此概括她對陳昇歌曲的深刻認識和體會：「我以為陳昇的歌曲就是詩化哲學和音樂藝術的美妙合體。在他的音樂中，我們不但感受他個人的情感和體驗，同時也在審視我們自己的情感和體驗……我們在聽陳昇講給我們的故事的同時，也在編織著我們自己的故事。」

這幾句話亦解釋了為何Ellen用哲學的眼光去看陳昇的歌曲，又或是用陳昇的歌曲去看哲學。此間種種，皆因陳昇與她，同是心靈浪人、詩化哲人。

【推薦序】

背負記憶的生活世界探險者

劉宗坤／美國德州休斯敦，律師

半年前，尚對陳昇的音樂所知無幾。一個偶然的機會，聽張穎博士聊起來，開始欣賞。那種平緩而纏綿的詠唱把人帶入一個記憶的世界，有著洗盡鉛華的本色和無味之味的質樸。張穎博士在這部書稿中的解讀則像一枚稜鏡，折射出本色和質樸中隱藏的光彩和意韻。

世間充滿可望又可及的東西，人人去追逐，行色匆匆，一路過客，成為生活世界的常態。世間也有可望不可及的東西，有人追逐其後，注定成空，如久已錯過的愛情，生活在別處的渴望，回歸不存在的故鄉等。知其不可奈何，又無法安之若命，人就發明了宗教、哲學、文學、藝術等，尋求生存的意義——其實是在無意義中創造意義。所以，尋求意義的主題會以不同的方式表現在宗教、哲學、文學和藝術之中。

在懷舊或鄉愁（nostalgia）中尋求生存的意義是陳昇音樂一以貫之的主題。正如其本人所言，他的創作大多是記下對往昔的思念和回憶。〈歸鄉〉、〈風箏〉等名曲以變幻的意象和纏綿的旋律撫今追昔，對故鄉和愛情的記憶，來如春夢幾多時？去似流沙無覓處。失去的故鄉和可望不可及的愛，隨時間綿延不絕，當下不知不覺已成為飄忽的過去，令人想起奧古斯丁的時間之惑：「時間是什麼？無人問起時，我有所知；要張口解釋時，卻渾然不知了。」陳昇的音樂讓聽者體味這種時間之惑的詩意，張穎博士的解讀則把讀者帶入時間之惑的哲理世界。

真實的記憶並非像刻在石頭上的符號那樣一成不變，而是像河流一樣處於變幻之中。唯其變幻，方才真實。那種固化的記憶往往留下太多人工虛飾的痕跡，遠離記憶的真相。職是之故，懷舊或鄉愁其實是一段探尋真實記憶的過程，並依托記憶找到本真的自我。這是哲學和藝術中常見的創造生存意義的途徑。每個人都背負著記憶生活，在延伸進現在的過去中理解世界，也理解自我。背負著過去的記憶，生活於當下的世界，悲情而坦然，這是陳昇音樂的詩意源頭。這種風格不同於那種壓抑的幽怨，背負著當下的世界，生活於過去的記憶中。他不是記憶的囚徒，而是背負記憶的生活世界探險者。

張穎博士對陳昇音樂的解讀，入乎其內，出乎其外，熱情而細膩，有哲理的高致而不失詩意的生氣。有一種藝術評論，像外科手術一樣，以哲學手段切入，肢解藝術作品，抽象出作品的意義。也有一種藝術評論，像接生嬰兒一樣，讓作品的意義自然而然地流露在評論之中。張穎博士的解讀屬於後者。它是陳昇音樂的延續，是隱含在音樂中的意義在哲理中的自然流露。行文的語言之美給讀者帶來閱讀的愉悅，正如音樂的旋律之美給聽者帶來欣賞的愉悅，是哲理與詩意的互補。

與張穎博士一樣，筆者在德克薩斯生活多年，讀到書中論及德州的鄉村歌手，多有共鳴。尤其是有關柯林．布雷克的段落，讀來倍感親切。布雷克大致是我在德州居住地出過最有名的人物了。那是個叫Katy的小城，離休斯頓以西約半個小時的車程。柯林・布雷克曾是鄉村音樂中大名鼎鼎的人物，在上世紀九〇年代風靡一時。他有一首名曲〈新好男人〉，被傳唱至今。有些人與事，因緣際會，經歷過以後，即便已經離開，生命會有轉變。陳昇和他的音樂、張穎博士和她的這本講陳昇音樂的書，都屬於這些讓人有所改變的人與事。

【推薦序】

文字的終點是音樂的始點

潘明倫／香港浸會大學音樂系教授

張博士（我習慣叫Ellen）是我們浸會大學文學院的老師，也是我相識多年的好友。我們有時會在午餐時聚在一起，談天說地。當然，閒談的話題少不了哲學和音樂。我知道Ellen喜歡西洋歌劇，這大概是受到她早年學習西洋戲劇的影響。她也喜歡看影視作品，時不時地向我介紹她最近又看了什麼佳作，哪些作品可以從哲學的維度進行思考和詮釋。

記得多年前，Ellen提到她在講授存在主義哲學課的時候，讓學生透過李安導演的《少年Pi的奇幻漂流》的影片，探討與存在主義有關的諸多問題，譬如存在、孤獨、疏離、荒謬、命運等等。我記得，當時Ellen還把她給學生的系列問題電郵了一份給我。Ellen的學生好幸運，有這樣用心的老師，能讓抽象晦澀的哲學問題變得生動活潑。

前不久的一天，我們一起午餐，Ellen忽然從手袋中拿出一摞紙張，攤在我的面前。在我有些莫名其妙之時，她用帶有一絲神祕的語氣說道：「告訴你，我最近瘋狂地喜歡上一位臺灣流行歌星，正在寫一本和他的音樂創作相關的書，寫好後，你可要為我的書作序噢。怎麼樣，同意不同意？」我真是不知所云：「臺灣歌手？是誰？」作為西洋古典音樂人，我平時不大留意流行歌手，更別說是臺灣歌手。

Ellen告訴我，那位歌手叫陳昇（Bobby Chen）。我不得不承認，我從來沒有聽說過這個名字。我只好說：讓我上網查一查，聽聽他的歌曲再說。沒想到Ellen馬上露出一副擔心的神色：「你可能不會喜歡他的音樂。如果不喜歡，怎麼辦？你不會就不答應寫序了吧？」我心裡暗笑：什麼歌星，能讓一位哲學教授如此不知所措？不過，我還是安慰她說：「我先看看妳寫了什麼。妳要寫他，自然會有妳要寫的道理。」

之後，我的確上網查看了Bobby，並聽了一些他的流行作品。說實在的，我覺得還不錯，沒有Ellen所擔心的不喜歡。我猜想，Ellen大概是擔心我不喜歡她忽然如此痴迷一位通俗音樂人。所以，她一再強調，Bobby不是一般的歌手，而是一位哲人。

看了Ellen的書稿，我似乎明白她為什麼受到了感動。人們常說，文字的終點是音樂的始點，也就是說，音樂可以彌補語言的「不可言」。音樂可以用理想的紐帶結合人類的精神，探求人生的意義，化解世間的苦難。所以，叔本華認為，音樂是真正的人類通用語言，無論哪裡的人都能夠理解。

Ellen的文字給我的感覺是在音樂的符號之間跳動的幽靈，讓她的哲學思考在音樂作品中自由地蕩漾。在某種程度上，Ellen是把Bobby的歌曲當作一個言說的平臺，以此抒發她的一種情緒，或者闡述她的一段思考。這裡，音樂似乎不僅僅是音樂，音樂也可以是情緒，是觀念。這也正是為什麼Bobby的音樂（其實，更多的是他的歌詞）可以打動她的原因。

有一次Ellen問我，為什麼華格納看不上尼采創作的音樂作品？我答道：「可能是他覺得尼采的音樂過於平庸吧。」與華格納那些史詩般的「樂劇」（music drama）相比，尼采的曲子的確過於單調和平庸。雖然華格納和尼采都在不同的程度上受到叔本華「意志哲學」的影響，但一位是用音樂的形式來呈現，另一位則是用哲學的形式來解釋。最終，兩人還是因為哲學和美學理念的不同，不得不分道揚鑣。

尼采曾發誓要以作曲為終身職志，並創作了多首鋼琴小品和歌曲。但事實證明，尼采還是作為哲學家更為合適。Ellen喜歡叔本華，儘管叔本華把很多歌劇看作是為不懂音樂的人而設計的言論讓她有些不快。Ellen更喜歡尼采，也深受尼采哲學的影響。在她對Bobby Chen音樂的描述中，我看到了尼采的酒神精神和日神精神的對峙與妥協。

然而，我還是想問：源於音樂的靈魂和源於觀念的靈魂是否可以真的相互交融呢？或許這本書可以幫助我們找到答案。

【推薦語】

長期以來，臺灣文字評論環境缺乏對音樂創作者的深度認識……於是乎，樂迷要進入創作者的自覺，顯得更為困難。欣見這樣一本「深度導覽」，帶領樂迷／讀者們躍上不勝寒的高處，一探陳昇的文本。字裡行間，因真誠而產生的種種哲思，格外「昇式」。作者這一份心領神會，鼓勵著樂評人、學術工作者，替自己的真愛找到介紹的道路。期待書市裡，有更多這樣深度的評論，讓我們去到音樂的另一個知識視界。

陳玠安／資深樂評人

身為華語音樂聽眾，多年來皆鮮少能看見剖析華語歌詞文本的創作，一直是心中遺憾。張穎博士的這本著作，從陳昇老師的歌詞出發，並加入了張博士的哲學專業與自我辯解，讀來有如參與了兩人的思辨之旅，萬分精彩。

傑米鹿／新媒體樂評人

張穎教授的文化涉獵非常廣——哲學、文學、音樂、繪畫、生活藝術——她是當今少數的文藝復興人（Renaissance Man）之一。她研究陳昇創作的哲學脈絡一書，展現對民謠和生活哲學豐富而深入的體會。

鍾玲／臺灣著名作家、學者；前香港浸會大學文學院院長

引子

前一段時間，我和幾位朋友一起欣賞馬勒的第二交響樂《復活》。因為我教授哲學和宗教，朋友建議由我負責向大家講述一下馬勒音樂中的哲學和宗教思想。我便開始在Google的文字間和YouTube的音符中神遊往返，尋找馬勒的音樂和西方世紀末情結（*fin de siècle mentality*）的關係。

然而有一天，鬼使神差，我在搜索引擎上胡亂遊蕩，從馬勒無意間跳到一個毫無關聯的名字，馬世芳，並由此進入到一檔音樂訪談節目《馬世芳音樂五四三》。節目是介紹臺灣當代的流行音樂，其中的受訪嘉賓是一位我並不熟悉的臺灣音樂人——陳昇。

雖然很難說我是個流行音樂之迷，但臺灣上世紀八〇到九〇年代民謠和流行音樂對我來說並不陌生。九〇年代初我在美國生活的時候，周圍有幾位來自臺灣並喜歡民謠的朋友，是他們帶我認識了不少當代的臺灣音樂大師，像羅大佑、李宗盛以及他們的作品，還有像鄭怡、陳淑樺、許景淳、潘越雲這些知名的我喜愛的臺灣女歌手。男歌手中，我最鍾情的是姜育恆和殷正洋。姜育恆的那首〈歸航〉至今記憶猶新；一句「當初背負多少期待和祝福，才肯面對茫茫的旅途」的表述，真實地道出我那個年代海外學子的漂流心境。

可是多年以來，我好像從來也沒有注意到臺灣滾石唱片公司的陳昇（Bobby Chen）和他的音樂。而馬世芳的音樂訪談引發了我的好奇，因為我在節目中不但聽到了一位極富有幽默感的講者在敘述著自己的音樂，而且第一次有機會聽到了他幾首別具一格的曲子。後來，當陳昇唱起那首溫馨婉約的〈風箏〉時，不知為什麼，我忽然有一種無名的纏綿和感動：

我是一個貪玩又自由的風箏，每天都會讓你擔憂
如果有一天迷失風中，要如何回到你身邊
貪玩又自由的風箏，每天都遊戲在天空
如果有一天扯斷了線，你是否會來尋找我
如果有一天迷失風中，帶我到你的懷中

質樸的意象，平實的曲調，娓娓道出微妙的男女關係。而「風箏」的意象似乎又可以超越愛情的敘事，像那部著名的小說《追風箏的孩子》所講述的有關親情、背叛、救贖的故事。在陳昇的作品中，那個放風箏的人是否需要去追趕風箏呢？

我開始在網路上搜尋陳昇的歌，一連串不尋常的歌名吸引了我：〈青鳥日記〉、〈鴉片玫瑰〉、〈思念人之屋〉、〈愛情的槍〉、〈喝完咖啡就走開〉、〈細漢仔〉……打開〈青鳥日記〉，靜靜地聽著，我實實在在地被震驚了。這哪裡僅僅是音樂，這哪裡僅僅是音樂人，這分明是一

個隱藏在音樂背後的哲學詩人！

十一月二號，天氣晴
見到了海浪和飛鳥，我像石頭一樣忍住悲傷
……
十一月五號，北風起
半島的海浪裡面有我的記憶
十一月六號，天氣陰
我沒想到往哪裡去，可我也不能停留在這裡
——〈青鳥日記〉

青鳥，bluebird！在西方文學中，它是希望與幸福的象徵。諾貝爾文學獎獲得者、比利時詩人、劇作家——梅特林克曾寫過一部著名的劇作《青鳥》，以象徵的手法探討死亡及生命的意義。

其實〈青鳥日記〉不太清晰作者的青鳥到底是什麼，但時間脈絡的背後是歌者無以言表的孤獨表白，一種實實在在的、存在主義的孤獨。而這種孤獨感到了〈思念人之屋〉幾乎成為一種徹底的絕望與心痛，所以歌者不停地唱道：「Don't talk to a dog at [in] ra ning days...」

am living in the "house of missing you."」

有人說，陳昇的音樂是一個漩渦，他自己在那裡轉啊轉啊，自己轉得舒服就好。旁人被他吸引也罷，被他傷害也罷，他都還是自己在那裡轉啊轉啊……陳昇在不同的訪談節目中多次提到：他作音樂首先是要爽到自己，能爽到別人當然更好。我知道，陳昇喜歡跟音樂對話，跟自己對話。然而是否能跟世界對話，他並不在意，因為他說過：「寫歌的人假正經，聽歌的人最無情。」（〈牡丹亭外〉）

我喜歡陳昇這種冷幽默，或者可以稱之為昇式的黑色幽默。在以後的一個月裡，我掉進了陳昇的大漩渦，開始在他的漩渦中不由自主地打轉，就像步入蘇菲神祕主義的舞蹈儀式[1]，停都停不下來……我不得不承認：我愛上這位叫Bobby Chen的音樂人，愛上了他的音樂，愛上了他的才情。真好，有陳昇。我沉寂了近十年的靈魂現在終於可以跳出來，扭一扭、哭一哭。歲月寂寥，因有你和你的音樂而感動，知道自己還活著。我想在這裡說陳昇，說他的音樂，說他的歌曲，說他的幽默，說他的率真，說他對生命的了悟……或許，我是在夢中自言自語，說給自己的，也說給想像中的他。

雲的那邊，什麼也沒有
不過是夢一場
——〈二十年以前〉

陳昇這句歌詞似乎有些口是心非，因為他自己不就是那個一直在追夢的人？而他的歌迷們也在不停地想像著「雲的那邊」的風景。正如美國劇作家奧尼爾在他的劇作《天邊外》所描述的那位從小希望離開農莊、出海遠遊的羅伯特小弟。奧尼爾可是靠此劇榮獲普立茲戲劇獎呀。奧尼爾筆下的少年羅伯特，在某種程度上很像那位躺在臺灣彰化縣溪州鄉稻田上的少年——陳志昇（陳昇原名），那位喜歡做夢、喜歡幻想、渴望「雲的那邊」的年輕人。

有夢的人，是最美麗的。

陳昇有一首歌，名為〈我喜歡私奔和我自己〉。我要說：「我喜歡私奔，和陳昇的歌」。轉念一想，「私奔」未免自作多情，還是「思奔」為好。

1 蘇菲神主義為伊斯蘭教的派系之一，其重要的舞蹈儀式為旋轉，信徒藉由持續三十分鐘的旋轉，以求提升精神層次。

CONTENTS

推薦序

推薦語

※本書體例說明:譯名對照採橫排左翻,依篇名排序。

1

民謠

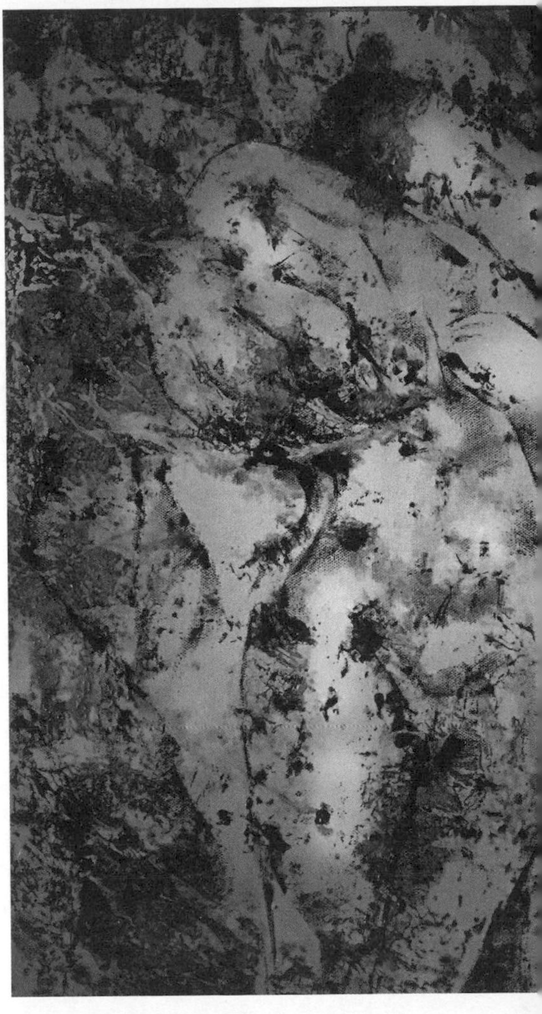

暗夜裡來的人，有自己的心事，你不要無知去跟人說再見

——〈那些跟青春記憶有關的美〉

上世紀八〇年代初，我所接觸到的臺灣民謠，僅限於中國那時所說的「臺灣校園歌曲」。如侯德健的〈龍的傳人〉，紅極一時，當時絕對屬於「政治正確」的海外歌曲。而後來在中國興起「城市民謠」時代之時，我已經離開北京去了美國。

那時提到民謠，我腦海裡首先會出現的是像〈孔雀東南飛〉之類的漢代「樂府民謠」。不過，我記得我在大學時代還真是聽過一首道地的英國十七或十八世紀的民謠或敘事歌，民謠英文是ballad。那是當時一位在大學教我們英文的外教唱給我們的。

我已經記不清楚那首民謠的名字，只記得它的歌詞很長，印出來有好幾頁紙，同一個曲調來回重複地唱。好像是講一對年輕戀人的愛情故事，有很多生活細節的描述，包括如何做愛之類的。在那個禁慾主義的年代，聽這種歌會臉紅。不過，我倒是記住了「ballad」（芭樂）這個詞。以後再讀英國著名湖泊詩人華茲華斯的詩歌，像「我孤獨地漫遊，像一片浮雲」；看到文學史書上說他的詩在格律上受到了傳統ballad的影響，我一下子就明白其中的意思。

六〇到九〇

其實，所謂的美國民謠或民歌（folk songs）大多受英格蘭、蘇格蘭及愛爾蘭民謠影響，旋律優美，容易吟唱。像被稱為美國「民謠之父」的佛斯特創作的那些傳統的民謠：〈故鄉的人們〉、〈山腰上的家〉、〈山南度〉、〈甜蜜的家〉、〈往事難忘〉等等。我曾買過美國摩門教會近百人的合唱團所演唱這些歌曲的專輯光碟，氣勢磅礴，悠揚優美。另外，我在國內上大學期間，也有機會學了不少美國的folk songs。

當時我以為唱民謠是學習英文最有效的手段，畢竟是寓教於樂嘛。我至今還記得的歌曲有〈在老斯莫基山頂上〉、〈愛琳，晚安〉、〈深谷相思〉、〈俄亥俄的河堤〉等等。其中以木吉他伴奏的〈俄亥俄的河堤〉印象最深，因為歌曲表述了一個男孩子把自已的女友殺了，因為她變了心，不肯成為男孩的新娘：「I've killed the only one I loved / just 'cause she would not be my bride.」

記得我當時非常吃驚，如此謀殺故事也能編成歌曲來唱！我到美國後，聽到奧莉薇亞．紐頓—強和桃莉．巴頓唱這首歌，總覺得怪怪的，怎麼成了女孩子唱的歌了？難道她把男友殺了？還是強尼．凱許的版本更符合我原有的想像。現在看來是我當時的女性平權意識不夠強啊。在那個較為封鎖的年代，為了學習英文，我也拿到一些朋友們不知從哪裡翻錄的美國六〇年代的民謠、民歌卡帶來聽。我印象較深的四兄弟合唱團所唱的歌曲。其中兩首歌是我的最愛：一首是〈芳草萋萋〉；另一首是〈七朵水仙花〉。〈七朵水仙花〉真是一首極為浪漫動聽的作品，歌曲講述一個窮光蛋對著女友說：「我身無分文，沒房沒地，可是我能帶你到山谷，觀賞落日的晚霞，摘下七朵水仙花，為你編織世界上最美麗的花環；晚上我要你靠著我的身旁，在我的歌聲中靜靜地安眠……」

當年這首歌不知騙下我多少的眼淚。當然，我也不會忘記希臘跨國界女歌手娜娜．慕斯庫莉用不同語言所唱的各式動聽的民謠，特別是一首名為〈一次又一次〉的猶太傳統民謠：「從來不敢奢想攀上月球／從來不曾想過這麼快就能看見天堂。」後來在電影《辛德勒的名單》中再次聽到這首歌，倍感親切。

我到美國後所接觸的民謠基本是七〇年代之後的，但我還是喜歡不少六〇年代就出名的歌手。譬如，飄逸著一頭黑長髮的瓊．拜雅，她擁有天使般的美妙歌喉，巴布．狄倫和史蒂芬．賈伯斯都是她的前男友。瓊．拜雅的那首〈鑽石與鐵鏽〉的長歌，成為她的代表作。據說歌曲是為狄倫寫的，紀念二人無疾而終的一段情感。當然，狄倫也已家喻戶曉，他是一九六〇年代美國民謠搖滾（folk rock）指標性的人物，幾乎人人都會唱他那首著名的反戰歌曲〈答案在風中〉。二〇一六年，狄倫榮獲諾貝爾文學獎，表彰他「在美國民謠歌曲傳統中創造了全新的詩歌表達。」當然，狄倫也被一些人看成是「民謠叛徒」，大概是因為他有段時期從民謠轉向到搖滾。

有一部由美國導演D.A. 彭尼貝克在一九六七年所執導的紀錄片《別回頭》，詳細敘述了這段歷史，包括狄倫在一九六五年於英國的巡迴演唱會。在演唱的曲目中，有些是以電吉他和鼓為主的搖滾風，像〈地下鄉愁藍調〉，有些則是以木吉他和口琴為主的民謠風，像〈鈴鼓手先生〉。因此，說狄倫的音樂是民謠搖滾也沒錯。民謠搖滾，除了吉他、電子琴，常常會有薩克斯風、口琴、小提琴、笛子、班卓琴、手風琴或定音鼓等樂器配合。另外是受黑人靈歌[1]影響的藍調布魯斯（blues）。藍調也被稱為「藍色魔鬼」（blue devils），意思是悲傷、憂鬱。我最喜歡的歌手是比比金，他那首〈你能有多藍／憂傷〉，用他獨有的嗓音來唱具有獨特的味道。後來他與著名歌劇男高音帕華洛帝合唱的〈The Thrill is Gone〉至今令人難忘。對我而言：The thrill still remains。

因為我在德州的休斯頓讀書，當然少不了聽美國南方或西部純正的鄉村音樂。嚴格意義上講，鄉村音樂或鄉村民謠和一般意義上的民謠屬於不同的類別（genre），但也有某種相似的地方。說實在的，鄉村音樂一開始我還真聽不慣，覺得太country了，土得掉渣子。不像民謠，可雅可俗。後來聽了一首康威・崔提和他的女兒合作的男女對唱〈瓊妮別哭〉，覺得滿不錯，有種獨有的味道。威利・尼爾森（他可是德州人的驕傲呀！）的〈新奧爾良之城〉，讓我首次感受到了鄉村音樂獨有的魅力。他的另一首〈常駐我心頭〉更是當時膾炙人口的民歌。

但我最喜歡的還是天后級女歌手珮西・克萊恩的鄉村曲。那首〈她得到了你〉簡直太悲催了：「我得到了你的照片，她得到了你；我得到了你的畢業戒指，她得到了你……是我得到了你的照片，還是你的照片得到了我？」

我認為鄉村音樂的最大特質是會講故事，一個又一個小人物的sad story，很有悲劇效

1 非裔美國人所創造的基督教聖歌，不同於歐洲傳統端莊肅穆的讚美詩，黑人靈歌融合了非洲音樂的節奏與聲音元素，或採用民間流行的小提琴與班卓琴伴奏，風格熱烈不羈。

果。當然以後的城市民謠具有相似的特性，只是講城市的故事而已。克萊恩的那首〈Crazy〉（我想可以譯為〈為愛痴狂〉）更是一再被不同歌手翻唱，包括威利．尼爾森。之後，又出現了一大批的女歌手，如凱莉．安德伍、仙妮亞．唐恩、泰勒絲、費絲．希爾等等。

而男歌手中我比較鍾意的應該是像湯姆．瓊斯這樣的老民歌手，那首〈綠草如茵的家園〉依舊被我收藏，貓王也翻唱過這首歌，同樣地感人。

九〇年代比較有名是柯林．布雷克，喜歡穿一身黑衣，帶個黑帽子，一副不食人間煙火的樣子。曲風與六、七〇年代的西部鄉村樂更為接近。我比較關注他，不只是因為他的音樂，也是因為他是德州人，我的那些德州老友總喜歡吹捧他。布雷克有一首名曲叫〈新好男人〉，MV中，布雷克一身牛仔裝束，開著一輛典型的德州破爛皮卡，把一首失戀的曲子唱得如此從容淡定：

Things I couldn't do before now I think I can
And I'm leavin' here a better man
（以前我做不到的事現在覺得我可以
我正離開這裡，成為更好的男人）

臺灣民謠的活化石

我現在會想，如果陳昇唱這首〈新好男人〉也一定好聽，他有些沙啞的嗓音很適合唱鄉村歌謠。但他似乎更喜歡加拿大民謠搖滾歌手尼爾．楊和民謠歌手李歐納．柯恩。其實，尼爾．楊屬於跨界音樂人，其風格跨越民間音樂、鄉村音樂、搖滾。而陳昇，也是在跨界中打滾的音樂人。柯恩則是加拿大著名的民謠詩人和作家。他的嗓音具有特殊的磁性；他的音樂具有鮮明的哲學性與政治性的探討（如人權、民主、公義），這一點陳昇同他很像。

在馬世芳的一次音樂訪談節目中，我聽到一首陳昇在一九八八年自彈自唱的美國反戰主題老歌〈花落何方〉的錄音。此歌的歌詞取材於前蘇聯著名作家米哈伊爾．肖洛霍夫的小說《靜靜的頓河》，這是史達林的蘇俄時代我最欣賞的文學作品之一，作者通過白軍與紅軍之間的殘酷廝殺，感嘆人類無法擺脫戰爭的命運鏈條。肖洛霍夫因為這部著作獲得一九六五年的諾貝爾文學獎。〈花落何方〉一曲受到原小說第一部第三章出現的哥薩克搖籃曲的啟發，最早由被稱為「美國現代民謠之父」的皮特．西格演唱。我也聽過由 Peter、Paul、Mary 三重唱組合，瓊．拜雅，以及四兄弟合唱團所唱的不同版本。

這首歌在越戰時期，成為美國年輕人在反戰示威遊行中最常唱起的歌曲。陳昇雖然沒有受過英文專業的訓練，發音上有點小毛病，但仍然唱得韻味十足。我在陳昇出現的另一檔娛樂節目中也聽他唱過〈答案在風中〉，唱了一半他好像記不清歌詞了，但我依舊認為他的嗓音很棒，我可以想像他年輕的時候彈著木吉他唱這首歌的模樣。

不少昇式流行歌曲也帶有民謠的風格，尤其是伴有口琴的旋律，像〈風箏〉、〈最後一盞燈〉、〈別讓我哭〉。那些敘事的歌曲，像〈孤寂的兵〉、〈姑姑〉、〈如風的少年〉、〈少年夏不安〉都帶有民謠和草根藍調的哀愁，有些曲子帶些搖滾布魯斯（blues rock，又名藍調搖滾）或南美騷沙（salsa）的元素，像〈汀州路的春天〉、〈十七號省道〉、〈晚安母親〉、〈紅色氣球〉。有意思的是，陳昇的民謠有的聽起來很美國，像〈擁擠的樂園〉、〈二十年以前〉；有的又很日本，像〈風箏〉以及一些臺語歌曲。

陳昇最新出版的《歸鄉》專輯（二〇一七年）可以說是他回歸民謠創作的高峰，開場時伴著木吉他的那幾聲啦啦啦，已使人進入流淚的狀態（關於這張專輯，我會在後面單獨談論）。當然，陳昇與新寶島樂隊合作的臺語民謠別具風格，有些直接採風於當地口傳的老歌。陳昇曾解釋說，民謠在臺灣本來是指那種「老人」的原住民吟唱的曲調，具有鮮明的鄉土性。但八〇年代以後有像羅大佑那樣的年輕人開始創作民謠，他們大多受美國音樂（比如巴布·狄倫）的影響，再後來大學生也開始寫自己的民謠，其結果是民謠的概念變得越來越寬泛和模糊。所以，當人們說陳昇的歌（尤其是臺語歌）很民謠、很鄉土，他也不反對這種說法，還得意地說自己現在是臺灣民謠的活化石呢。

幾年前，陳昇出了他的《流浪三部曲》，帶有創作者夢幻式日記的特徵。其中包括《麗江的春天》、《家在北極村》和《延安的秋天》。從專輯名稱可以看出，這是陳昇遊歷中國的採風之作，在音樂上創作者融合了當地的民謠、流行歌曲和搖滾的元素。這個時期的音樂大概屬於陳昇的實驗創新階段，風格和早期的作品有所差異。

《麗江的春天》據說是陳昇酒後肆意的即興創作，因此詞曲都比較隨意，可以說隨意的有些怪異。其中有一首名為〈那些跟青春記憶有關的美〉的歌曲，歌詞溫婉憂傷，不知是否可以稱之為「昇式感傷曲」：

忘了吧，忘了吧，陽春白雪
沒有人學會，躲開花兒嬌媚
兜圈圈，兜圈圈，以為看不見
那些跟青春記憶，有關的美
算了吧，算了吧，燈火闌姍（珊）處
夜歸的旅人啊，你不要覺得孤獨
暗夜裡來的人，有自己的心事
你不要無知去跟人說再見
每扇窗透著光，都有自己的心事
晚風你別哭泣，美麗的小城
算了吧，算了吧

這裡「陽春白雪」的涵義不是很清晰，因為麗江的春天是不會有白雪的。還好，故事情節並不複雜：美麗的小城，一個孤獨夜歸的旅人，想著自己的心事，卻不敢在明日再看一下春城花兒的嬌媚（一次浪漫的青春記憶？），只得安慰自己說「算了吧」。離別了，揮一揮衣袖，卻不知該跟誰道別。顯然，陳昇演繹著一個傷感的小城故事，一幅「天涯疏影伴黃昏」的畫面，但它符合「在愛情的道路上你是個陌生旅人」的昇式主題。實際上，在〈茶花〉一曲中，歌者已經勸說過旅人：

走不出雨霧的旅人啊，你不要哭
思念著你的人兒呀，他也一樣的苦

歌者以「苦」字總結：「苦，為什麼這樣的苦／野花的芬芳讓人迷了路／茶花很美，茶汁苦」。歌曲表現時常會曖昧不清、充滿痛苦。最後以「迷了路」三個字的感嘆和一個典型的昇式「嘿」拖長尾音結束。在音樂上除了樂器的節拍和伴奏，歌者融入哼唱和口白，民謠味道滿滿的。

同樣的感傷情緒也在《延安的秋天》專輯中有所表現。其中最精彩的，是一首名為〈航班一一六〉的歌曲：

我只想再聽一曲浪淘沙
我只想你不要把我忘記
從遙遠的南方來的茶花
我只想陪你聽一曲信天游

南方的茶花、西北的信天游——一柔一剛、一陰一陽。歌曲中穿插著什麼人的口白，還有飛機起落時背景說話的雜音。〈浪淘沙〉是詞牌名，五代時開始流行，是長短句雙調小令，又名〈賣花聲〉。南唐李煜寫過著名的〈浪淘沙〉：

簾外雨潺潺，春意闌珊
羅衾不耐五更寒
夢裡不知身是客，一餉貪歡
獨自莫憑欄，無限江山，別時容易見時難
流水落花春去也，天上人間

如此婉約的詞牌，好像與大西北信天游的調調搭不上。另外，《延安的秋天》穿插了一些戲曲的唱腔，出自陳昇的口，總覺得怪怪的，像走音的嗩吶。

還有，航班一一六，也有些詭異。其實，這不是陳昇第一次提到航班一一六。多年前，在小說《布魯塞爾的浮木》隨書贈送的CD中，有一首名為〈Airport Malpensa〉的歌曲，裡面提到了航班一一六。《麗江的春天》專輯中也有航班一一六。難道一一六這個數字有何特殊的象徵意涵？陳昇說，沒有什麼意義，只是隨口的低吟。除非我們是用弗洛伊德的精神分析理論來解讀，否則我們不可能知道它到底在暗示什麼。我想，陳昇知道，不肯說而已。

但乘坐航班畢竟意味著出行：是遠遊還是歸家？對於陳昇，這是個流浪的季節。

航班一一六，航班一一六
隔壁座的孩子，你還要問，為何我的眼裡含著淚

《家在北極村》亦是民謠風，有幾首是採用對唱的形式。唱片上的文案寫著：「你去不了的遠方，我幫你把故事帶了回來。」其中一首是〈月兒幾時圓〉。隨著舒緩的管弦樂伴奏，一個女人唱出「紅花女綠花郎，甘枝梅的帳子，象牙花的床」的北方小調。松花江邊風情萬種，道出來的也不過是江水中兩個月亮的倒影：「一個喝醉，一個薄衣裳（薄情郎）。」整首歌被女人的哀怨所包圍，「相思的路上呀長又長，甜甜的月光叫人心慌」的唱腔好像過於淒慘，與輕盈搖曳的管弦樂形成鮮明的對照。那個甜甜的月光其實是個bitter moon（苦月亮），那個女人或許一

輩子也等不來花好月圓之際了。這樣的北方小調，頗為耳熟，但不屬於我喜歡的類別。

專輯中的最後一首〈我曾愛過一個男孩〉，是老歌翻唱，亦是我喜愛的昇式情歌之一。我聽過黃鶯鶯和劉若英早前的版本，顯然黃鶯鶯唱的要高一籌。歌曲的開頭和中間都穿插了蒸汽火車的背景聲響，別有一種懷舊的意境，配上歌曲所敘述的故事，讓人感動和心折。新版光碟中所收藏的是劉若英重新演繹的版本，效果也不錯，加上陳昇的和聲，唱出歌曲原有孤寂的意境。心愛的人早已成家立業、兒女成群，女子自言自語地問：「卻不知道為什麼哭泣，莫非我還依然年輕？」歌曲有民謠風格，結尾帶入淒美的小提琴曲調，道出一個錯過之愛的無奈和心痛。

除了〈我曾愛過一個男孩〉，我喜歡的另一首情歌是〈純情青春夢〉，因為是臺語演唱的，閩南小調的味道十足。無論是潘越雲的原唱還是陳昇自己演繹的版本都好細膩，葉瑷菱和陳慶任對唱的版本則更為輕快，似乎有意淡化離別的憂傷。陳昇版的和音以及最後的鋼琴尾音增強了音樂的厚感，令人迴腸蕩氣。這首情歌的主題已經超越一般意義上的悲歡離合，而是探討愛情或擁有與自由的悖論。

當男女雙方各有各自的追求，只好無奈地同對方說：不要耽誤了你的青春夢，我要給你自由。正如社會學家齊格蒙．鮑曼在《液態之愛》一書中所指出的那樣，人雖然為了逃避自身的孤獨而渴望與另一個人連結，但同時又會去極力逃離這樣的連結關係。也就是說：「既想要束緊紐帶，又想讓它鬆綁。」人啊，就是如此這般的自相矛盾！

「送你到火車頭，越頭就做你走／親像斷線風吹，雙人放手就來自由飛」。難以束縛，最好放手。「自由飛」是陳昇創作中一再重複的主題，更體現了他的音樂個性。

我注意到，陳昇歌曲的節奏通常很慢。他時而喃喃自吟，時而拖著長音，給人一種慵懶的感覺，與當下大都市的快節奏顯然格格不入。然而，我覺得恰恰是陳昇的慢歌，可以讓我們在周而復始的忙碌中停一會兒，讓我們有時間把亂麻般的思緒整理一番。泡上一杯香茶，或者一杯咖啡，靜靜地感受他歌中的柔情蜜意，娓娓道出我們心底的那份最後一次的溫柔：

噢…讓我再一次深情擁抱你
為了不讓你輕易從我記憶中抹去
讓我永遠佔有想你的權利
——〈最後一次溫柔〉

陳昇與艾敬

說起陳昇和民謠的關係，讓我想到了艾敬，一位中國的城市民謠女歌手，她在九〇年代曾因一首〈我的一九九七〉而一度大紅大紫。我第一次聽到她的名字和她的「成名曲」在美國萊斯大學，當時我正在讀博士。記得有一次我去參加一個公開講座，話題是有關中國的城市化，以及香港將對中國的影響。在講座中間，那位教授放了艾敬的〈我的一九九七〉的ＭＶ。我當時也沒有太深的印象，只記得伴著吉他的節奏和傳統戲曲的音調，一位清秀的女孩子在鏡頭前晃來晃去，嘴裡叨嘮著一九九七、一九九七，說自己一九九七年後就可以去香港看男朋友了。顯然，歌曲不是在講述一個人的個體經驗，而是一個民族在某個歷史時期的集體期盼。或許那個時候香港和中國對我來說都太遙遠了，因此艾敬的這首當年紅遍亞洲的歌曲並沒有打動我，以後我也沒有再去留意過這位歌手。

因為在網路上找尋陳昇的音樂，這才與艾敬的城市民謠再次相遇，也才知道陳昇居然曾是艾敬唱片的製作人。不僅如此，我還發現陳昇不但給艾敬的某些歌曲作和聲，而且出現在艾敬的ＭＶ中。比如有一首歌叫〈你的軍裝〉，我驚奇地發現影像中那個身著一件土氣的軍綠大衣，在中國北方一個小巷路口晃來晃去的那個年輕人，居然就是陳昇扮演的。

我個人認為，艾敬最有趣的一首歌是〈豔粉街的故事〉，同樣是由陳昇作監製。我聽到了他的唱和，特別是那首我們小時候都會唱的那句「我愛北京天安門」，真是好搞笑。我難以想像，Bobby穿著毛式軍裝，拉著昇式的唱腔，高歌「我愛北京天安門」會呈現什麼樣的喜劇效果。

不過因為陳昇，讓我重新認識了艾敬的城市民謠。我現在發現她是滿有天賦的創作人，〈情陷一九八九〉、〈外婆這樣的女人〉、〈我和貓的鬥爭〉都是上乘之作。只可惜她後來唱片賣的不好，又不肯向市場低頭，最後轉行當畫家了，中國就此少了一位民謠歌者。我覺得好遺憾，她當時要能繼續與陳昇合作該有多好。而從另一個角度來看，我更加敬佩陳昇，能夠堅持走自己的藝術道路，唱自己要唱的歌，這對於一個在商業主導的社會中拚搏的藝人，並非一件容易的事。

豔粉街⋯⋯一條普不普通的街，記錄我童年快不快樂的生活
豔粉街⋯⋯一條普不普通的街，童年的往事在那裡淹沒

——〈豔粉街的故事〉

艾敬，揮揮手，告別了她的童年，告別了她的那張名為〈Made in China〉（中國製造）的唱片，也告別了她的家鄉——遼寧瀋陽，到美國紐約尋夢去了。艾敬的唱片裡有這樣一句話：「我不願意做你的逃兵，可我注定成不了英雄，我不想犧牲。」她知道，她個人鬥不過市場，所以放棄了。

而陳昇呢，還是依舊留在臺灣，認認真真地維繫著他所熱愛的音樂，唱著那些屬於他自己的歌。

2

情歌

把我的悲傷留給自己，你的美麗讓你帶走

——〈把悲傷留給自己〉

我認識陳昇這個名字，並全身心地愛上他的音樂，已經是他在樂壇流行近三十年之後了。在這個意義上，我是在做「補課」的工作。有人說他現在已經不流行，是個過氣的歌手。其實，對我來說，這倒是件好事。我這個人一向不喜歡追風，有時越流行的東西反而越喜歡躲得遠遠的。八〇年代在北京，當我周圍的朋友們都在追捧港臺流行音樂時，我反而在聽西洋歌劇。以至於我十年前來香港，居然不知道Andy Lau（劉德華）是誰。現在還真有些後悔當初沒有好好地學習粵語歌曲，否則現在也不至於如此費力地要學習粵語。

感謝我在美國的臺灣友人，因為他們，我才知道了一點點上世紀八、九〇年代的臺灣流行音樂。我偶爾也會聽那個時期非常流行的英國帥哥喬治．麥可的歌曲，像〈無心快語〉。後來還曾迷過披著一頭瀟灑長髮的麥可．波頓，但不是他那些較為流行的歌曲，如〈當一個男人愛上一個女人〉，而是他所選唱的西洋歌劇的詠嘆調，收入在他的一張名為《無比情深》的專輯中。不過，我可以隨口唱出的更多的是美國民謠以及那些受folk影響的老歌。但這些老歌卻不被我的美國友人熟悉，都說是他們父母輩、甚至是祖父母輩唱的歌，把我說的好像是古玩店走出來的人。

我到現在依然鍾意美國的老歌曲（odies），像艾佛利兄弟二重唱或The Letterman唱的〈沉醉於夢中〉、〈你永遠不會獨行〉之類的情歌。你若問我，美國現在流行什麼，知道有位Lady Gaga，其他的我還真說不出來。

現在聽陳昇，其實很多時候是聽他二十幾年前的老歌。但這次不同於以往的是，我已經不能用簡單的「喜歡」來描述我當下的感受，而是一種「毫無理性」的痴狂。我以長年學術訓練的本領，在一個月內找到了一切關於陳昇以及他的音樂資料，而且不加選擇地聽遍幾乎我可以找到的所有的作品，包括那些似乎不著調子的歌曲，這種瘋狂程度與我當年聽羅大佑、李宗盛的歌完全不能同日而語。

我的朋友開玩笑說：妳可能是戀愛了，屬於「女性更年期症候群」的一種吧。當我在網上看到一些和我一樣的昇迷（Bobby fans），我是如此的激動，感到在茫茫的孤夜裡，終於遇到了趣味相投的「同志」。我先生的看法獨到：「以前不相信人怎麼會信『邪教』，哈哈，現在明白了。」

陳昇的音樂就是如此。它像鴉片一樣，有一種神祕的力量，不是邏輯論證可以解釋清楚的。但現在冷靜地反思，除了機緣巧合，其實是一種氣質上的投緣。雖然我一直標榜自己是「精英」，也一直在精英圈子裡混。又是哲學博士，又是大學教授，屬於陳昇在〈細漢仔〉一曲中所諷刺的那些每天談的大致相同屁話的人。而在我的內心深處，卻一直在尋找另一些東西，它們一直在我的意識中潛伏著，是陳昇的音樂把它們召喚出來了。

聽著陳昇用質樸而又犀利的語言唱出他對生活的領悟，我會為自己那些用華麗的辭藻包裹的、貌似高深的哲學長篇大論而羞愧。陳昇反精英，但又有很精英的面向；而我這個被社會承認的精英，卻又有逃避精英的欲望。如此性格的雙重組合，會讓看起來完全不同類型的人走在一起。我想，昇迷中一定會有不少我這類人，平時穿戴整齊，說話一本正經，而內心卻奔馳著一匹野馬，嚮往無拘無束的生活。

瑣碎的生活，會讓人生的目的變得模糊不清。而陳昇的音樂，會叫人不得不重新審視自己的生活。

昇式情歌

現在說說陳昇的情歌，那些常常被媒體稱作的昇式情歌。從流行音樂的角度來講，他的不少情歌很入耳，符合流行情歌的基本要素。像我喜歡的〈風箏〉，從詞到曲都不複雜，但情感表達細膩，加上陳昇獨有的敘事腔調，很容易唱到人的心底。他的《魔鬼的情詩Ｉ》專輯中有不少是為人熟知的情歌，譬如〈不再讓你孤單〉、〈最後一次的溫柔〉、〈然而〉等。這些歌曲的曲調會時而舒緩、時而高亢，時而憂鬱、時而歡快。歌者在執著中透露出不在意，在悲傷中散發著溫馨。

像很多流行的情歌一樣，昇式情歌具有很強的「療癒」（therapeutic）功能，聽者既在聽別人的敘事，也在聽自己的故事。悲也好，喜也好，覺得自己不再孤單。此外，木吉他、手風琴、口琴——這些具有民謠風格的樂器，又讓昇式情歌多了一層超然浪漫的色彩。

我認為〈最後一盞燈〉是昇式情歌中的佳作，詞美曲也美。在蕭瑟的秋夜，戀人分手在即，但歌者似乎不肯放手，仍在絕望的歸途中，苦苦地尋覓著最後一盞燈影。明知情人已去，還要寬慰自己「愛一個人沒有錯」。可以說，男人的愁緒和纏綿在此曲中表現得淋漓盡致。而歌者最後一句快要破了音的「你是我最後的一盞燈」，不知曾經擊中過多少女人的心：

總在秋風吹來冷冷的夜裡，漫步在分手的地方
是否你的門早已經換了鎖，彷彿我已不是我

在沒有人跡冷冷夜空裡，尋覓著最後一盞燈影
當門已悄悄掩上的時候，要哭泣直到天明

歌中聲嘶力竭的「愛一個人沒有錯」，讓我立刻想到李歐納・柯恩的一首歌〈我們其中的一個不會錯〉，其中兩句是這樣唱的：

I showed my heart to the doctor. He said I'd just have to quit
Then he wrote himself a prescription, your name was mentioned in it
（我把心展示給醫師，他說我必須要放棄
然後他開下了處方，裡面卻有你的名字）

同許多昇式情歌一樣，〈最後一盞燈〉代表陳昇情歌中的一個重複的主題：失戀男子的柔情和固執。明知已被拋棄，仍然拒絕對方的冷漠，還在尋覓著最後一盞燈影，表達最後一次的溫柔，堅持最後一次的愛的權利，還在苦苦追問「可不可以，你會想起我」。這種陽剛（陳昇的嗓音很macho，有股「野味」）中的「娘」、「柔」和「黏」，形成一種獨特的「鋼鐵柔情」，它將每個音符化為感人的愛情頌歌。

其風格會讓我想起六〇年代的英國民謠歌手英格伯．漢普汀克，高大的體格，渾厚的嗓音，卻唱出一口柔情似水的愛戀：「They say you've found somebody new, But that won't stop my loving you.」（他們說你已另結新歡，但那並不會阻止我繼續愛你）

中國古代文人元好問的一句「問世間，情為何物，直教生死相許？」成為千古愛情絕唱。據說作者是聽到一位捕雁人說，他捕捉了兩隻雁子，但一隻逃脫了。當捕雁人殺掉那隻捕捉的雁子時，另一隻竟然飛回來，不肯離去，最後悲痛地撞地而死。由此，詩人寫下這首著名的〈摸魚兒．雁丘詞〉。陳昇的情歌則是從現代人的角度，追問情為何物。他以情歌的形式，探討愛情的哲學，其實也是探討人生哲學的一個重要組成部分。

在認識陳昇音樂的過程中，我發現有兩首情歌是我以前聽過的，而且是陳昇情歌中較為著名的兩首。遺憾的是，這兩首歌當時都沒有給我留下太深的印象，因此也沒有留意創作者的名字。一首是〈把悲傷留給自己〉，另一首是〈不再讓你孤單〉。我是在一個類似流行經典曲專輯裡聽過〈把悲傷留給自己〉，當時一大堆情歌收錄在一張唱碟上，聽到陳昇這首歌時，我大概已經「用情」疲勞，所以沒有太深的印象。遇上〈不再讓你孤單〉是去影院看過同名的電影，當時是衝著中國男演員劉燁去的；女主角則由舒淇扮演。可能是電影情節和表現手法都不合我的口味，我已經沒興趣欣賞裡面的插曲了。

可是現在我重新再聽這兩首歌，覺得音樂滿好聽的，不知是不是因為已經先愛上了創作者，所以失去了客觀評判的能力。後來聽陳昇自己講，他並不喜歡那個「衰男」唱的〈把悲傷留給自己〉，發行唱片的時候，差點想把它從專輯中拿掉。但為了迎合市場普羅大眾的需求，不得不保留在專輯裡。其實，現在仔細品味，陳昇塑造的這個「衰男」形象好可愛。借用張愛玲的話，在戀人面前，他變得很低，低到塵埃裡，而且沒有可能再從塵埃裡開出花來。他不會有〈浪人情歌〉的決絕，高喊：「我的生命中不曾有你！」他只有可能喃喃地寬慰自己：「我想我可以忍住悲傷，假裝生命中沒有你。」

除了〈把悲傷留給自己〉，我認為〈不再讓你孤單〉的歌詞一定會投年輕女孩子的喜好：「讓我輕輕吻著你的臉／擦乾你傷心的眼淚／讓你知道在孤單的時候／還有一個我陪著你。」好一個暖男的表白！但我覺得沒有特色，類似的情詩可以一大把的抓。只是「我要飛翔在你每個彩色的夢中／對你說我愛你」這句話有點煽情，讓我不由地想到一位英國詩人的詩句：「

will dance in your dream.」（我要在你的夢中起舞）還有那句「我從遙遠的地方來看你／要說許多的故事給你聽」，很有瓊瑤的風格。

由木吉他輕快伴奏的〈鴉片玫瑰〉是另一首我喜歡的情歌，歌者以幽默的筆法加之爵士音樂的風格，描述在愛情之戰中性別的差異。在MV中，陳昇一臉神祕的壞笑，絕妙地把男人形容為帶刺的玫瑰（這個比喻傳統上是給女性的）。這樣一來，女人就不得不奮不顧身地，在荊棘中摘下那一朵最豔麗的玫瑰。Wow，好有悲劇感喲！

玫瑰很多刺，愛情它容易叫人受傷；鴉片叫人迷惘，卻讓人無法擋
男人有很多刺，總是讓人不小心受傷；妳卻像鴉片一樣，帶我上了天堂
愛情有很多刺，總是讓人不小心受傷；女人被玫瑰刺傷，男人上了天堂

為什麼是男人上天堂，難道女人要下地獄嗎？在性別的戰爭中，誰又是贏家呢？

昇式情歌中有一點滿有趣的，這就是他在情歌中融入了一個大大的哲學問題：「我是誰？」歌曲明顯表現出一種對自我的焦慮，時不時會出現「我沒有了自己」、「我失去了自

我」、「我彷彿已不是我」、「我還沒有名字」，希望「能喚回我自己」這樣的敘述。實際上，陳昇的音樂在自設的語境下一向很自我，因為他非常在意自己是不是個自由人，而這個自我構造在進入情愛的關係就更加凸顯。在「小男人」的溫柔背後，是一個「大男人」要堅守的自我意識和自我情感的統一性和連續性。

昇式情歌中所表現的自我的焦慮，體現了「自我」、「自由」、「責任」之間的內在張力。所以陳昇要在「陰柔」中確定男性傳統的自我認同：「把我的悲傷，留給自己，你的美麗，讓你帶走」、「假如你追究孤獨的責任，那一定都是我的錯」、「當你覺得失望也覺得累了，我不曾走開」。陳昇不想讓男性在愛情中完全掏空自己，因此這個男性的「自我」必須是實體的、獨立的和具有主宰位置的，這或許可以稱之為男性所呈現的一種「passive-aggressive」（被動之主動），其目的還是要保留男性自我制控的能力。

〈然而〉一曲亦是運用愛與自由的關係講述一段感情的結束。表示轉折語意的「然而」作為歌名有些奇特，其完整的意思應該是「然而你永遠不會知道」。敘事者說對方永遠不會知道自己刻骨銘心的喜悅與悲哀，而最終把放手的愛轉成為遙遠的祝福。最後一句「我讓你像小鳥一樣地自由飛翔」，把一段失敗的戀情故事講得如此超逸瀟灑，而被遮蔽的傷感是通過「然而」間接表現出來的。於是，歌曲所講述的故事包含了兩層情感：一個是說出的；一個是沒有說出的。第一句「然而你永遠不會知道」，有一絲自欺欺人的味道，但對小鳥般自由的期盼又具有自我慰藉的功能。在口琴和吉他的伴奏下，歌者唱著：

當頭髮已斑白的時候，你是否還依然能牢記我
有一句話我一定要對你說
我會在遙遠地方等你，直到你已經不再悲傷
I want you freedom like a bird

可能陳昇要說的是：「I want you to be free, like a bird.」（我希望你像鳥兒一樣自由）德國哲學家康德認為，所謂的「自由」，有能力自由地「不做」什麼，比有能力自由地「做」什麼更為主要。陳昇所謂的「放肆的情人」或「浪子」的身分，不過是一種嬉戲，而他自己在現實生活中非常清楚什麼該做，什麼不該做。就像陳昇在回憶少年時代給他弟弟買的那個夾心麵包，他很早就懂得什麼是製造誘惑，什麼是抵制誘惑。自由，意味著可以抵制誘惑。

〈冷情歌〉是昇式情歌中的另類，「冷」到很少聽到陳昇在音樂會上演唱這首歌。其音樂調子緩慢單一，承繼了歌者一貫的傷感情愫，引發出愛情和自由關係的迷思：

你說有了愛情就沒有自由，我用一生尋找著什麼

錯都錯了，一個有你的夢，醒來都不怕就怕不醒來
想不起來說了什麼，想不起來哭了沒有
隱約是黑色的安魂曲，我是最無感的音符

在一定程度上，〈冷情歌〉沒有早期昇式情歌所表現的愛的激情和瘋狂，而是「冷」得叫人有些麻木。其中的男女對唱，聽起來顯得有些雜亂無章。或許創作者有意為之，以一串冷漠和無感的音符，展現一個不想醒來的夢。同時，不太和諧的男女對唱呼應著難以維繫的情感。「黑色安魂曲」顯然要比「藍色安魂曲」多了幾分的壓抑和頹廢，一句「愛情可以是很便宜，就算給足了也找不開」，既實在又沉悶。這張單曲被收錄在陳昇二〇一五年發行的專輯《是否，你還記得》，發行後並沒有成為流行的情歌曲目，就像專輯中另一張單曲的名字所賦予的暗示：〈從來不是主流〉。

專輯中有一張同樣題為〈是否，你還記得〉的單曲，採用的是在〈冷情歌〉中出現過的男女對唱形式，但曲式顯然比〈冷情歌〉豐滿動聽，音樂多了些抒情藍調的鄉村（country blues）元素。早期昇式情歌中的男女對唱以陳昇與他的女弟子劉若英合作的〈世間情歌〉和〈冰點〉為代表，這兩首歌都很有穿透力。尤其是〈冰點〉，令人感嘆在淒豔哀婉之情中，自我與責任、自由與束縛之間的張力。

〈是否，你還記得〉是陳昇與年輕的女吉他手兼歌手吳蓓雅的合作。歌曲表現即將分手的

情侶又依依不捨的複雜心理，音樂上則以男女唱著同樣的歌詞，卻時而交錯、時而分離，各自表述的方式來展開，感覺兩種聲音在爭持拉鋸。強烈的愛恨情感交集，層層疊加，伴隨著口琴悠揚又溫婉的聲音，將一對情人在人生的軌跡上即將錯開的那一刻表現得淋漓盡致。有意思的是，陳昇這次並沒有像〈把悲傷留給自己〉中那樣瀟灑：「把黑夜留給我，你的晴天你帶走。」而是苦苦地追問愛人：

聽說你要去的地方都是晴天，為什麼你留給我的都是黑夜
在愛情的道路上你是個陌生旅人，然而我只是你不在乎的囚徒

看來，歌者對情人的「不在乎」很在乎。所以，接下來的是典型昇式的纏綿不捨，卻給天下所有的失戀者一種溫暖。那種記憶的傷感、失戀的絕望，叫人不心痛好難。有時，憂傷比痛苦本身更隱蔽、更強烈，更怕被人觸摸。

反情歌

不得不承認，早期的昇式情歌有時會出現滿肉麻的歌詞，它們成為陳昇後來用於自我嘲

諷的調料。歌迷一定記得〈然而〉中那句：「然而你永遠不會知道，我有多麼的喜歡／有個早晨，我發現你在我身旁。」陳昇在一檔音樂訪談節目中自嘲地問：「這是什麼歌詞呀？我發現你在我身旁，你是誰呀？送煤氣的吧？」在其他歌曲中，他還會說：「愛情像是大瘟疫，愛情是狗屁。」（〈老麻的私事〉）這些帶有嘲諷和嬉戲意味的話，把愛情的神聖徹底地擊碎了。

我想，也就是陳昇有勇氣，可以開如此不著調的玩笑。而那些動了情的歌迷，如果知道寫歌的人是這般地無情和不正經，他們會多麼痛苦啊！不過，這些都是陳昇慣用的黑色幽默，我們不必當真。或者，從另一個角度看，陳昇是在對情歌本身做一種自我解構，也是在反思中的一種自我否定。

以平緩的民謠做鋪墊的〈恨情歌〉，體現一種詼諧的假裝否定（apophatic）[1]。但陳昇有可能真正地抽身離開那個令他「迷失我自己」的世界嗎？

不要像頑皮的孩子
老說為我唱情歌
常常我一個人在夜裡
擔心迷失我自己

1 表面否定，即陽否陰述的修辭方法。

而原來我是一個愛四處遊蕩的人
如果有那麼一天我停住了
你是否就離開我

於是我叫我自己恨情歌
假裝我不在乎
或者我不再去討你歡心
我喜歡這樣的自己

「假裝否定」是哲學中的一種修辭手法，即用否定（negation）的方式表達另一種肯定（affirmation），德國哲學家尼采就非常擅長這種寫作手法。我之所以這樣說，是因為〈恨情歌〉到頭來還是一首情歌。陳昇可以對情感說：假裝我不在乎，也可以對市場說：假裝我不在乎。但最終情感還是情感，市場還是市場。當然，《恨情歌》專輯中的一些歌曲完全沒有浪漫的主題，反而是涉及死亡的話題。可是最終被市場記住的還是〈恨情歌〉，這首「反情歌」的情歌。

實際上，〈恨情歌〉所展現的正是自由的悖論。自由之所以成為話題，是因為在現實世界裡，我們時刻在體驗著種種的限制和禁錮。所以從先秦的莊子到魏晉「竹林七賢」的嵇康、阮籍，到今天的陳昇，以及與陳昇有同感的那些「浪子」，都會有類似的困惑。莊子說，逍遙的前提是無待之心，可現實中的人又如何能無待呢？大浪人阮籍說：我要屬於我的自然，不要屬於社會的名教，可是他又真正地擺脫名教了嗎？因而，〈恨情歌〉所表達的困境，也是自由人本身的困境。

所以，陳昇話說得再狠，最多也是一句「或者我不再去討你歡心」作罷。反倒是〈愛情的槍〉一曲真有恨情歌的勇氣。這首歌是陳昇和中國「另類」搖滾詩人左小祖咒的合唱之作。我不知道創作者在編寫這個曲子是否想到巴布．狄倫那首著名的〈槍與玫瑰〉，那些美麗但危險的荊棘。

〈愛情的槍〉將愛情和槍放在一起已經夠詭異了，「借我那把槍吧，或者借我五毛錢」的口白更叫人不知所云（在中國，「五毛」有特定的含義）[2]。歌曲的開場，有一個小女孩稚嫩的聲音，說這首歌是獻給全中國的人民們。我覺的這個「人民們」的稱謂很特別，因為「人民」是抽象的集合名詞，通常沒有複數的形式。也正因如此，「人民」常常被看作沒有血肉的空名。創作者在這裡加上個複數，或許別有用意。

ＭＶ充滿了魔幻現實主義的感覺，在手風琴與腳步鼓點的伴奏下，一對對二元矛盾的展

2 為中國網路評論員的別稱，指受雇於中國政府，平時在網路偽裝成普通網友，發表維護中國政權的言論。諷刺他們每發一則評論，可收五毛錢。

示：南／北、冷／熱、陽剛／陰柔、感性／理性，謊言／真理等等，給人的感覺是談政治，不是談愛情。陳昇「讓我殺了我的愛情或者殺了你的誠實」的開場白，加之左小獨有的頹廢吟唱，似乎比那把槍更能擊中人心。我倒是想，如果加幾句「五毛錢」、「五毛錢」的rap饒舌，再讓尼采參與進來，配上一段尼采式的鋼琴曲，縱情肆意一下酒神精神（Dionysian spirit）與日神精神（Apollonian spirit）的對峙。[3]場面會更熱鬧一些。

我偶爾也會想像陳昇醉酒唱情歌的模樣。YouTube上可以找到他拿著酒瓶唱歌的畫面，但看不清他臉上的表情。那一定是一幅很動人的畫面，因為他會把率真、隨性、恣意的一面更完美地展現出來。

記得，馬世芳在一次節目中提到當年陳昇和伍佰錄製〈可愛的馬〉這首歌時，伍佰以及整個樂隊的人員都被陳昇灌醉了，而結果是唱出了無以倫比的歌曲，陳昇醉臥在地，大叫著：「爽！」。想像魏晉時代阮籍的詠懷歌，不知多少是半醉時寫下的，所以才成為千古名作。陳昇喜歡用「爽」這個字，英文是cool。據說是上世紀六〇年代美國的嬉皮士發明cool的這個新用法，而爽的辭源就出自魏晉道家嬉皮士的口中。阮籍、劉伶這幫人喝了酒，吃了五苓散，渾身發熱。所以脫去衣服，澆一盆涼水，開始裸奔，並大喊著：「爽、爽、爽！」cool、cool、cool！

當然，陳昇大多數的時候是清醒的，否則他不可能創作出那些叫人詠嘆的音樂作品。花看半開，酒飲半醉。有意思的是，即便清醒時，陳昇唱歌也會給人一種懶洋洋的、醉意的形態。

他和艾敬翻唱的王洛賓的著名情歌〈在那銀色的月光下〉，居然把傳統的新疆民歌唱成慵懶悠閒的昇式調調。弔詭的是，就是有人迷上了陳昇那種漫不經心、懶洋洋的腔調。

苦情歌

昇式情歌有種難以言說的魔力，易進不易出。我想，唱碟上應該有一條trigger warning（觸發警告）：聽者小心，此碟上的歌容易讓人走火入魔。

帶有民謠風的〈別讓我哭〉亦是陳昇早期的作品，曲調低迴悠揚，加之溫婉而又狂放的語句，令人曲折心腸。我覺得這是昇式情歌中表現憂傷情愫的經典之作。聽者可以忘掉一切，細細品味歌曲所呈現的失戀者在絕望中那種掏心掏肺的獨白：

因為有山，才能依偎著雲，然而它們可以生活在一起
因為有你，所以才有等待，等待情人風中依稀的身影
不瞭解自己，甘心做你的影子

3 酒神指外在的酒醉感性的表演，日神指暗含的理性政治批判。

就這樣緊緊而無助地跟隨著你

……

因為我不放心我自己，才將我的生命托付了你

我已尋尋覓覓好幾個世紀，此生不能讓你從我懷中離去

情人豈是可以隨便說說而已

開場的一句很有意境，直接了當把人帶入「山有木兮木有枝」的古代詩情。音樂也美，我喜歡這種大男人流露出的小男人的溫情脈脈，風格上與陳昇〈鏡子〉一曲中聲嘶力竭的粗獷叫喊完全不同。「我已尋尋覓覓好幾個世紀」，表達了失戀人幾乎自我毀滅的執著。然而，正是那種纏綿於山和雲的情懷，讓聽者為之動容。

讓我驚訝的是，由於長期的哲學訓練，我應該會本能地拒絕很多被我認為過於煽情或感傷（sentimental）的東西，因為它在很多哲學家眼裡，是「媚俗」的代名詞。可是我發現自己在沉湎於陳昇的音樂時，所謂的「sentimental」（被有些文人戲稱為「酸的饅頭」）這個詞，已在我的詞典中悄悄地消失了。

我喜歡〈別讓我哭〉所表達的柔情與纏綿，有時聽著聽著，眼淚會流下了。Bobby，你哭的是我的感傷。而我卻不敢哭，因為害怕別人的憐憫。只有和你在一起，我才會不為自己的感傷情緒而內疚。

〈明年你還愛我嗎〉是一九九八年發行的《魔鬼的情詩II》中的一首，曲調優美流暢，與〈我曾愛過一個男孩〉有相似的旋律，特別是間奏的部分。但前者的曲調明顯更為傷感，可能是那一句句的追問「明年你還愛我嗎？」

不管是深夜，不管是白天，我都一個人走開
因為你又說，習慣了自由，想要一個人生活
我答應自己不再哭，為何天空又飄落雨絲
如果你還愛我，為何會那樣漠然，不在乎

是啊，於千萬人中，去邂逅自己的愛人，是件難事；於數十年後，去守護這份緣分，更是件難事。當今的社會，有多少人，今年還是地老天荒，明年早已形如路人。「至死不渝」（till death do we part），早已成為古老的天方夜譚。隨著現代生活的不斷碎片化，愛情也變得碎片化了。「原來你也在這裡」的浪漫曲剛剛開始，「知道我最終要孤單」的命運也已降臨。

所以，陳昇說：「明年你還愛我嗎，我說不出來的悲傷／到底你要我，錯了再錯，還是依然一個人走開。」或許，對於當下的年輕人，一年似乎有點長了，童安格那首著名的情歌，只是問「明天你還愛我嗎？」（Will you still love me tomorrow），歌名源於美國一九六〇年代的一首老歌，其中有一個我們至今還會追問的問題：「Is this a lasting treasure, or just a moment's pleasure?」（愛情是永恆的財富，還是片刻的歡愉？）儘管如此，〈明年你還愛我嗎〉在單曲發行的第二年（一九九九年），成為陳昇跨年音樂會的主題詞。這個略帶煽情的主題，賦予媒體無盡的浪漫想像，也由此編織出關於這場音樂會，不同版本的浪漫故事（例如情侶套票）。

同專輯的另一首〈鏡子〉，可以說是陳昇情歌中的一首真正的苦情歌，每一句歌詞都是一個讓人撕心裂肺、低迴不已的痛。聽者會問：「人要經歷怎樣的痛才能寫出如此這般痛的歌？人要經歷怎樣的痛才能聽懂如此這般痛的歌？」

你說你不能忘記過往，總是有些心裡解不開的苦
就算是生命的窄門走了一回，抬頭依舊滿天的霧
愛戀在彼此早就已經不再是故事的最初
鏡子上的裂痕將你美麗的身影變得真模糊
……
嘿我就這樣對著鏡子裡的自己，忍住了一眼淚
反正我都已經不再愛我自己，又在乎愛了誰

一句「反正我都已經不再愛我自己，又在乎愛了誰」，表達出的情感是如此心碎。掩埋在

心底再深再久的傷痛，也會被這首歌一下子撬開，讓那個「痛」赤裸裸地顯現，無處可藏。難怪人們常說：不敢擁有是因害怕失落。

古希臘哲學家蘇格拉底曾遇見一位失戀的年輕人，見其茶飯不思，精神萎靡，就問道：「沒有失戀的痛苦，愛情也就沒有味道了。可是年輕人，我怎麼發現你對失戀的投入，甚至比對戀愛的投入還要傾心呢？」有意思的是，陳昇很多情歌，都集中在對失戀的投入。當然，他也可以瀟灑地對著離他去的愛人說：「把我的悲傷，留給自己，你的美麗，讓你帶走。」一句話讓失落的情感昇華，營造了一種崇高感，讓情場上的弱者立刻變為成全他人幸福的勇士。

和其他昇式情歌相比，〈妹妹〉倒是一首別具一格的「自傳體」情歌。在一個有點冷的臺北夜晚，陳昇獨自一人坐在一家電影院裡，觀看一部用他過去各個時期的MV剪輯下來又重新組和的片子，以此緬懷逝去的青春歲月。

我注意到陳昇時不時地擦拭眼角流下的眼淚，好像被自己的愛情故事感動了。我想這裡的「妹妹」真真假假，估計是陳昇經歷過的、想像過的戀人的整體投射。這是一個老男人的愛情自白，但又那麼的真誠坦蕩！只可惜，曾經有過的美好情感（哪怕是當年的吵吵鬧鬧）只能在銀幕上再現。陳昇拉著他慣用的昇式長腔，留下一片淒涼和唏噓：

無意之間去看了場電影
裡面的故事說的很像你
深夜的臺北，還是有點涼
不知道這時候你睡了沒

想想撥了電話，問問你好嗎
你說你在無心間犯了錯
說著說著你哭了
問我說愛到底是什麼
臺北的夜變得很沉默

愛是浮雲，愛是晴天，只能互相依偎著，飄向天邊
不曾愛過，不曾犯錯，怎麼可以就在相逢的最初說再見

妹妹在無心之間傷了心，凡人都用一生來試驗愛的真言
不曾醉過，不曾哭過，怎麼會知道哪裡錯，
多情的人，你又何必問

……

啦啦啦～

不曾醉過，不曾哭過，怎麼會知道哪裡痛

多情的人你又何必問

我們可以認出大螢幕上一一閃回陳昇過去製作的情歌錄影：〈冰點〉、〈世間情歌〉、〈恨情歌〉、〈六月〉、〈風箏〉、〈你一直在玩〉、〈1+1≠2〉、〈美麗的邂逅〉、〈為愛痴狂〉。陳昇為什麼要做這樣的回顧？難道他真的覺得自己已經老了嗎？

顯然，這是一首自傳性歌曲，卻又不只是自傳。在隨意性、零亂性和不完整性的展示背後，我們看到歌者對理想愛情的想像。其實，〈妹妹〉缺乏像〈浮雲車站〉一曲中對男性性幻想的暗示，不過還是令人想到當年那個在鄉下老家偷看鄰家妹妹洗澡，結果被女孩子的媽媽潑了一身水的頑童，還有那個在夜晚偷偷閱讀《查泰萊夫人的情人》而得到性啟蒙的少年，那個迷上校花和風花雪月的年輕人。現在，陳昇老了，「喜過」、「哭過」、「錯過」、「醉過」、「愛過」，但他一定希望自己的心還是年輕的。

近年來，陳昇在採訪節目中多次提到，隨著年齡不斷地增長，他已經不再有太多的意願寫情歌了。我想，陳昇這裡指的是狹義的情歌。如果把「情」或「愛」的定義擴大一些，他近十年的歌曲還是有不少情歌的印記。當然，我希望陳昇不要因為走向老邁而不再寫情歌、唱情歌，因為愛情不只是年輕人的專利。希望他可以像柯恩那樣，一輩子唱情歌，一輩子保持〈帶我舞向愛的盡頭〉的情懷。

我忽然想到威利・尼爾森和西班牙老牌情歌王子胡立歐・伊格萊西亞合唱的一首歌，名為〈致我愛過的所有女孩〉。這首歌曾在一九八四年獲得美國Hot Country Songs第一名。我希望有一天能夠聽到陳昇唱這首歌，這首很多男人心中都想唱的情歌：To all the girls I've loved before/Who traveled in and out my door/I'm glad they came along, I dedicate this song/To all the girls I've loved before...（致所有我曾愛過／進出我心房的女孩們／我很高興她們前來，我要將這首歌獻給／所有那些我曾愛過的女孩們……）

〈世間情歌〉、〈老情歌〉、〈冷情歌〉、〈恨情歌〉。喜歡陳昇的情歌，願他永遠唱下去！

3

歸鄉

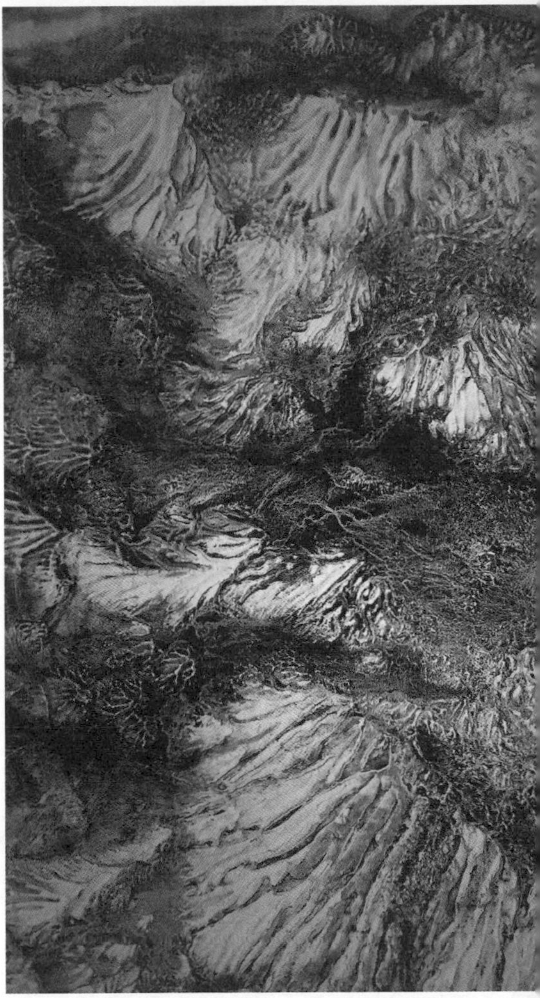

把幾十年的故事唱成歌
在晚風裡唱著，那條歸鄉的路
——〈歸鄉〉

一天，朋友將陳昇上個月剛剛發行的專輯《歸鄉／Homecoming》擺在了我面前：黑色的封面上是陳昇歪歪斜斜手寫的「歸鄉」兩個字和他本人的簽名。我想這大概是他左手寫的。由於十幾年前的那場事故，他的右手失靈，不得不改為「左撇子」[1]。CD的正面，一副大伯模樣的陳昇，身著一件普通到不能再普通的短袖白襯衫，一頂南美式的草帽遮住了他的雙眼。CD的背面，一一列出十一首單曲的名字，同樣是歪歪扭扭的好大的字體。

在這張專輯裡，陳昇運用時空交錯的布局，多層次和多情節的雜敘手法，將一個原本遊子返鄉的故事賦予了不確切的意涵。開場曲是〈歸鄉〉，結束曲是〈昨天、今天、明天〉。

我上上下下看了好幾遍，心裡琢磨著，陳昇為什麼會這樣編排，難道他讀過德國哲學家海德格的書？陳昇幾次在訪談節目中提到，他常常到誠品書店的哲學類的書架前閒逛（有時甚至在午夜時分）。從海德格哲學的角度，「歸鄉」是有關「存在」的探討，而「昨天、今天、明天」就是存有的時間問題。難道這張CD是以音樂表現形式再現《存在與時間》的哲學思考？更為詭異的是，緊接〈歸鄉〉後面的第二首歌居然叫〈美好的哲學課〉，太有意思了！

這張專輯賦予我這樣學哲學的人音樂以外的遐想，那就讓我從海德格哲學的角度對陳昇的音樂來做一次「創造性詮釋學」的實驗。反正詮釋學有一種理論：書完成了，作者就死了；按此邏輯，音樂完成了，音樂家就死了。詮釋的權利全部交到讀者／聽者的手上。Bobby，對不住了。反正你已經說過：「聽歌的人最無情。」

唉，怎麼能說聽歌的人最無情呢？〈歸鄉〉這首歌我來回聽了好幾遍。記得第一次聽的時候，陳昇隨著木吉他的伴奏，開始啦啦的低吟。啦啦聲還沒有結束，我的眼淚都流出來了。接著，從主打歌〈歸鄉〉開始，伴隨著專輯中陸陸續續出現的木吉他、鋼琴、弦樂（低音大提琴，加之偶爾的西塔琴和三線琴）以及童聲的唱和，我身不由己地被歌者溫暖如風的旋律帶上通向「昨日」與「那時」的道路。聲情轉化、錯落有序。整個專輯，民謠味道滿滿。

在MV影像的開始，鏡頭從臺北的全景切換到公路。我看到一身白衣褲的陳昇，帶著專輯封面圖片上的同一頂草帽，走在歸鄉的路上。他的手上拎著一個舊舊的旅行袋，好像是當年歌者年少離家時的那個旅行袋。時光流逝，袋上的字跡已經模糊不清。他的腳步緩慢，時不時停下，深深地呼吸，感受遠遠吹來的海風的味道。畫面中，看著陳昇孤獨的背影，我覺得我聽到了他心內的唏噓和纏綿，眼前出現那個「胸膛裡滾動著分離的血，眼框裡流著想回家的淚」的年輕人。

「存在」是什麼？

陳昇曾經說過：「有一種憂鬱叫作思鄉，它帶我走進沉沉夢鄉／好抵擋淚乾的激顫。」

1　二〇〇二年，陳昇於臺北蘭桂坊PUB，因敬酒糾紛遭酒客持酒瓶猛擊頭部，導致頭部瘀血，手術後雖無性命之憂，但有右手麻痺的後遺症。

（《九九九滴眼淚》）而所謂「歸鄉」（homecoming），從哲學上講，就是回歸生命最原初的狀態，其中包含了對「人之存在」終極意義的解讀。「歸鄉」首先是表層的敘述：一個離家三十幾年的人，歷盡外面世界的風風雨雨，回歸故里並試圖尋回某種早已缺失的東西……

海風、沙灘、池塘、綠草、風車、小屋……恬淡高遠，大自然營造出一個「本真家園」的風景圖畫。在這個背景中，歌者唱道：

好幾年了，好幾十年了
迷失的孩子想回家了
跟著母親的呼喚
把幾十年的故事唱成歌
在晚風裡唱著，那條歸鄉的路

——〈歸鄉〉

這不是一種想像的鄉愁，一個老男人造作的呻吟。相反，歌詞如散文詩般的柔情，撩撥夢幻般的悸動。我不由地想吟誦德國大詩人弗里德里希．荷爾德林[2]的詩句：

故鄉的大自然，你對我多麼忠誠！你依舊

溫柔地愛護我，迎接我這個流浪者。

——〈漂泊〉

的確，陳昇的《歸鄉》從頭至尾籠罩著一種濃厚的懷舊情緒。英文中「懷舊」（nostalgia）一詞來自兩個希臘詞語，即「返鄉」（*nostos*）與「懷想」（*algia*）。懷舊是尋求意義的一種常用的方式，即在過去尋找今天和明天的意義。當「存在者」遭遇當下意義缺失的困境時，懷舊和思憶自然成為意義的新糧食。所以，當創作者在填詞、編曲、和弦時，他一定也在尋找音樂之外的意義。因此，這條漫漫延伸的「歸鄉」路，在歌者心裡或許永遠不曾走完：

真想喝杯酒啊，在晴朗如洗的南溪州
祖墳已埋葬在高牆之下，走在紫色沙塵裡的人民

——〈賣田〉

2 弗里德里希・荷爾德林（Friedrich Hölderlin, 1770-1843），十九世紀德國浪漫派詩人。德國現代詩歌的先驅，將古典希臘詩文移植到德語中。荷爾德林生前默默無聞，進入二十世紀後備受推崇。尼采和海德格更視其為精神導師。

海德格問：如果說「存在者」可以用多樣性的意義表達出來，那究竟哪一種意義是最基本的呢？「存在」到底意味著什麼？海德格認為，「存在」（*Sein*）首先必須是「親在」（*Dasein*），即具有自我意識、自我經驗的存在，其特點是存在的時間性，表現為具有「過去」、「現在」、「未來」的三重結構。

在海德格看來，時間與存在是不可分離的，因為存在本身具有時間性（temporality）。這裡，海德格說的不僅僅是一個原初的形態，而是一個不受精神實體綁架的存在。因此，「親在」就是人的具體存在，或者借用佛家術語，就是一種「緣在」即「因緣而在」。另外，海德格認為，存在必須是人和世界的存在（being in the world），即人是在世的人，處境中的人，而不只是個體精神想像的存在。

我想，陳昇一定會認同這個說法，因為他在談及自己的音樂創作時，常常會說：我必須投身到人群中去，我必須投身在現實的社會中，這樣我才會有創作的靈感。對於陳昇，歸鄉既是出行，也是回去；既是過客，也是歸人。

「好幾年了，好幾十年了」，歌者在吟唱、述說、嘮叨，自我經驗的一層一層堆疊，讓過去的故事變成今天可以吟唱的歌。在這個起點上，陳昇展示出一個返家尋找「本真存在」的時間流：過去↓現在↓未來↓過去……循環不斷。

然後，陳昇把他過去的「生活世界」作為「視域」，讓我們感受他曾經擁有的那段個人經驗，那些他曾經熟悉的人和事：那個風流而叛逆的七叔、那個少年時的同學和玩伴阿海、那個時常爬上樹、遙望海峽那邊的大頭春、那位字正腔圓的外省戀人、那個讓他心動的，後嫁到美利堅的校花、那間不曾有人住過的小鎮旅社、那條離海最近的，可以通向遠方的六十一省道……歡聚痛飲，扶醉而歸。聽者被帶到歌者的故鄉小鎮，穿街過巷，陪著他一路回味、一路哭笑，一路感嘆。

《歸鄉》中使用了大量的留白，令人浮想聯翩。歌者的低吟可以觸碰到聽者內心的脆弱之處，加之弦樂、合唱的烘托，鼻子一酸，眼淚在眼眶裡打轉。有位藝評人說：「《歸鄉》屬中年人的惆悵、落寞與歌者的思憶、不捨，在民謠風的音樂吹動下，竟讓人不計較歌者『嘮叨』。」

就返鄉物語的解讀，陳昇在專輯文案中這樣說：「他想家了，想念媽媽的家鄉菜，想念故鄉的山河海，思念故土那些和他有緣分的老前輩們以及知心故友。當然，一定還有那位讓他念念不忘的、遠嫁他鄉的校花。」但我認為，這種對故土的思憶是表層的，在其背後還有一種形而上的思考，即「存在」到底意味著什麼？「存在價值」是什麼？他的精神家園在哪裡？

在《歸鄉》裡，陳昇以心境、理解與言說三種方式開顯自己及世界的「親在」，並在試圖找尋故鄉中的海岸線同時，找尋其原初／本真狀態的軌跡。言說的部分是以音樂和歌聲直接表述的，而心境和理解的部分是暗示的。所以他的音樂是解蔽與遮蔽的混合體（借用海德格的話）。即便是言說的部分，陳昇也會說：「一如我昨天離開她，她沒有說話；一如我今天走向她，她沒有說話。」而陳昇對她心境的理解正是在「沒有說話」中產生，並融入了他的音樂中。

按照海德格的哲學，「沒有說話」並非毫無意義的沉默，而是另一種表達方式。歌者在對方的沉默中，與她構成一種無形的「親在」關係。有時候，「不說」（silence）比「言說」（discourse）更能彰顯人與物、人與人之間的內在關聯。

內心的原鄉

陳昇所描述的家鄉是他心中那片永遠揮之不去的土地，正是在那片故土，他第一次感受青春與愛情、孤獨與寂寞、生命與死亡……正如馬勒《大地之歌》[3]對原初世界的追問，陳昇也從內心的原鄉審視人生的幾段重要的存在經驗，並試圖找到一種內在的超脫。於是，那片故土、那個家成為陳昇想像中的一個棲身之地，正如「大地」成為馬勒的庇護所。

海德格對「大地」（*die Erde*）做出特殊的解釋：「大地一詞所說的……是一切湧現者（存在者）返身隱匿之所，並且是作為這樣一種把一切湧現者返身隱藏起來的湧現。在湧現者中，大地顯身而成為庇護者。」（海德格《藝術作品的本源》）海德格認為，離開大地是人類一個無根化的過程。從這個角度看，陳昇的《歸鄉》是一首回歸大地之歌。所謂的「原初」也就是一個人精神層面的「根」，因此，回歸就是從「離地」到「落地」回歸的心路歷程。

海德格在評論梵谷的油畫〈農人之鞋〉時，提出存在—親在—物三者之間的關係。海德格指出，與「大地」對應的詞是「世界」（*die Welt*）。海德格說：「只有我們在這裡所走的道路上，（人的）世界的本質才能顯現……世界基於大地，大地通過世界湧現出來。」（海德格《藝術作品的本源》）《歸鄉》中出現的小鎮旅社、六十一省道、浮雲車站等具體的意象，它們「物」的意義和價值是通過人的「世界」所呈現出來的，即作為存在者的音樂人——陳昇對它們的思考和理解，而這樣的思考和理解亦是陳昇對生活的反思與關懷。

「大地」與「世界」的區分體現「後期海德格」在哲學思維上的一個轉變，即從對「存在」概念的理性分析轉向對「存在」的直觀把握。從語言上來講，哲學家應該從知性語言轉向使用詩人的詩性語言。

就「世界」的層面來講，海德格認為時間性是世界顯示的方式，也是人的存在方式，無論昨天、今天或明天。與此同時，有關時間的知識，需要建立在主觀內省的基礎上來獲得。那麼，陳昇的《歸鄉》究竟是要緬懷過去，還是要把握現在，還是要記取未來呢？整張專輯是以

3 古斯塔夫．馬勒（Gustav Mahler, 1860-1911），奧地利作曲家。《大地之歌》為馬勒晚年疾病交纏時期所作的一部大型聲樂交響曲，是作曲家對大自然的熱愛，以及對生死的追問之寄託之作。對馬勒而言，原初世界是他的精神實在，是超越生死和人生苦難的天國，正如他的《第二交響樂．復活》第四樂章中那段〈原初之光〉的女中音獨唱。而在《大地之歌》中，馬勒把這種對永恆的期盼投射在「大地」的意象中。這種從「天」向「地」的轉化是他對生命與死亡的重新認識，也可以看到東方思想（如印度、中國思想）對馬勒的影響。「大地」也是「家」的象徵，對於馬勒這個在現實生活中的「無家者」（由於他的國籍歸屬問題），「大地」便成為他原初的精神家園和情感的庇護所。

這樣的歌詞結束的：「昨天、今天和明天，我只是忘了要將自己放在哪一天。」

如果按照存在主義的說法，「存在」本無意義，是「我」使「存在」獲得意義，那麼這個「存在」，必須是時間性的、是一個肉身的我。也就是說，生命的意義不能只在邏輯的推演中完成，而是必須在時間中進行。如果沒有今天，明天會不會有昨天？

在這個疑問中，陳昇試圖解構了形而上學的在先的、無時間的「存在」：離鄉不是為了最終的歸鄉。也就是說，他沒有把那個緬懷中的過去游離於昨天、今天、明天之外，由此，「人之存在」終極意義是一個循環往復的永恆。在西方傳統的形而上學中，所謂的「終極存在」是超越現實存在與時間的存在，而陳昇的「親在」是具體的、當下的經驗。即便那個帶有超越特質的「原初」，同樣是在時間的中軸線中運轉。

海德格說：「存在」的本質就是「虛無」，因此，「存在」的本質是不存在的。陳昇說：「我的故鄉已經被人拆了，它的美只存在我心裡。」我想，陳昇這裡所說的美並不限於視覺上的美感，而是他一生都在追求的本真的意義。

與此同時，陳昇所描述的時間也不僅僅是線性的時間，而是相互交疊的多層時間觀，由此亦構成七叔的離鄉別井和歌者的返鄉尋夢之間的張力，也是渴望「記憶」和要求「忘卻」之間的張力：

青春不值幾兩銀，仰頭就忘記

真像稻米它在嘆息，微風到底你要去哪裡，去哪裡
——〈穗花〉

今天，我做了一個有你的夢，明天在窗外，而我不想再醒來
——〈昨天、今天、明天〉

從線性的時間來看，我們無法得知自己的時間走廊可以有多長，更不知何時會走到時間走廊的盡頭。不過，這又有什麼關係呢？在時間走廊裡，一個人與其說是追憶過去或尋找未來，不如說是讓時間時不時地停格，以便經驗當下的空與時。就此而言，陳昇所構建的故鄉意境較為「後現代」，這一點在〈浮雲車站〉一曲中更為凸顯。

浮雲車站——一幕幕的回憶，一個個的人物，一串串的音符：一切宛如浮雲般轉瞬即逝，猶如幻夢。思鄉之緒與自省之思交織在一起，使音樂瀰漫著無以名狀的情緒。所有過去的人事物，所有愛過的人，所有逝去的青春和歲月，都將在這個車站說再見。放下一切，不再擁有：

回憶是黑色的地毯
你走在上面如此的悲涼
……

決定要賣了浮生，換一杯苦苦的酒
跟逝去的昨天說再見

〈浮雲車站〉的MV中，宛如老電影的畫面時不時地閃出一位身著花裙子的少女，與破舊的車站形成鮮明的對比。顯然，對於歌者而言，這個少女象徵著他曾經有過的青春和愛情。土灰色的列車匆匆駛過，就像青春歲月的影子，匆匆從我們眼前劃過。唐代山水田園派詩人韋應物有詩曰：

浮雲一別後，流水十年間
歡笑情如舊，蕭疏鬢已斑

這不正是歌者歸鄉的心態嗎？所以，陳昇取名〈浮雲車站〉，自然有他的道理。「浮雲」二字呈現給我們的是歲月蹉跎悲傷、人生無常的感嘆。

同時，「車站」本身是一個有趣的意象，它的重心是旅行，也是旅行終點的符碼。在《歸鄉》的專輯中，那首〈成功旅社〉歌曲，其實寫的是小鎮上一間經營並不成功的小旅社，因為幾乎沒看過有人去住。或許，根本就不曾有過「成功旅社」，它只存在於歌者的想像中。這不正是暗示著返鄉的遊子其實沒有屬於自己的真正落腳點，也就是說，還鄉者已經無家可歸了。

然而，歌者也沒有拒絕「在路上」的「過客」的感覺。〈成功旅社〉中有一句「青鳥似乎一直跟在你身邊，只是瘋狂的你從來沒有發現」。青鳥是自由象徵，是幸福的符號。如果真是青鳥，不會在乎有無什麼旅社。從這個角度看，陳昇所期盼的「家」或者「鄉」已不僅僅是物理學意義上的，而是通向自身的呈現。

所以，陳昇這裡所說的「無家可歸」，不是海德格在哲學意義上的「無家可歸」的狀態。海德格的「無家可歸」意味著「本真存在」的喪失，而陳昇一直堅持盡力守住本真，不受外在壓力的束縛。他的音樂正是這種守住本真的具體體現。作為草根出身的陳昇，深感「被投擲」[4]所帶來的恐懼和憂慮，他也會妥協、會配和別人的需求。但與此同時，他盡可能在「受制約」中尋求自由、放飛自己的個性。昇迷喜歡他這個老頑童，喜歡他淳樸的音樂，大概也是出自這個原因。

讓我再回到〈浮雲車站〉，回到火車，回到旅行的意義。法國哲學家伽斯頓．巴舍拉曾經說過：「把夢中家園的功能轉變為火車的旅行，這會是多麼美好的、不可複製的歷練。」四海為家，不封閉任何有可能前往的地方。陳昇在他的很多歌曲中都提到「流浪」這兩個字，而車站不正是涵蓋著流浪的寓意嗎？「窗外是一樣的藍天，我們想去流浪」。陳昇唱道：「浮雲車站，最後離開的人要關燈。」歌者關掉車站的燈，同時也關掉了記憶的燈：如果你還在，我願

4 海德格語，意思是我們每個人來到這個世界並非出於自由選擇。

意把所有都還給你；讓過去的一切留在過去，歌者將繼續上路。

我們可以想像，陳昇下了火車，又上了汽車。

我猜想，六十一號省道應該是美麗的：臨海岸、有海風。而在陳昇的歌詞中，似乎暗示它通往破敗和貧窮。當然，它也通往他的故鄉，還有那些逝去的日子和逝去的親人。音樂中，歌者的孤寂情緒顯然是無法掩蓋的，雖然他不斷地嘮叨著「甜心寶貝，我不孤獨」（〈六十一號省道〉），並繼續吟唱著：六十一號省道「是我回家的路」，但馬上又意識到「這是一條跟愛情一樣無法修補的長路」。

還好，這張單曲的曲風是滿輕快的。相比之下，專輯的整體音樂形態比較單一，沒有昇式曲風應有的鼓聲伴奏，大多數時間是陳昇獨自的低沉呢喃，偶爾會有女聲唱和。或許創作者有意為之，以便將歌者的內心獨白和抒情在不受太多干擾的狀態下呈現出來。

人生不就是「一張單程票」，我們每個人都匆忙搭上人生的列車，沒有後悔的機會，即便搭上了錯誤方向的列車。生命只有一次，所以我們無法就這一次來驗證其是好是壞，這或許就是捷克作家米蘭·昆德拉所說的「不能承受的存在（生命）之輕」的含義。

美好的哲學課

最後提一下《歸鄉》中〈美好的哲學課〉這首單曲。陳昇唱道：「日子是過氣的黑膠唱片，生活是不重疊的同心圓。」其實，這首歌與整個專輯的主題是一致的，也是對過去（生活、青春、愛情、教育的困惑）的回憶。他說：「當年那個瘋狂的小孩，轉眼之間變成了嘮叨的歌手。」我想，陳昇的瘋狂來自於天性中對生活的敏感和熱情，正因如此，他才有可能把藝術的天分轉化為日後的職業選擇，儘管其中也有偶然的因素。美好的哲學課，對於陳昇，是充滿生機的生活本身，而不是書本上的教條：

黑膠唱片它轉了又轉，播來播去都是同一首歌
……
埋在現實裡是荒謬的哲學課
……
總是有許多越不過的山丘
埋在青春柱下的是苦苦笑著的哲學課
——〈美好的哲學課〉

在陳昇看來，一次的人生也會有許多的重複，就像黑膠唱片，播來播去都是同一個調子。不知他是否在這裡暗示哲學意義上的「永恆的輪迴」（eternal return）。尼采說：「萬物消逝，萬物復歸，存在之輪永遠轉動。萬物死滅，萬物復興，存在之年永遠運行。」（尼采《查拉圖斯特拉如是說》）然而，線性的時間不可重複地流逝，由此我們每一次的選擇都被賦予了不可知的重要意義，生命也因道德和責任變得沉重。所以，「荒謬的哲學課」的深處，是我們必須要面對的荒謬現實，面對我們無法預測的種種偶然。

歌詞中那句「有許多越不過的山丘」，讓我不禁想到李宗盛二〇一三年那首反思人生的神曲〈山丘〉，其中有兩句是「越過山丘，才發現無人等候／喋喋不休，再也喚不回了溫柔」。與其說是目標的虛無，不如說是「過來人」的自我嘲諷，無奈中又似乎在炫耀對紅塵人生一無所求的領悟。而對年輕人來講，「越不過的山丘」畢竟意味著夢的開始。其實，越過也好，越不過也罷，李宗盛的「喋喋不休」和陳昇的「喃喃自語」，我都喜歡。相比之下，「越不過的山丘」更凸顯「在路上」坦蕩不羈的經驗。

「歸鄉」是有關「原初思考」（primordial thinking）[5]。作為「存在者」，陳昇在追憶似水流年中重新定位「我是誰」的問題——是臺北人還是土臺客，同時也是自省與救贖的過程。

從另一個角度看，「原初思考」亦是一種非思考（non-thinking），因而讓生活世界可以如其所是地「呈現」，即存在被「給出」，這是一種直覺的「體驗」和「自省」，其呈現需要自我開放，甚至需要「自我忘記」（self-forgetfulness），正如陳昇所唱的那樣：「昨天、今天和明天，我只是忘了要將自己放在哪一天。」

其實，哲學本身就是一種鄉愁，是一種在任何地方都想要回家的衝動。因為思想者永遠都在尋找「理想自我」的那個家園。而存在主義思想家更善於把個人的情感和體驗加以本體化，賦予它們深刻的存在意義。但荷爾德林則認為，「歸鄉」之路，即實現原初思考的統一性，不能指望哲學，而是應該依靠藝術和詩，因為藝術與詩更容易直抒本懷。荷爾德林有一首名為〈思鄉〉的詩，裡面有這樣幾句：

船夫歡快地掉頭順著平靜的河水歸家
收割完他在遠方小鳥上的莊稼
我亦要及時歸去
只是我僅收割到了哀愁

5 與經過社會化的成人所使用的「續發思考」對立，為人類的原始思考方式。其思考特色為不受時空與社會規範的限制，反應人類最深潛的慾望，近似於佛洛依德的潛意識。

田園船歌呈現的是詩人心中所嚮往，人類原初的自然狀態，也是詩人內心的原鄉；詩中所表達的鄉愁反映了荷爾德林古典浪漫派詩風，卻給海德格的哲學提供了新的思考角度，即哲理與詩性的結合。海德格指出：「存有的呈現，有如在林中散步的人，一路在樹影斑駁之下探路而行，突然遇到一處林中空地（lichtung），無樹遮擋，陽光得以照射到地上，得出一片光明（licht），豁然開朗。」（海德格《藝術作品的本源》）海德格這裡所說的「林中空地」類似道家或禪宗所說的「虛」或「無」的場所或境界，而「一片光明」類似老子的「玄鑑」（明察或洞見）或禪宗的「開悟」。

其實，詩與哲學，是人類精神王國的兩大轎子。我以為陳昇的歌曲就是詩化的哲學和音樂藝術的美妙合體。在他的音樂中，我們不但感受他個人的情感和體驗，同時也在審視我們自己的情感和體驗。在很大的程度上，歌者透過音符所展示的詩句，被聽者附加了更多的指涉和意涵。也就是說，隨著歌者的歸鄉曲，我們也在觸摸我們每個人內心的原鄉，及藉此瞭解對自身的感知，與世界的關係。

陳昇說過：「若離家是為了追逐自由，那歸鄉則是，我已經從自由裡換得了故事。」然後，陳昇又把這些故事帶回家，而那個「家」已不再限於土地意義上的家了。由此而言，《歸鄉》所表達的鄉愁是一種靈魂的鄉愁。陳昇透過歸鄉之歌，去呵護自己在終極意義上的存在。

《歸鄉》專輯除了中文的標題，還有英文書寫的homecoming。我特別注意到，陳昇曾把英文homecoming譯為「家來了」。家向我走來，而非我向家走去（如柯恩的那首歌曲Going Home）。家找我，不是我找家。陳昇真是個鬼才，這不就是海德格哲學「我們不曾思想，思想降臨我們」的意涵嗎？

或許陳昇會說：不要想那麼多啦，安心即可。

4

宿命

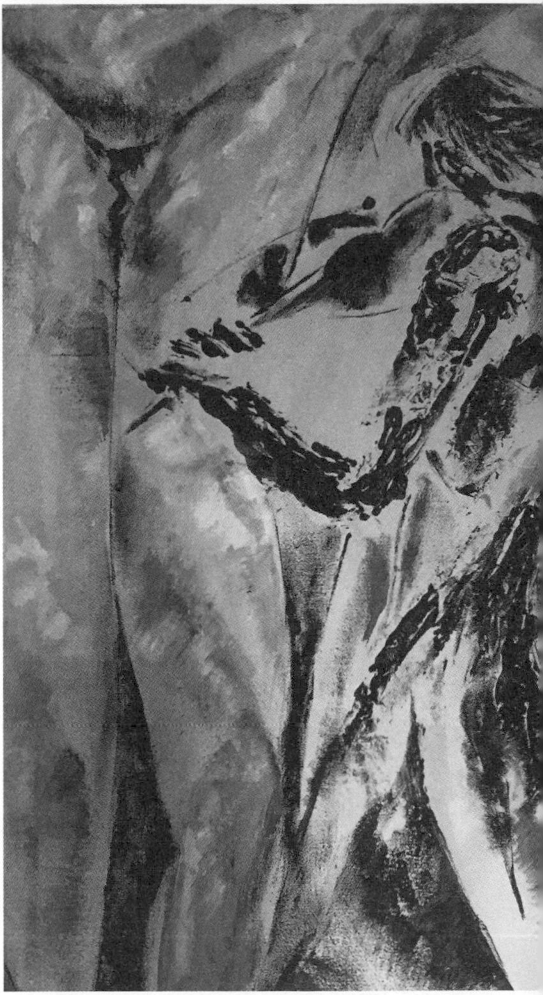

我是被命運遺棄的賊
祖先的家譜裡沒有我的名字
——〈賊〉

陳昇的專輯《放肆的情人》（一九八九年）中有一首不大會被人提起的歌，名為〈宿命〉。在管樂的伴奏下，歌曲是這樣開始的：

不為什麼而活，是灑脫，是無奈
生活早已選擇了我，還是我決定如何來生活
總有理由原諒自己，是習慣，還是純粹喜歡
喜歡不對自己負責

陳昇還有張專輯，用英文起的名字，叫《My Destiny》（我的命運），收錄在他二〇〇二年出版的《一朝醒來是歌星》的自傳中。陳昇曾經說過：「聽說一個人該走向何方是在很久很久以前就註定了。」（陳昇《九九九滴眼淚》）其實，他在其他歌曲中也有不少類似的表達，像「當我們必需遺忘，習慣於宿命過往，生命就不再是恍惚年少」（〈路口〉）。

挑戰生命的不可能

「宿命」暗示著「我無法掌握我自己」。然而，如果我們對自身的命運充滿殘缺的認知，又如何對人生的種種選擇擁有充分的認知呢？再者，如果生活充滿了偶然和無序，我們每一步的自我選擇又會有什麼意義呢？

說到底，宿命（fate）或宿命論（fatalism）意味著我們人生中的許多決定是被決定的，而不是我們的自由意志所可以控制的。而且，這些決定與被決定的關係是隨意且獨斷的（arbitrary），找不到哲學上或神學上的因果律（基督教的上帝決定論和佛教的業報理論都不屬於宿命論的範疇）。宿命論是一種徹底的不可知論，認為冥冥之中存在太多的偶然因素。人生找不到可以明晰的軌跡，找不到x={}的方程式。然而弔詭的是，人的一切活動，包括意識活動，都是有目的、有方向，即對「可能」的選擇。因此，人的存在就是實現自己的「可能」，以此證明自己「在場」。那麼，宿命是否是對「可能」選擇的否定？

我本人一直對宿命論的問題有興趣，這和我在讀碩士研究生是學習西方戲劇有關。我尤其喜愛古希臘悲劇，像三大悲劇作家之一的索福克里斯所寫的《伊底帕斯王》和《阿伽門農》。古希臘悲劇亦被稱為「命運悲劇」，因為它的主題往往是關於主人公的個人意志和命運的衝突。按古希臘人的宿命論，命運是不可抗拒的，是不可知的，它既支配人，也支配神。

「宿命論」帶來一種「悲劇觀」，而「悲劇感」產生於主人公（即悲劇英雄）在苦難中對命運的反抗。在無望但又英勇的反抗中，我們感受到一種生命的力量和崇高。如伊底帕斯，一位有責任、勇敢的國王，最終不能擺脫命運的安排，殺父娶母，自己卻毫無所知，最終伊底帕斯不得不在百感交集中刺瞎了雙眼。《伊底帕斯王》在展示注定發生的事不會因為人的選擇而改變的同時，也彰顯了人不屈不撓的堅強意志。

中國著名美學家朱光潛先生曾說過：「悲劇比別的任何文學形式更能夠表現傑出人物在生命最重要關頭的最動人的生活，它也比別的任何文藝形式更能使我們感動，它喚起我們最大量的生命能量，並使之得到充分的宣洩。」（朱光潛《悲劇心理學》）

這裡所謂的「宣洩」就是亞里斯多德在《詩論》中談到的悲劇的「淨化」（catharsis）功能；即人們透過觀賞悲劇故事，產生「恐懼」、「憐憫」之心，進而得到心靈上的淨化和洗禮。然而亞里斯多德畢竟是「後蘇格拉底」的哲學家，崇尚理性，認為一切發生的事情都可以從目的論[1]的角度來解釋。因而他不喜歡「好人受難」的命運之說，由此把悲劇的產生歸結於悲劇主人公性格上的缺陷（tragic flaw）所導致的判斷錯誤。而我更喜歡宿命的解釋，因為古希臘的宿命不是意味著絕望和放棄，而是與命運搏鬥和反抗，哪怕最終會失敗。

法國存在主義哲學家、小說家阿爾貝·卡繆在他著名的哲學隨筆集《薛西弗斯的神話》中講了這樣一個故事：諸神為了懲罰薛西弗斯，要求他把一塊巨石推上山頂。薛西弗斯一次次地推，巨石一次次在接近山頂時滑落。薛西弗斯明知他永遠不可能成功，但還是堅持著，一次又一次地推動著巨石。顯然，薛西弗斯不是「滾石」英雄。

卡繆從這個神話故事中，看到了人生的荒誕宿命。然而他借薛西弗斯的形象在對世人說：「我反抗故我存在」。薛西弗斯的精神，像希臘悲劇中面臨不可抗拒之力而仍然奮戰的英雄一樣，雖被命運擊敗，但意志永不屈服。卡繆說：薛西弗斯是荒誕英雄。其英雄的氣質「既出於他的激情，也出於他的困苦。……在他離開山頂的每個瞬息，在他漸漸潛入諸神巢穴的每分每秒，他超越了自己的命運。他比他推的石頭更堅強。」卡繆在小說的結尾寫道：「薛西弗斯是快樂的，沒有人可以審判他的靈魂。」

法國存在主義哲學大師沙特，在他的小說《牆》中亦體現人生「無路可逃」的宿命。沙特將人物放在被判死刑的特定環境裡：三名被牆圍住的死囚把自己的真實面目都暴露出來，他們如困獸般互相仇恨對立，但共同的命運又把他們連接在一起。在死亡面前，他們體驗了焦慮、恐怖與絕望。

雖然主人公巴伯羅與其他人囚禁在一起，但他感到孤獨；他一直為解放西斑牙而奮鬥，認為自己所作所為有永恆價值，但面對死亡他卻不能再肯定自身的價值。巴伯羅被政府擒獲，被敵人判處死刑，他誓死不屈，一直拒絕吐露同伴拉蒙的所在。後來為了跟敵人開玩笑，故意說拉蒙躲在墳地，但拉蒙竟然鬼使神差似地躲到了墳地，正好被捉住。巴伯羅因此免受死刑，小說的結論是：生與死都是荒謬的，巴伯羅最終無法擺脫命運的嘲弄。

1 亞里斯多德認為，事物之發生會有其背後的目的、秩序，所以將事物視為偶然是一種錯誤。

宿命意味著偶然性（contingency），它與因果關係的必然性（necessity）相反。沙特認為，人是被拋到這個世界上來的，人的存在是沒有什麼理由和目的，他沒有先天固定不變的本質。人的存在是偶然的，這種偶然性導致了各種情緒，如憂慮、噁心、煩惱。既然存在是偶然的，那麼人所處的世界自然充滿了荒謬性和任意性，最明顯的例子就是人要面對死亡的宿命。儘管如此，沙特的創作被看作是「自由劇」（有時被稱為「境遇劇」），因為即便境遇極限[2]，人也不能放棄選擇的自由。沙特強調，人的存在，是自己創造自己，並超越自己。這裡的「超越」包括對宿命的反抗。

實際上，臺灣六、七〇年代無論是文學還是藝術都深受存在主義思潮的影響。存在主義又稱為生存主義，在哲學上主張非理性主義，同時強調個人自由、獨立自主和主觀經驗。臺灣知名女作家施叔青在談及臺灣文學創作與存在主義哲學的關係時這樣寫道：「在六〇年代，我們移植了歐洲、美國的存在主義思潮的影響，我們讀書時，一定要看存在主義作家，想沙特一些劇作《無路可逃》，還有他寫的《蒼蠅》那些書。」（施叔青、廖炳惠〈後殖民歷史與女性書寫：從香港到鹿港〉，收錄於《想像的壯遊：十場臺灣當代小說的心靈饗宴》）當自我意識不能超越存在的局限，生存的本能不可抗拒社會的規範時，宿命的感覺會更為強烈。臺灣另一位我喜歡的女性主義作家李昂（施叔青的妹妹）也多次提到存在主義哲學如何影響了她早年的文學創作。譬如，她如何在小說書寫中通過對社會、情愛、以及性的「反叛」尋求個人內在與女性命運的抗衡。

我不相信陳昇寫宿命、寫孤獨只是為了裝「文青」，玩文字遊戲，在歌詞中放點時髦的字眼，配上音樂吸引別人的眼球。我認為他是在做一種哲學上的思考，一種對自己人生的反思，包括人是否要對自己的選擇負道德的責任。陳昇的出身背景（鄉村草根）、他的性格特質（堅持自我，喜歡問為什麼）以及他所從事的演藝職業（充滿競爭與惡鬥）都迫使他思考這樣的問題。他唱道：

當然可以活在幻想裡面，或者透支青春填滿慾望
而生活就像無數的弧線，交錯在人們無意之間
無法改變，很難期望有人陪你傷悲

——〈宿命〉

陳昇每年的年底都要在臺北舉辦跨年演唱會，已經連續近四分之一的世紀沒有間斷過。我

2 指危機伺服，生死攸關的狀況。

這裡要問的是：如果說第一場音樂會是因為偶然因素所造成的（關於舉辦跨年演唱會的起始，陳昇早有解釋）[3]，但以後發生的事情是陳昇的自由意志，還是「和尚敲鐘」的本分？其實，反觀每場音樂會，對陳昇而言，都是記憶的碎片，而他的音樂生命正是由這些碎片所組合的；而整合這些碎片的動力，來自於音樂人一次又一次對生命中所有「不可能」的挑戰。

大時代下的小人物

生命固然充滿了無數的弧線，而交錯的方式確實不是我們可以時時把握的。正如海德格所說：我們是被「拋擲」到這個世界上的，我們盡力做我們可以做的事情，而有些期望或許一輩子都是期望。〈十七號省道〉歌裡有一句歌詞：「覺得自己像個八流的國民，臉上帶著一流的憂鬱。」

陳昇的「悲劇意識」是「小人物」的「悲劇意識」，像美國著名劇作家亞瑟・米勒《推銷員之死》一劇中，那位工作三十多年的小小的推銷員威利・羅曼。由於不敢面對現實的殘酷，威利每天只能躲在虛幻的過去，為自己和家人編織著各式各樣的美夢。劇中有一句著名的問話，是兒子對威利說的：「趁還沒有出事，請你把那虛偽的夢拿去燒掉好嗎？」《推銷員之死》是大時代下小人物的悲劇故事，也是對商業文化中「美國夢」的質疑。

記得這部劇一九八三年在北京首次上演時，我觀看了北京人民藝術劇院演繹的中文版本。因為當時我對美國社會一無所知，所以沒有真正看懂這部劇。後來我有機會學習美國的戲劇，卻沒有再喜歡過米勒，反而是更鍾意另一位寫小人物生活的美國劇作家田納西・威廉斯。他的作品以美國南方為背景，人物的悲劇色彩更為濃厚。幾個月前去倫敦旅行，我還特意去劇院看了威廉斯著名的「回憶劇」（memory play）——《玻璃動物園》，至今不能忘記劇中那位神經脆弱的女主人公蘿絲，以及飄忽不定的命運對她的不公。威廉斯作品的特色之一就是寫社會小人物的困苦和悲情，揭示人在命運擺布下的無助。

陳昇歌曲中所描寫的沉默的小人物、或社會邊緣人和底層人物實在太多了：從男到女（如〈五十米深藍〉、〈紅色氣球〉），從老到少（如〈老爹的故事〉、〈少年夏不安〉），從本省人到外省人（如〈細漢仔〉、〈溫柔的迪化街〉）。他用音樂述說他們的理想、鄉愁和絕望。對於陳昇，小人物也是鮮活的生命，也一樣用生命譜寫人間的悲歡離合。

3 一九九四年滾石企劃部籌備滾石跨年演唱會，但旗下歌手都出國，僅剩陳昇和伍佰在臺灣，兩人臨危受命頂唱，就此連唱至今。

正如他在〈農夫〉一曲中唱道：「你用生命寫歌，怎能沒有點疑惑，你若從不肯說，就讓答案留在風中。」二〇〇八年在一次與中國藝評人張曉舟的訪談節目中，陳昇直截了當地說：羅大佑的歌是寫高級飯店裡的悲哀；而他自己的歌聲寫那些進不了高級飯店，趴在地上滾來滾去、野狗一樣的鄙民。在這些人身上，陳昇都在問一個大寫的「命」字，也在問他們到底有沒有「自由」或「自由的選擇」。所以，陳昇的「悲劇意識」是植根於現實中具體的人物和他們的生活。他們常常是被社會疏忽的人群，而陳昇恰恰要為這些無名小卒寫歌，為他們發聲。可惜的是，陳昇不少關於小人物命運的歌都是用臺語寫的。由於我不懂臺語，所以無法更深刻地感受這些歌曲的獨特魅力。

儘管如此，我還是要提一下我聽了無數遍的，陳昇與新寶島康樂隊合作的兩首歌，一首是〈鼓聲若響〉，另一首是〈阿春仔伊阿嬤〉。這兩首歌都涉及小人物不可掌控的個人命運，但樂曲風格完全不同。前者南美拉丁味道十足，小人物的憂愁和悲傷化作有節奏的放縱和灑脫；後者則是從淡淡的愁苦轉向撕心裂肺的呼喚，特別是歌者那一聲聲的「阿春仔他阿嬤」，把大時代中小人物的悲劇表現得淋漓盡致。結尾那一串呢喃「又能如何？既然如此，就讓它如此，也就這樣吧！這樣吧！」像針刺一般戳在聽者的胸口，讓人久久難以平靜。

如果說〈鼓聲若響〉是以喜劇的形式來表現跑江湖藝人的心酸，那麼「阿春仔伊阿嬤」就是以悲劇的形式演繹一段不能忘卻的歷史。面對人類的悲劇，陳昇發問：「何時才能停止恐懼？何時才能不用猜疑？」陳昇的音樂之所以感人，是因為他的創作可以超越意識形態的是與非，去挖掘人性中更為深層的東西——人性的善與惡。有時聽陳昇的臺語歌，真有要學臺語的衝動，因為我想要擁有他歌曲中的每個音符、每個詞。

說到命的問題，就不能避開死亡的話題，因為只有死亡是每個人都躲不開的命，正如海德格所說，我們的生命就是「向死而生」。陳昇有一首歌很感人。它沒有驚天動地的故事情節和人物，只是描寫一個普通的鄉下女人對待命運的態度。歌者在最平實的敘述中彰顯了小人物的尊嚴。這首歌叫〈姑姑〉，收在《恨情歌》專輯中。歌者用普通到不能再普通的語氣唱道：

您說您只是不服氣命運捉弄
老天帶走您枕邊人，和您最疼愛的長子
所以您決定活得驕傲而有尊嚴

天空失去了彩虹，人們失去了笑容
我的姑姑在寒風中有了甜美的笑容
我的姑姑在寒風中是最美麗的女人

人們常說，對女人來講，人生最大的痛苦莫過於中年喪夫喪子。而陳昇歌中的姑姑在殘酷的命運面前選擇微笑活下去。淡淡幾筆，勾畫出一個頑強的靈魂：她「堅定地擦乾眼淚，走向明天」。陳昇把描述死亡的歌曲放入他的情歌專輯中，可以看到他透視人生，顛覆傳統情歌的態度。他要在聽者的「陌異感」中，讓他們感知與愛相對等的東西——死亡。

從精神分析派心理學的角度，愛與死是人類最初始的原動力，亦是生命迭變中不可缺少的元素。陳昇有一首與新寶島康樂隊合作的歌曲，歌名就是〈愛與死〉，指出愛與死，本來就是一體兩面的現實。這首歌的曲調非常優美，尤其是中間穿插的小提琴曲、弦樂的伴奏以及男生合唱。

♩

〈溫柔的迪化街〉是《放肆的情人》專輯中一首描寫小人物（一位撤退到臺灣的國民黨老兵）的鄉愁。他從上海來到外鄉的迪化街完全不是他個人的選擇，而是戰爭的愚弄，是命運的無奈。他以為他很快可以重返中國，可是等到他終於可以返鄉的那一天時，卻沒有機會再看母親最後一眼：

溫柔的迪化街，埋藏著他百年來的驕傲與尊嚴
沈默的人，用汗水、淚水來支撐自己的日子

在縱情狂吼和低沉的口白中，我聽到歌者希望讓苦難的人得到精神提升的期盼。這首歌滿打動我的，一方面是陳昇獨有的人文精神和社會觀察力，另一方面是他作為一個臺灣本省人對外省老兵超越黨派之爭的倫理關注。他的〈孤寂的兵〉一曲也是寫老兵，一句「脫去了灰色的外衣啊，是灰色的心」實在令人心碎。不知為何，〈溫柔的迪化街〉一曲會讓我聯想到陳昇在《家在北極村》專輯中的一首歌——〈滾滾遼河〉，其歌詞中所展示的家國愁緒：

該是哪一年他說都已忘了，搔著頭他笑了說
流逝我無知的歲月，時光的巨流河
河岸婉約的小白楊

紀老爹他說都已忘了，多麼華麗的歲月
埋葬我無知的青春時光的小河
革命誤我，我誤卿

顯然，陳昇的〈滾滾遼河〉受到臺灣女作家齊邦媛的自傳體文學《巨流河》的啟發。透過家族記憶史的方式，小說體現了作者對原鄉的想像，寫出民國初年一代人的苦難史，也是中國的近代苦難史。雖然小說的一些情節基於中國東北地區，但它所反映的人的苦難和人性的複雜是超越時代的，也可以映射上世紀五〇年代臺灣人所經歷的苦難。身為本省人的陳昇，創作〈滾滾遼河〉這樣的歌曲，可見他的視野沒有被「本省人」／「外省人」這樣簡單的二元劃分所羈絆。

陳昇最新創作的歌曲〈黑夢〉延續了同樣的主題，大歷史背景中小人物不可掌控的命運。對於許多來臺漂流數十年的外省人（眷村人），過去半個世紀的失落年代，是一場黑色的夢：

沒有人屬於任何地方
彷彿你也不屬於你自己
信仰變成廉價的自憐
螢火蟲與風中的垂柳，偶而在黑色的夢中才浮現
你從明天奪取了許多，不情願的還一些給昨天

無情的宿命叫人產生自我認同的迷茫：我是誰？我的家在哪裡？對歲月流逝的感嘆伴隨著對曾經有過的「信仰」的懷疑。〈黑夢〉的MV以黑白為底色，與民謠搖滾相互呼應。畫面

重複著一個年輕人躺倒在一個白色的草蓆上，將自己捲起來，然後由另外兩個人將他抬走的場面。這種看似「主動離場」（拋棄自我、拋棄身分、拋棄家鄉？）的背後，是歌者說不盡的感嘆和糾結。畢竟，故國已成遙遠的符號。這種外省族群漂泊、徬徨、離散的情緒在身分認同的缺失下顯得格外地令人辛酸。「遊移的人生像燙嘴的白酒，他也許不懂，沒有人屬於任何地方」陳昇要對所有那些找不到歸屬感的人說：沒有人屬於任何地方！這種無根的窘狀，是命運的安排嗎？

二十多年前我在美國看過幾部有關臺灣的紀錄片，其中有一部印象極深。片名就叫《臺灣》，是從民進黨綠營的視角來敘述臺灣的近代史。在我的記憶裡，影片充滿了本省人對外省人的敵意，包括對國民黨老兵的敵意。可以說，那種仇恨的情緒，毫無掩蓋地籠罩著整部影片，我至今仍記得那部片子對我的衝擊力。我當時向幾位朋友介紹這部片子，希望他們也經驗一下完全不同的歷史敘事視角。但是陳昇顯然不屬於影片中的本省人，他可以抽離歷史的是非與恩怨，站在一個超歷史的人道主義的角度審視現實的社會矛盾。

我想，他的視角或許也跟他個人的成長經驗相關。我特別記得他在回憶錄中提到過他小時候是如何被那些有鞋子穿、說話字正腔圓的外省女孩子所吸引，我猜想這種孩童時代的樸素情感對他以後的生活態度有很大影響。當然也與他年輕時看了不少外省作家（如林懷民、瓊瑤、白先勇）的作品有關。陳昇的歌曲〈穗花〉就是講述本省人與外省人相戀的往事。雖然到今天為止，他一直稱自己是個土臺客，但我想他一定在很大程度上已經認同自己是真正的「臺北人」。在外省人生死愛悔的故事中，陳昇試圖擺脫歷史的迴轉，展示超越時空的慈悲本質。

自由就是人的宿命

我想問的是：陳昇一路走來，成為今天的陳昇，是宿命，還是他的自由選擇？

今天，作為「臺北人」的陳昇沒有忘記他家鄉的小人物和他們的命運。多少年過去了，陳昇依然在寫他們，寫他要寫的一切。其實，誰也不能告訴這位自由的歌者該寫什麼，不該寫什麼。政治的高壓不可以；市場的誘惑也不可以。陳昇說：「因為我是高貴的自由人啊！」陳昇算是滿幸運的，他生活在一個相對自由的臺灣。雖然個體的命運具有很多的不確定性，但是外在的大環境還是給他的音樂創作提供了自由選擇的機會。起碼，不合心意，他可以說「不」。

沙特堅持認為，自由就是人的宿命。人必須是自由的。他說：「你覺得不自由，那是因為你自由地選擇了不自由。」他在小說《自由之路》說道：「自由讓一個人陷入自由的深淵中，從而有暈眩之感，好似在一種溜滑不定，自我搖晃的顛簸中，向不可知的未來悠悠浮動。但與此同時，人因孤獨而感到自由，這種自由不僅僅取決於歷史和政治意識，它更是每一刻人生中行為的選擇。生活便在這種富於絕望的氣息中展示出它的美好過程。」

我不知如果沙特活在今天，是否還會堅持他的自由觀。沙特的自由觀涉及到「決定論」

（determinism）與「自由意志」（free will）之間的悖論。決定論是相信宇宙中的一切皆受因果法則的控制；自由意志則是相信人有能力選擇自己的行為。從道德哲學的角度看，有自我選擇，才會有自我責任。倘若只是生活早已選擇了我，那又談何自由選擇。倘若不能自由選擇，那又何談對自己負責呢？

當今不少哲學家，如英國哲學家艾耶爾認為，決定論和自由意志是可以相互兼容（compatible），這種兼容論也被稱為「軟性決定論」（soft determinism）。這種理論認為，自由不是和因果對立，而是和強迫（constraint, coercion）對立，如你被迫做與你意願相違背的事情。與此同時，自由從來都不是沒有限制的自由。

在中國先秦哲學家中，我最欣賞的是莊子，他活潑、幽默、率真、自在，追求無拘無束的生活。他的〈逍遙遊〉成為中國傳統文人嚮往自由的典範之作。然而，正是這個要求自由的莊子，又在談論「命」的問題，告訴人們要學會「安命」。也就是說，莊子早就意識到命、或決定論與自由意志之間的悖論。而人生恰恰是在這二者之間博弈的過程。「逍遙遊」不是只出世的，而是遊戲於「出」與「入」之間。

莊子畢竟不是只生存在一個「無何有之鄉」[4]，他也必須面對現實具體的人生煩惱，掌握入世的「技能」，因而可以像庖丁解牛那樣，得心應手、游刃有餘。自由的莊子雖然談「真宰」，談如何擺脫「遊於羿之彀中」的理想。[5]實際上，他是以此道出他那個時代知識分子不自由的處境。換言之，《莊子》一書言「逍遙」、言「自在」、言「至樂」，這並不說明莊子是一個盲目的樂觀主義者。相反，莊子之所以求樂，正是因為他看到了現實的悲苦。所以，莊子之自由解脫是以焦慮、憂懼、和不自由的體驗為起點的。自由，是不自由生命的自由。在這個意義上來講，所謂的自由是派生的[6]、相對的自由。

我總覺得陳昇在某些方面有莊子的特質，看到他（儘管是透過網路媒體的虛擬意象），我好像看到了一個活生生的莊子。這不是因為我喜歡陳昇，硬要把他描繪成「高大尚」的形象。我想陳昇或許也有「流氓」、「無賴」、「悶騷」的一面。但不管怎麼樣，我認為陳昇有莊子的率真與活潑，說話也有莊子酒後「卮言」[7]的頑皮和幽默。更重要是，陳昇很少「端著」，或擺出一副自命清高的姿態，把自己裝扮成一個純情的、只為藝術而藝術的音樂家。相反，他對自由的追求，對藝術的執著是建立在一個現實的基礎上：他承認為了掙錢養家、為了迎合市場，他要做一些情願或不情願的事情。但是，底線是，他沒有放棄他的自由，以及他對他的音樂理想的追求。是的，陳昇具有悲劇人生的意識，但同時帶有喜劇的人生態度，這正是他和他的創作可以吸引我的地方。

陳昇曾經走南闖北，一路上或許遇上一些讓他不開心的、甚至憤怒的事情，但他從不讓這些事情干擾他的創作。當他重新上路，他又會被眼前的新鮮事物領引著，像孩子般擁抱他可以擁抱的一切。有的時候，他又會轉身變成一個抽離的看客，「走向狂歡的背後」冷眼看看世界、看周圍的人和物：

生命的旅程，沒有來的，都是去的，而生命的旅程，真的是有趣啊！
有喜，有悲，也恨，也有愛，生命的旅程，真是有趣啊！

——〈Airport Malpensa〉

陳昇說過這樣一段話，是他的人生態度的表白：「不能只要快樂而不要悲傷，不能只要豐富而不要貧乏，不能只要喜悅而不要憤怒；我拿什麼來換寂寞呢？明天是什麼呢？你說的對，是動人的未知的前途。」（陳昇《寂寞帶我去散步》）

陳昇也把這種不確定性寫入他的歌曲和文字的創作中。他直言不諱地說道：「看完最好不要來罵我，也不要太認真。我最怕人家太認真，我沒有拿得出手的學歷，都是自己瞎掰，推敲出來的。就像我寫進歌詞裡的全都是自己的懷疑，都是沒有問號的問句，巴布·狄倫都說了：

4 空無所有的地方，即與世隔絕。
5 羿之彀指后羿的箭靶，意為每個人都像活在后羿箭靶的射程之中，無處是安全的，此處所指為逃離命運的掌控。
6 延伸化分。
7 沒頭沒尾，自然隨意之言。

The answer is blowing in the wind，答案都在風中。一看見歌迷含情脈脈的眼神，我就想逃，我這裡沒有答案。」（《小日子》）看，陳昇就是這樣一位如此坦誠的人！其實，像我們這些學哲學的人，也深知哲學是尋求真理；而真正的意義在於尋求，而非確定最終的答案。

實際上，陳昇所說的「沒有問號的問句」指的是人生中的種種不確定性。在這點上，陳昇是坦誠的。想起中國搖滾之父崔健曾對著觀眾吼著：「眼前的問題很多都無法解決……快讓我哭，快讓我笑……快讓我在這雪地上撒點野。」（〈快讓我在這雪地上撒點野〉）陳昇和崔健的魅力在於他們真實，但他們沒有放棄，還在不停地尋找答案。他們不想偽裝自己，不想用「心靈雞湯」欺騙他們的聽眾，不想用沙特所說的「虛假的信念／自欺欺人的信仰」（bad faith），把自己的音樂包裝成能解決人生百病的靈丹妙藥，以此逃避本然的自由。

欣賞陳昇，因為他不掩飾內心的疑惑和混亂。他是那樣的真實！他的真實反而讓我們這類學院派的、喜歡給他人指點江山的人感到有些虛偽。

尼采說過：「人們必須在心中懷著混亂，為了能夠創造一個舞動的新星。」（尼采《查拉圖斯特拉如是說》）說宿命並非徹底放棄，聽天由命；說前途不可預測，是讓我們變得更堅強。「當一個人不知道他的路還會把他引向何方的時候，他已經攀登得比任何時候更高了」（尼采《悲劇的誕生》），從悲劇的酒神精神中，尼采領悟了自我受難，由苦難而誕育生命、肯定生命的真諦。酒神是生命的毀滅，也是生命的完成，是死，也是生，是至苦，也是極樂；酒神的誕生是悲劇，同時卻也帶來喜悅與狂歡，藉著破壞與重建所不斷生成的漩渦，而實現自己的本質，最後在這種對立二元的張力中，得以對人生的肯定、完成自我豐盈充沛的生命。

曾有人這樣對我說，燃燒生命不如一根煙（菸）
短暫不長久，狂歡的背後，總有寂寞在等待著你
卻從來不知為什麼，總愛走向狂歡的背後
冷眼看人們，走回內心裡，總讓寂寞來擁有我，為什麼

——〈宿命〉

從尼采哲學的角度看，生命是一個永恆的輪迴：狂歡—寂寞；寂寞—狂歡……生命是流動的，在回歸的軌道上滑動。尼采同樣認為，自由首先讓人承擔起責任。自由的概念不是指人是無所不能的，而是指人必須出於他的自由和責任而有所為。

♩

陳昇《放肆的情人》的專輯出版的那年（一九八九年），也正是中國發生民主運動的一年，我也是在同一年的秋季，帶著滿身的傷感和迷惑，離開北京去美國留學。近三十年過去，中國發生了翻天覆地的變化，但好像又什麼都沒有變……所有發生的、還沒有發生的一切，不

知是否可用「宿命」一詞來化解。我時常會問自己，我們幾十年來對自由的追求與奮鬥，總不應該像薛西弗斯推巨石那樣荒誕吧？世間的一切都是無常的，又何況個人的命運呢。

《放肆的情人》專輯中的最後一首歌是〈我的明天〉，由陳昇與滾石的另一位知名歌手趙傳合唱的。這是我第一次聽他們二位的合唱，很是驚喜，其中副歌的歌詞是這樣的：

我的明天，沒有發了狂的追求
我的記憶，要有繽紛的色彩
我的明天，期待飛得越遠越高
尋找一片，蔚藍天空

同〈宿命〉相比，這最後一張單曲沒有那麼絕望和傷感，因為畢竟有期待、有尋找、有追求，還有繽紛色彩的記憶以及飛得更遠更高的明天。但不知道為什麼，我反而覺得這般高調的歌曲有點虛假，寧可去聽陳昇那些悲傷的調調。

5

記憶

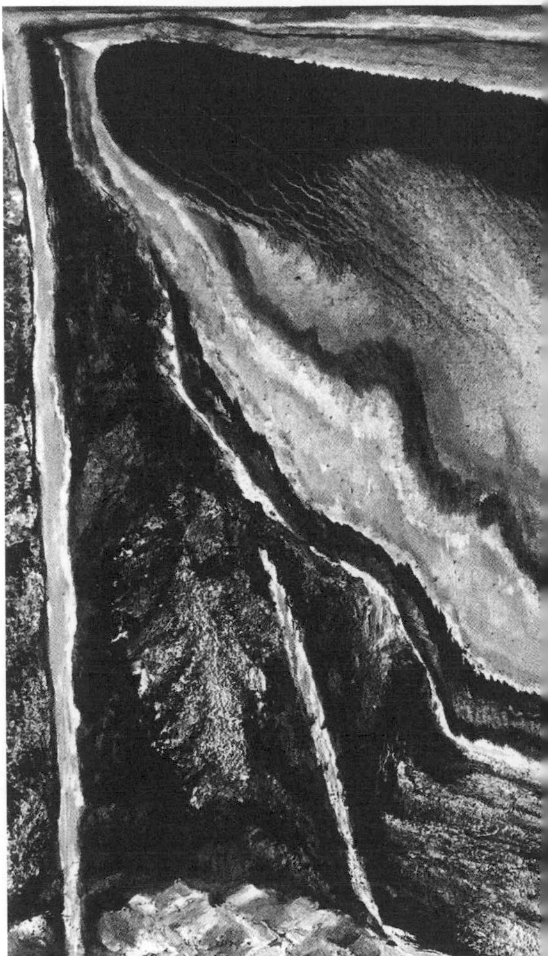

思念的歌，是無聲的刃，劃破記憶，散落滿地

——〈回到我身邊〉

記憶的循環，模糊了時空的物理界線。陳昇說過：「音樂是記憶的槌子，讓一段感情從心裡那塊祕密基地槌了出來。」他的作品中有兩首歌與「二十」有關，而這兩首歌也是我非常喜歡的：一首是〈二十歲的眼淚〉，另一首是〈二十年以前〉。它們有個相似的主題：懷舊（nostalgia）。

陳昇說：「寫歌對我來說，大多都是記下思念，我把回憶放進歌裡，有時候不太敢拿出來唱，一唱，就想起那個時候的種種。」儘管如此，陳昇還是不斷地透過音樂追憶往事，不然，他也不會說自己是活在「昨天」的人。時光荏苒，宛如流水。歌者透過音符的跳躍，找尋過去與現在和未來連續的軌跡。而我們自身，也常常試圖從流逝的記憶中得到慰藉，以便重新打理當下的生活。

聽陳昇的歌很容易喚起我們每一處的曾經。記憶是一種重複的形式：經驗或觀念所積累的東西。有時記憶猶新、有時恍恍惚惚。它們伴隨著現在或已經消失的過去，也可以延續到未來的生活。這種重複性是生命獨有的經驗，會讓人感到好像所有的一切都將成為永恆的回歸。有時，我們也希望可以劃破記憶，讓所有的一切散落滿地，然後重新拾起當下的感覺。

二十年以前

據說〈二十歲的眼淚〉是當年陳昇送給他的弟子金城武二十歲的生日禮物。雖然這張單曲是寫給男性的，帶有小男生勵志歌曲的味道；但女性聽後，也同樣會被觸動。對青春的回憶、對歲月的追思，是全然可以超越性別的劃分。有意思的是，陳昇從來不忌諱男人的年少輕狂，也不忌諱男人傷心落淚，所以他唱男人的驕傲，也唱男人的溫柔：

二十歲的燭光，映在你流淚的臉上
驕傲的男人哪，開始了流浪的旅程
也許路上偶爾會有風，風裡依然有我們的歌

二十歲的火光，映在你堅定的臉上
淚乾的男人哪，開始了流浪的旅程
也許路上偶爾會有寂寞，溫柔的男人用它來寫歌
……
沒有哭，只有笑，笑你當年的荒謬
沒有哭，只有笑，笑我一個人走出風中

可以說，從旋律到歌詞，〈二十歲的眼淚〉是一個歷練過的男人發自內在的坦白，唱者希望自己一路走來還能像舊日一般談笑風生，依然保持年輕時對生活的憧憬。陳昇在回憶錄中，曾經這樣描述自己快到二十歲的生活和眼淚：「十九歲那年，我學會了很多東西：學會了經營自己，學會了欺騙，學會了抽菸，學會了細數人行道上的紅磚，學會了喝酒，學會了將面具安放在自己的臉上，學會了被放逐在這個誘惑之城時如何應付那種無以名狀的心慌，當然也學會了如何去包紮自己的悲傷。」（陳昇《九九九滴眼淚》）短短的幾句獨白，我可以想像陳昇當時離開老家彰化初到臺北大都市尋求夢想的落魄窘相。我特別注意了其中的兩句話：一是有了安放在自己臉上的面具，二是學會了如何去包紮自己的悲傷。其實，我在陳昇早期的歌曲中，依然可以看到這樣的掙扎。

陳昇說：他是被林懷民的小說《蟬》「騙到」臺北的，因為他想親眼體驗一下林懷民筆下的臺北「明星」和「野人」咖啡屋，渴望投入到那個聽披頭四、抽大麻、喝酒、約會、戲沙、跳舞、同性戀甚至吞服安眠藥的場所，體驗一把「嬉皮士」（hippies）的生活方式。對於年少的陳昇，臺北的生活不但意味著擺脫鄉下的枯燥無趣，也意味著擁抱都市的個性解放。林懷民小說所表達的年輕人的苦悶與幻想，在一定程度上也恰恰是青年陳昇的苦悶與幻想。

我第一次知道林懷民的名字，是因為他的「雲門舞集」和中西合璧的現代舞蹈。林懷民的小說《蟬》寫於上世紀六〇年代的臺灣，其風格深受當時西方存在主義哲學的影響。那時，林懷民自己也不過是個二十歲出頭的大學生。小說描寫一九六〇年代五個不同年輕人所經歷的迷茫與無奈，展示他們在平庸生活中尋找真實自我的過程。小說也表現了當時的年輕人對現實社會的不滿、對情感的懵懂不安，以及對生與死的困惑：「那縷蟬歌，夏夜草際螢光一樣地飄忽，在西門町的喧囂中，猶如一條細細的蠶絲，越抽越長，在空間纏纏綿綿，迴繞不休。」莊子在〈逍遙遊〉一篇中寫道：「朝菌不知晦朔，蟪蛄不知春秋。」這裡的「蟪蛄」其實就是蟬。蟬，大自然中微不足道的小昆蟲，它們不知疲倦的蟬吟，成為文人心中最美的靜趣。

反觀陳昇的演藝之路，當年的蟬聲，終於有了蟬意。當年那瘋狂的少年，終於成了後來那個走上演唱臺、沒完沒了地嘮叨的歌手。陳昇就像他自己說的那個「塔裡的男孩」一直在「守著回憶，守著孤獨」。陳昇說過這樣一段話：「今天所有的喜怒哀樂，都會變成明天甜甜的、小小的回憶，所以我們都不吝於努力地製造所有喜怒哀樂的記憶。」（陳昇〈老嬉皮〉）林懷民是用文字、舞蹈表現他的人生；陳昇則是用文字、音樂表現他的人生。有時，我覺得陳昇仍舊像盛夏的蟬一樣，不安寂寞地繼續躁動和喧囂。

然後，躁動和喧囂化成重疊的符號，創造出最真實、最原初的音樂。

二十年以後

巴布・狄倫曾為美國作家愛倫・坡的一首名為〈鍾聲〉的詩作譜上吉他曲來吟誦。在詩裡，詩人描摹了四種不同的鐘聲：金鐘、銀鐘、銅鐘和鐵鐘，並以此營造意象，體現不同的意境。與不同鐘聲相應的，是不同的情緒以及音樂感（如用頭韻、半諧韻之和聲技巧的方法），如快樂、幸福、恐懼、莊嚴、憂鬱。愛倫・坡試圖通過詩歌表達他對人生的感悟，從少年、青年到中年和老年。這種「自我的故事」表達方式，恰恰是吸引狄倫的地方。

陳昇也是一樣，生命的鐘聲在他不同的人生階段發出不同的聲響。給我留下深刻印象的是一段陳昇演唱會的影片。年過五旬、兩鬢斑白、鬍子拉碴的陳昇用嘶啞的聲音再次唱起〈二十歲的眼淚〉，他流下的是過來人的眼淚。三十多年過去了，曾經的榮耀、曾經的過錯，如浮雲流水，卻又連綿不斷。唱到一半時，陳昇忽然醉酒般地對著母親大聲喊道：「媽媽，我是搖滾巨星了。I am a rocker!」那一聲聲的呼喊，令人不禁潸然淚下。Bobby Chen，年過半百，又豈能離開所有柔情的牽絆？其實，陳昇不用說得太多，一句「笑我一個人走出風中」，足矣！

如今，年近六旬的陳昇依然保持著二十歲的心態，依然玩性十足，依然有「夢想在他方」的欲求。我真懷疑他是否可以走出當年的荒謬，也許他可以一輩子快樂地荒謬著，笑說風花雪月算什麼。陳昇曾經這樣道白：「成長真是一種失落，這些話人們說得太多了。年紀越大一些，就越丟了些什麼，或許，生命之初才是豐富的。結束的時候，就空無了。或者說生命已經空無了，所以氣息也就枯竭了。」（陳昇《寂寞帶我去散步》）陳昇不肯放棄寫作，不肯放棄歌唱的舞臺，因為他要證明，自己尚未空無。其實，陳昇不必這樣與自己較勁。我們曾愛過，就不怕歲月能怎樣。

不同於〈二十歲的眼淚〉的創作，〈二十年以前〉這首歌是改編自美國著名的鄉村音樂歌手肯尼．羅傑斯的經典歌曲〈Twenty Years Ago〉。不知道陳昇當初為何會改編這首歌，是它的音樂還是它的歌詞？不過，當中的一句「Life was so much easier twenty years ago」很符合陳昇一貫的懷舊風，他多次說過，自己不知道如何跟「活在昨天的我道別」。

英文原歌創作於一九八七年，使用了美國民謠典型的故事化敘述手法。除了副歌，一共三段，平鋪直敘地道出一個小鎮二十年來的變化：老影院人去樓空，老藥店沒了舊日的好友。走到老約翰的五金店，他的兒子，也是歌者童年時的朋友，那個叫Joe的小伙子現在人在哪裡？二十年前（越戰時代）當了兵，那時候，有誰曾想過他會死在戰場上，無法返回他的故鄉。唉，物去人非，人生就是這樣聚散無常。二十年後，一切都不一樣了。

All my memories from those days come gather round me
What I'd give if they could take me back in time
It almost seems like yesterday
Where do the good times go

Life was so much easier twenty years ago

(往日我所有的記憶，都在我的腦子裡迴盪

我要付出什麼，才可以把我帶回那個時光

彷彿一切都在昨日

那些美好時光呀，你們在哪裡

想當年，生活是如此的簡單，二十年前)

陳昇的版本保留了原有的第一段敘事和副歌抒情的部分，然後加入了他自己的填詞。新歌不再是講一個具體的故事，而是進一步對人生萍聚分離的情感抒發。我喜歡陳昇的新詞，大大增強了原歌的情感厚度：

嘲笑你眼角泛紅分明就哭過

如歌的人兒也寂寞

我們曾愛過就不怕歲月能怎樣

或是你放手，讓我忘記你吧

二十年以後

雁子飛到了遙遠的北方
你的名字我已想不起來
雲的那邊什麼也沒有
不過是夢一場
也許會再見，記得提醒我啊
二十年以後

歌詞很陳昇，和〈路口〉那首歌的歌詞有相似的表達，像「雁子飛到了遙遠的北方／你的名字我已想不起來」。人過境遷，兩不相望。歌者唱出凡人的疑惑和感傷。對於陳昇，二十年是一個輪迴，好與壞，都是人生經驗的積累。陳昇似乎喜歡「路口」這個意象，大概是因為路口是人生路上的交叉點，它意味著選擇，也意味著放棄。

美國詩人羅伯特・佛洛斯特在他的一首小詩〈無人走過的路〉中，描述詩人在路口，看到兩條小徑蜿蜒，但他又不能同時涉足。他將視線放在其中的一條，遠遠眺望那條直通灌木林的小路，然後做出了最後的選擇。由於有情歌的寓意，陳昇的「路口」暗示一對情人在路口的分離。他們或許偶合天涯，最終，又不得不選擇屬於自己的那條路。人生無常，而生命還需各自繼續。或許二十年以後，他們會再次相遇，是否會歡笑如舊，情亦如故呢？也許每一個破碎的曾經，都可以是一首當下美麗的小詩。在〈半生緣〉中，陳昇感嘆道：

你像個不懂事的孩子，沒有發現闖了禍
上了我心中的鎖，然而轉身就離開
不問我是否可以承受
⋯⋯
我想在離開了你以後，豈只憂傷了許多
你帶著滿身的傷痕，哭著回來告訴我，
你是來要回鎖住的夢

每當聽到陳昇在唱：「雲的那邊什麼也沒有，不過是夢一場。」我就會想，可是他自己仍然是個尋夢之人呀。他的目光，從來就沒有離開過雲的那邊。他的音樂，固然有現實的層面，但更多的是超現實的層面。所以我們可以在他的歌聲中，陪他觀現實，也可以陪他做美夢。

有一種無聲的話語
只有尋夢的人彼此聽得懂

泰戈爾說的好：「我希望在孤寂淒清的夜晚，夢化作我的愛人來與我約會，讓現實嫉妒我們。」必須承認，藝術上敏感的人總是面向夢的現實，而夢境有時會比日常現實更為真實，也更完美。

臺灣歌手張信哲在中國《我是歌手》的節目中曾經重新演繹〈二十年以前〉。編曲上更為豐富，中間植入了用愛爾蘭短笛吹出的〈橄欖樹〉，增添樂曲韻味，加上張信哲完美的詮釋，令人驚豔（他的紅色上衣更增強了這種視覺感）。相比之下，陳昇唱的版本要樸實許多，影像也更為灰暗，但這些並未減少這首歌應有的意境。我總覺得他滄桑的聲音帶有美國民謠風，雖然他的英文發音並不完美，而且節拍也有些拖拉。或許因為伴奏音樂沒有那麼華麗多彩，或許因為歌曲呈現的速度比較緩慢低沉，我感覺陳昇所營造的氛圍更加滄桑和感傷，儘管結尾是陳昇的口白：「我很好，謝謝。」不過，我喜歡的正是這種感傷的味道，留下更多反思的空間。

時光易逝，人生能有多少個二十年？宋代詩人張炎有詩云：「晚年樂笑緣何事，醉夢聽鵑二十年。」另有詞曰：「醉中不信有啼鵑，江南二十年。」陳昇，你將迎接你人生中的第三個二十年，你依然醉夢人生，我願意繼續同你一道醉夢人生！

想想自己走過的二十年，從美國到香港，已經習慣「客居他鄉」的生活方式。有無數的喜悅，也有不少的悲傷。有朋友，有同事，可是我還是常常被孤獨與無聊圍繞，想逃離現在的我。在美國的時候，我從來沒有想過有一天我會在香港生活，一個似乎跟我的性格並不搭配的城市。我的下一個「夢想之地」是歐洲，可能是巴黎、可能是慕尼黑或者其他什麼地方。我還是喜歡都市的、有人文氣質的氛圍。到我這個年齡，像三毛那樣到撒哈拉沙漠流浪，已經不太現實了，而且我害怕那種遠離鬧市的寂寞。然而，對未來的不確定性，既會讓我興奮，也會讓我焦慮。可是不知為什麼，聽到陳昇的聲音，我就不那麼焦慮了。或許是他那帶著率性和滄桑的腔調，可以把我心底的波瀾和不安都化解掉，從而得到心靈的慰藉。

我覺得，聽陳昇的歌很容易放縱自己：動情了，可以陪著他掉幾滴眼淚；放蕩了，可以跟著他大聲嘶吼幾句；平靜了，也可以順著他的歌曲想想哲學問題。

往日時光

其實，記憶有時也會很美好，特別是在這個快得讓人沒時間回憶的時代。臺灣作家席慕蓉曾經寫道：「在年輕的時候，如果你愛上了一個人，請你，請你一定要溫柔地對待他。不管你們相愛的時間有多長或多短，若你們能始終溫柔地相待，那麼，所有的時刻都將是一種無瑕的美麗。若不得不分離，也要好好地說聲再見，也要在心裡存著感謝，感謝他給了你一份記憶。」（席慕蓉《無怨的青春》）是的，有些人和事，無論好壞，皆為隨緣偶遇，日後成為我們塑造未來生活的一部分。

從某種意義上看，記憶亦是哲學反思和思辨建構的對象。從柏拉圖的古典哲學，到現代的精神分析學、現象學、結構主義，乃至當代的認知學，都對記憶充滿了好奇。記憶也是一個人自我認知、自我身分構成的一部分，哲學上稱之為「身分同一」（self-identity）[1]，也由此產生了所謂的「自傳之煩惱」。[2]佛教則把這種煩惱看作「我執」的結果。比如唯識宗把記憶與「阿賴耶識」（類似儲藏室的潛意識）結合起來，認為「阿賴耶識」是自我的本源，故稱之為「執藏」。的確，記憶對自我的構建具有重大的影響力，也成為我們編制生命意義的重要密碼。

我注意到，陳昇的創作，很大程度上來源於他對記憶的陳述，成為創作者自我認同的基石。但與此同時，陳昇也常常對自己說：忘記吧、忘記吧——這也正是記憶和遺忘的弔詭。

其實，陳昇的〈二十年以前〉這個版本很個體化，只是抒發個人對時代變遷的感受，感嘆二十年前日子會好過很多。而有些類似的懷舊歌曲抒發的卻是對逝去的一個理想時代（good old days）的感嘆。舉一首我喜歡的歌曲為例，即英國歌手瑪莉．霍普金唱的〈往日時光〉，亦可譯為〈想當年〉。這是一首由古老的俄羅斯民歌改編、風靡七〇年代歐美和港臺的歌曲，

1 哲學問題的一種，探究在時光流逝中，是什麼使我為同一個人。
2 即解決我到底是誰的煩惱。

亦是一首經歷過成長才能體會的歌曲。其中一段歌詞是這樣的：

Those were the days my friend
We thought they'd never end
We'd sing and dance forever and a day
We'd live the life we choose
We'd fight and never lose
Those were the days, oh yes those were the days

歌詞大意是這樣的：「我的朋友，那是一段往日時光／以為這樣的生活會永無止境／我們整日載歌載舞，直到永遠／我們會享受著我們所選擇的生活／與世鬥爭，我們會戰無不勝／想當年，是啊，想當年。」很明顯，這是一首典型的緬懷理想主義時代的歌曲，唱出一代人曾經有過的年少輕狂、意氣風發。記得一九九二年，芬蘭電影怪傑導演阿里．郭利斯馬基根據同名歌曲拍了一部五分鐘的短片，影片沒有任何對話，只有這首歌和影像。

另一首〈往日時光〉是中國蒙古族音樂創作人烏蘭托嘎寫的，曲調單一，但帶有明顯的俄羅斯風格，或許根本就是俄羅斯民歌的翻唱。我聽過譚維維、成方圓和呼斯楞的不同唱版。感動我的卻是直白的歌詞：

人生中最美的珍藏
正是那些往日時光
雖然窮得只剩下快樂
身上穿著舊衣裳

海拉爾多雪的冬天
傳來三套車的歌唱
伊敏河旁溫柔的夏夜
紅梅花兒在開放
……
我們曾是最好的夥伴
共同分享歡樂悲傷
我們總唱啊朋友再見
還有莫斯科郊外的晚上……

我想，這樣的歌詞對當下的年輕人大概不會有太大的共鳴。我之所以被感動是因為這首歌是為我這一代在中國成長的人寫的。因為只有我們那個年代，年輕人會伴著手風琴聲，唱起〈紅梅花兒開〉、〈三套車〉、〈啊朋友再見〉、〈莫斯科郊外的晚上〉這類「紅色的」[3]外國歌曲。中國改革開放以後，這些歌曲逐漸被港臺流行歌曲取代。

這首〈往日時光〉無疑是感傷的曲子。特別當我想到今天的中國這個「窮得只剩下金錢」的年代，我會在情感上懷念那個「窮得只剩下快樂」的年代。其實，在理性層面，我是不可能喜歡那個時代的。已經在自由、富裕世界生活了三十年的我，怎麼可能去緬懷一個政治上專制、物質上貧乏的時代？我想歌曲的懷舊只是對當下的疑惑和不滿而已。當我們在現實中找不到我們所期盼的意義時，在懷舊中創造意義是最簡單的辦法。

現在的我，也會同很多人一樣，只關心生活中「是什麼」（what it is）的問題，而不關心「如何／怎樣」（how it is）的問題。我們已經習慣於用what的角度來解釋how，或把how的問題化成為what的問題。[4]我們常說：我要用自己的方式過日子。可是，我自己的方式又是什麼呢？所以，我們總喜愛看別人在做什麼，無法以自己的方式顯現自己，展示自身存在的姿態。難怪陳昇感嘆世間人：

黃粱一夢二十年
依舊是不懂愛也不懂情
……

莫非再過二十年
依舊是不懂愛也不懂情
——〈黃粱一夢二十年〉

是啊，我們誰又敢說自己已經懂得愛、懂得情了呢？我們誰又敢說自己已經懂得人生意義了呢？近來我常會問自己：為什麼會被陳昇的《歸鄉》這張專輯感動？實際上，正如陳昇自己所說的那樣，《歸鄉》「很臺的、土炮的、鄉下的、稻米的」，歌中所描述的一切，都不是我這個「都市人」所熟知的。可是我為什麼會陪著他一路哭笑，一路感嘆呢？其實，我明白我哭笑的、感嘆更多是我自己的處境。陳昇音樂只不過給了我一個平臺去反思我自己的生活。

反觀自己的過去：我的祖籍是寧波，我在北京出生、成長。後來去美國讀書、生活，一晃近二十年。現在又來到香港工作，一住就十年。我這片葉子一直在風中飄來飄去，今後會飄到哪裡，連我自己都不知道。或許，我應該「自我忘記」、「自我放空」，跟著感覺走。忘記了，放空了，會有新的東西，會有新的驚喜。有時，我也會安慰自己說：我才不要那個形而上學的

3 指符合中國共產黨價值觀，被共產黨所接受的，譬如「紅歌」不一定是流行的，而是被官方肯定的。

4 what這裡所指為具有規範的、可以效仿的東西，譬如何謂「成功人士」的標準；how是指人生的意義不在於「做什麼」，而是「如何做」，如何過出適合自己的生活。

圓圈圈[5]，「離鄉」只是為了那個最終的「歸鄉」。離就離了，管他歸到哪裡！

幾年前，偶然聽到中國搖滾歌手汪峰唱的〈北京、北京〉，我的心被觸摸了一下，好想一瞬間找回我是北京人的感覺。可是，每次回到北京小住，探望一下父母。但除了在電視上聽到字正腔圓的普通話之外，我並沒有找到更多的遊子返鄉的情愫。可能是這個城市的變化太大了，一切對我來說已經太陌生了。加之過去的同學、朋友基本都在海外，沒有可以交流的對象。有一次，我專門去了我曾經就讀的小學、中學、大學門口拍照留影；還去了我曾經執教過兩年的美麗清華校園。可是我可以做的，也僅僅是把懷念的東西留在鏡頭裡而已。我不得不承認，在我的內心深處，北京這座城市已經離我很遠了。

在這個浮動的年代，我算是哪裡人？我的故鄉在哪裡？我又去哪裡抒發我的鄉愁？隨著歲月的積累，年齡的增長，我會情不自禁地進入到記憶的狀態，想要追溯（tracing back）那些往日的印記，梳理一下曾經的擁有，以避免生命物語中所遭遇的迷亂和虛空。

生命到底是什麼呢？中國旅美作家木心曾說，生命就是時時刻刻地不知如何是好。不去想了，就這樣吧，別回頭，走吧，走吧。

那麼，記憶是否具有本體的意義呢？無可否認，記憶在我們的感情中是一個不可無視的經驗。法國哲學家馬塞爾把記憶看作是一種「在場」（presence），即主體與客體的「同格」關係。比如，馬塞爾在他的劇作中，常常都有亡人的出場情節，這些亡人一直保留在生者的記憶中。由於亡人的「在場」，生者與亡人彼此處於「同格」的關係，二者具有精神生命的交融，以此超越「存在即感知」的經驗主義。

而法國後現代主義思想家雅克·德希達則認為，記憶是一種看不到的意識活動，是由「元書寫」（arche-writing）[6]的心理動力所驅使的，並為意義的延異（defer／differ）[7]提供依據。也就是說，元書寫將過去的符號和圖像寫進人的意識中，成為我們潛意識的一部分。然而我們所要尋求的意義不一定能夠透過「過去」來表述，也不一定能夠透過「現在」來反饋，因為意義是在不斷地推延和發生差異中呈現出來。同時，有些意義上屬於「充溢」（excess）的狀態，所以我們總會感到言不盡意。想說的、想唱的，都不是那個真正要表達的東西：

但是我還活在昨天

5 指「先在」的存在。在形而上學中，它既是起點，也是終點，故被稱之為一個圓圈。這裡所轉化的意思是，作者離家不是為了最終歸家，即中國人所說的「落葉歸根」。

6 打破speech 和 wrting的界限，強調語言符號的整體性。亦指拋棄目的性的書寫，回歸事物本身，類似弗洛伊德的潛意識。

7 德希達自創術語，指語言的意義會經過不斷隨意、零亂的外擴，最終被消解。

……

也許沒有人應該活在今天
——〈今天、昨天、明天〉

毫無疑問，陳昇的歌，帶有許多私人的意識流和個體的記憶意涵，是織進歌者生命肌理的音符。但他歌曲所運用的追溯方式可以引發聽者的共鳴，唱出我們內心的那片沉默，即便那些「充溢」的部分或許是我們永遠無法捕捉的。沒有關係，我們可以把自身的經驗填補進去，從而在聽陳昇講給我們的故事的同時，編織我們自己的故事。

我喜歡陳昇，喜歡陳昇的歌，因為他把生命的激情和疑惑暢然地隱入他的每一首歌，每一段詞。一句「如歌的青春會寂寞」足夠讓我們回味很多很久，其延續的意義或許超越歌曲本身的意義。

人世滄桑。風情千種，不知從何說起。「別問我如何埋葬昨天，我怕今生再已不見」，我會不會在二十年以後，也去追憶那個往日時光，發出「Life was so much easier twenty years ago」這樣的感嘆呢？生死、愛恨，逝水流年。是追憶，是遺忘？我這樣問自己。我想到陳昇的〈夜〉一曲所道出的年華流逝的悲傷：

早在那遙遠的過往，遺落了純真與歡笑

只有午夜能了解我，撫慰心口的傷痛
如果我還能夠恣意悲傷落淚，黑夜快將我吞沒

明天是不是會晴朗，讓我堆積我的夢想
用我如一不變的臉孔，要阻擋一切
流盡最後一滴淚，只為它不屬於明天
期盼星星永不墜落，聆聽我願

記憶，在時光的深處。然而，歲月畢竟不是用於悲戚，就讓它塵封在我們最深的心底。我對自己說：還是記憶放手，讓我忘記一切吧，二十年以後。

6

孤獨

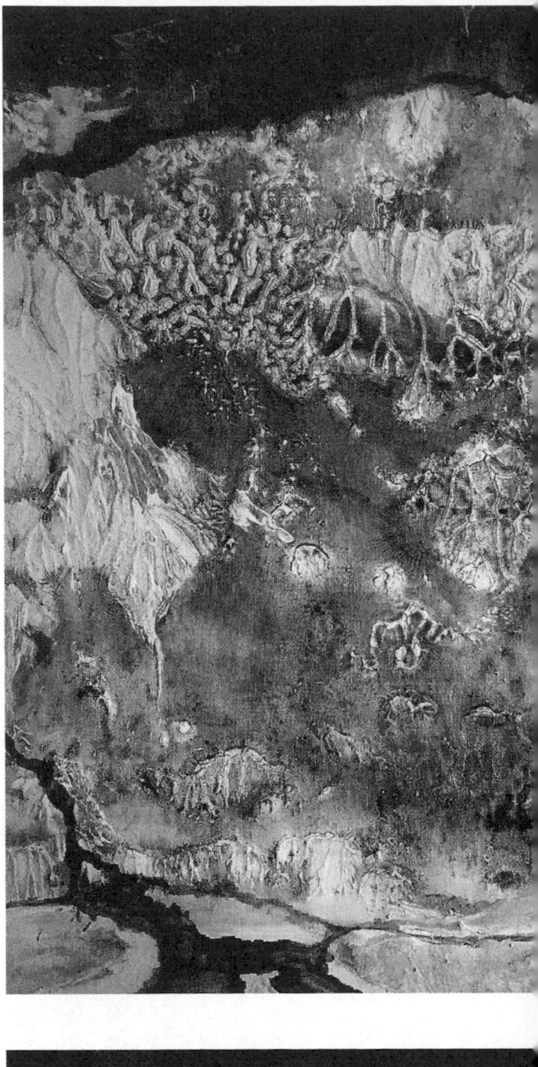

你要我哭，我沒有了名字，我的名字從此叫做孤獨

——〈別讓我哭〉

陳昇的歌之所以可以感染我，其中一個重要的原因是，他的歌體現了一種深刻存在的孤獨。從〈別讓我哭〉到〈我喜歡私奔和我自己〉，再到〈一個人去旅行〉，我看到一個精緻而敏感的孤獨心靈；我聽到一位孤獨的遊吟歌者從一種孤獨走到另一種孤獨。陳昇說過：「我的名字叫做孤獨。」

存在之孤獨

誠然，孤獨有不同的種類，比如語言孤獨、思維孤獨、倫理孤獨、情慾孤獨等等。而我們感受最深的是存在的孤獨。人生在世，常常會感到自己活在無定與不安中，對周遭的人與事難以理解，也很難被他人理解，孤獨與疏離感便油然而生。存在的孤獨，是人生最根本的孤獨，它所體現的是人與他人、人與世界的疏離。這種 loneliness（孤獨）並非 being alone（孤單）的狀態，反而常常是一種在人群的孤獨感。陳昇有一首著名的情歌，〈不再讓你孤單〉，裡面唱道：

讓我輕輕的吻著你的臉
擦乾你傷心的眼淚

讓你知道在孤單的時候
還有一個我陪著你

我猜想沒有幾個女孩子不會被這樣簡單、直白的柔情軟語所打動。但仔細想想，歌名是「不再讓你孤單」，不是「不再讓你孤獨」。如果我們都不能保證自己不會孤獨，又如何對他人做這樣的承諾呢？孤獨是一種心理狀態，也可以說是一種生活態度，但孤單的人並不一定會在孤獨的狀態下；同時，孤獨心態下的個體也並不一定是孤單的人。孤單是外在的形式，而孤獨是內在的體驗，存在主義哲學稱此為「存在之孤獨」(existential isolation)。

存在之孤獨，其背後的原因不但是我們意識到我們內心深處的一些東西，不能與他人交流和被他人所感知，而且是我們意識到人終將是「自己地來、自己地去」。所以存在主義的名言就是：「人終將孤獨地面對孤獨。」也就是說，成為一個人意味著我們必須承擔全然的、根本的、永久而無法克服的孤獨。尼采說：「在孤獨中走自己的路是一個哲學家的本質。」沙特則說：「人因孤獨而感到自由。」因為孤獨在一定意義上也可以是自足的。

■

記得我上高中的時候，看過一部法國電影，名字是《去年在馬倫巴》。該片的導演是大名鼎鼎的「新浪潮」（La Nouvelle Vague）[1]代表人物亞倫・雷奈。電影透過男主角「我」（X）的現在和過去（回憶），向女主角（Y）表白「我們曾經認識並相愛」、「妳在等我」、「我想帶妳走」。而女人面對男人強而有力的主觀陳述，最終似乎被他帶進他的意識流敘事，虛假成真，其中還有另一個男人（Z，可能是Y的丈夫）的畫面出現，似乎正要打破X的計畫。然後，觀眾就在男女主角雙方去年是否見過、是否認識的真真假假中掙扎。最後，電影在黑場中結束，留給觀眾一片唏噓。

其實，當年由於年齡和閱歷，我根本就沒有看懂這部電影。十幾年以後，當我讀存在主義哲學時，教授提到這部電影，我才找出來，又看了兩遍。就是現在看，還是不得不承認，這部電影很晦澀，內容上可以有不同的解讀。但其中有一點是明確的，這就是存在的荒謬性，即「真」與「假」、「存在」與「虛無」在論證上的無知和無序。電影所表現的另一點就是人的孤獨。孤獨的豪華酒店、孤獨的你我他，在無數的廊柱、浮雕、花園、水晶吊燈的蒙太奇畫面中穿梭。影片中的人物都沒有具體的名字，他們名字都是「孤獨」。記得影片雖然是黑白色，但畫面極其精美，就連表現種種孤獨、怪異、病態，甚至荒誕的心理感受和情緒，都是那麼的雅緻。至今，《去年在馬倫巴》仍是我最喜歡的電影之一，我會在我的存在主義課上，「逼」我的學生看這部他們認為「很悶」的影片。

陳昇的〈青鳥日記〉（也有青島日記一說，但我更喜歡青鳥的意象）把孤獨寫到了極致，周圍的一切都被這種感情所控制。歌曲採用少有的日記形式，營造了一個冷風蕭蕭、雨雪撲面的場景。隨之電吉他和薩克斯風的伴奏，一個孤獨憂鬱的歌者毫無掩飾地展現在我們的眼前。日記從十一月一號，天氣晴，寫到十一月九號，天氣陰，一個多禮拜的心路歷程：

十一月一號，天氣晴
我花盡所有的積蓄，從南方來到這裡
北方的風啊，慢慢的吹起
洗刷著半島的海浪，怎樣也洗不去我的回憶

想起初相見，似地轉天旋
是怎樣多情的人啊，能夠寫出如此纏綿的話語
讓一切重來過，真是無聊的話題
我在飛越北迴歸線的時候，就已經打定主意

1 法國於一九五〇末期到六〇年的電影運動，特色為打破傳統制式的電影語法，利用快速跳接、轉換場景，造成敘事與影像的不連續。代表導演有楚浮、高達等。

十一月二號，天氣晴
見到了海浪的飛鳥，我像石頭一樣忍住悲傷
我愛上的是一個玩音樂的人，可我從來都沒想到，他愛上了浮雲
我讓了解我的朋友，千萬不要給我同情
他們都知道雖然我來自南方，可也有冰一樣的表情
……
十一月五號，北風起
半島的海浪，裡面有我的記憶
十一月六號，天氣陰
我沒想到往哪裡去，可我也不能停留在這裡
……
十一月八號，天氣陰
我沒有想到往那裡去，可我也不想停留在這裡
（走吧，走吧，我美麗的青鳥）

十一月九號，天氣陰

也許我已經不再悲傷，但是我已……

這是一種存在的哲學體驗，揭示出存在的孤獨性。歌者對周圍的人和事的陌生感和異己感表現為方位的缺失，即非這裡，也非那裡。歌曲結尾一句是：「也許我已經不再悲傷，但是我已……」我從來沒有見過其它首歌詞這樣結尾，刪節號的部分給聽者足夠的想像空間，想像自己就是歌中那個孤獨遊蕩的幽靈。

隨著音樂中輕輕的女生伴唱「走吧！走吧！我美麗的青鳥」，一個人在北風中遊蕩、遊蕩——「我沒想到要到哪裡去，可我也不能停留在這裡」。陳昇飽經滄桑的嗓音，配上青灰色的MV圖像，讓人不得不用心來咀嚼玩味。因為歌詞中沒有對「青鳥」具體的說明，這讓我多少有些困惑。「我愛上的是一個玩音樂的人」這句話顯然應該是青鳥的角度。但由於「青鳥」（bluebird）原有的文學意涵，特別是梅特林克的童話世界中那兩位「等待青鳥」的小孩子，讓我想了更多。對於歌者來講，那個青鳥又是什麼呢？他是否也在等待青鳥的展翅飛翔？

我深感歌者內心的悲傷，雖然他有點裝cool，說自己有冰一樣的表情。我真怕空氣（這首歌所營造的氛圍）的溫度太低，以致把我們的心徹底冷凍了、麻木了。不再悲傷的後面，是拒絕悲傷的個人意義，或是拒絕任何試圖獲得這種意義的野心，甚至拒絕這種意義的可能存在。

歌詞令人驚奇地以少見的日記形式表現，展現創作者在時間上的思考。日記的時間秩序是線性的物理時間，從十一月一號到十一月九號。另一個時間是物理時間之外的心理時間，按照哲學家亨利・伯格森的說法，即人的主觀經驗的時間效應。

由於孤獨，心理時間可以被拉得很長，它是存在者本身感受的時間性。這個時間可以是未來的，也可以是過去的。當歌者唱到「半島的海浪裡面有我的記憶」之時，他的時間是在過去，這也是陳昇歌曲中經常運用的時間坐標。當歌者唱到「但我要去等待最後一班飛機」之時，他的時間是在未來。在時間光陰的遞嬗輪迴之中，歌者所吟唱的孤獨是一個實實在在的、存在的孤獨。然而，我們又如何忘了過去、忘了未來、忘了誰是我，我是誰？

日記的形式增添了歌曲自傳的成分，尤其是那句「我愛上的是一個玩音樂的人。」而「浮雲」則是個常見與孤獨相關的意象，如華茲華斯的詩句，「我孤獨地漫遊，像一片浮雲」。亦是陳昇作品中多次出現的意象，如「浮雲車站」、「天空擁有浮雲，樹只有無語」（〈去年在北海道〉）。我們常用「浮雲遊子」來描述遠離故鄉的孤獨情愁；我們也會說：「往事如浮雲，孤獨而不敗。」

對我來說，〈青鳥日記〉是首難得的好歌。它像一杯濃濃的苦茶，真苦，但真有味道。細細品味，發現苦中帶有歌者一絲孤芳自賞的淡漠。

不愛，就不孤獨了？

陳昇的另一首歌〈一個人去旅行〉，講的是一位剛剛失戀的情人，無法擺脫逝去的愛情。他把這種纏綿，表現為擔心對方一個人去旅行。一方面，他自己深受孤獨的折磨，抱怨離他遠行的情人「你就這樣，離開我，拋棄我，讓我孤獨生活」；一方面，他又轉向那位遠行的愛人，祝福一個人生活的開始：

你說要一個人去旅行，眼裡藏著一朵烏雲，知道你藏不住祕密，天空就會飄著雨
你說你帶著一本日記，卻不想再擁有回憶，我怕你在異鄉孤獨的醒來
……
你就這樣離開吧，拋棄吧，他鄉的旅人
你就那樣離開吧，拋棄吧，一個人生活
……
我想要一個人去旅行，但願歸期會有約定，每個人都在問我，是否可以找到自由的你
亞得裡亞海邊他鄉的人和風中的吉他聲，我怕你一個人在異鄉孤獨醒來
我會帶著你回來

可憐的孤獨者，明明是自己孤獨，卻硬要說害怕對方會孤獨：「迷信了孤獨，就軟弱的拋棄了我的等待。」所以，「我怕你在異鄉孤獨醒來，我會帶著你回來」。悠緩的手風琴過門，好似在傾訴歌者作為孤獨旅人的哀怨和感傷，單是聽前奏的音樂就已令人流淚。而那句「我會帶著你回來」的口白結語聽起來似乎缺乏自信，因為是否能夠重拾舊夢還沒有答案。

其實，即便舊夢可以重拾，孤獨依然無法消除。

某一次一個人旅行的經驗，只不過是人生旅行的一小部分。我們的人生旅行，或許有人陪伴，或許無人陪伴，但一定會有孤獨與我們如影相隨。

實際上，我一直害怕獨自旅行，一來我是路盲，總怕自己走丟；二來我是害怕孤獨（或許是孤單）。自助旅遊指南《孤獨星球》紅遍全球多年，是背包單身族的最愛。可我最怕的是那種歡喜和憂愁都無法與他人分享的孤獨，正如陳昇所說：我怕在異鄉孤獨醒來。再獨立的人，有時也會害怕「落花孤影獨寂寞」的處境。但我深知，在很多情況下，拒絕孤獨，也是拒絕自身的存在。

今天，孤獨就旅行來說是現代都市人的時髦。記得幾年前，《波士頓環球報》刊登一篇文章，題為〈獨自旅行的女性？世界也可以是妳的牡蠣〉。當時覺得標題很特別，所以多看了兩眼。文章作者列舉女性一個人去旅行的種種益處，認為獨自旅行是很好的社會經驗。

「世界可以是妳的牡蠣」[2]這句話本源於莎士比亞的戲劇《溫莎的風流婦人》，意思是說世界是妳的囊中物，妳有機會做妳想做的任何事情，並從中發現自我價值。其實，獨自一人沒問題，不要寂寞就好。當然，這句莎翁的話曾是上世紀七〇年代女權運動中，為女性壯膽和平權的口號。不要說世界是妳的牡蠣，或許妳自己變成牡蠣，一切就ＯＫ了。

古希臘哲學家柏拉圖在〈會飲篇〉中提到，劇作家阿里斯多芬有一次在宴會上講過一則寓言：很久以前，人類都是「雙體人」，也就是說，有兩個腦袋、四條胳膊、四條腿。但後來，由於人類的傲慢自大，眾神之王宙斯將人劈成兩半，於是人類不得不終其一生尋找另一半。可是，由於被劈開的人太多，找到另一半不是一件易事，所以人就成為孤獨的、生命無所依托的「半人」。柏拉圖似乎在說：如果孤獨源於愛，或許不愛了，也就不孤獨了。

陳昇的〈把悲傷留給自己〉一開口就是：「能不能讓我，陪著你走。」「我陪你」這三個字在女人的生活經驗中占有不小的比重。女人喜歡陪伴，是不是女性更怕孤獨呢？

哲學家常常說，存在的孤獨是沒有條件的。它是人生的贈品，而且是不能拒絕的贈品，因為你拒絕孤獨，就是拒絕你自己。當孤獨降臨，你可以做到的，就是讓你自己完全投入孤獨的懷抱，讓孤獨環繞你，淹沒你，直到最深處。

2 牡蠣裡面有珍珠，意指待找尋的美好事物。

陳昇存在的孤獨感到了〈思念人之屋〉這首歌幾乎成為一種徹底的絕望與心痛。雨季，的確是一個容易傷感和空虛的時節，而失戀之人更因「存在遺棄」（existential abandonment）[3]而倍感孤寂的傷感。我真的好想你，可卻無法同你說一聲Hello。我只能將自己囚禁在寂寞的屋子。偶爾出來透透氣，跟外面的小狗打個招呼。歌曲從頭到尾被一種濃郁的孤獨所圍繞，男人的慾望和夢想，凝結在雨中的流浪狗身上，而不是浪漫詩人戴望舒筆下的〈雨巷〉中，那位丁香般的美麗姑娘：

撐著油紙傘，獨自
彷徨在悠長，悠長
又寂寥的雨巷，
我希望飄過
一個丁香一樣的
結著愁怨的姑娘

然而，〈思念人之屋〉的歌詞是這樣的：

住在窗臺上的薄荷草

它在醒來時就迎著光
如果會說話，我想它會說，啊，這樣的天氣，只能思念人

獨自走在雨中的小黃狗，它在散步的路上來拜訪我
想起她曾說，如果想到我，卻找不到人說，就和牠聊天

……

我想牠有自己的寂寞，所以才孤獨的走在雨中
Hello, Baby dog. 是否你要借把傘 She is gone.

I am living in the "house of missing you"
Cause I am living in the "house of missing you"

據說這首歌的靈感來自陳昇一位好友失戀的經歷，屬於源於個人史的藝術再現。歌者使用移情的方法，將人的悲涼與孤絕投射在一隻小黃狗身上，問問在雨中獨行的小狗是否需要一把雨傘的保護。小狗是符碼化的象徵，將內在的心境外在化。當情人早已不知在何方，相思者只

3 不是指某種具體的遺棄，而是在存在意義上的遺棄，即感受「被遺棄」是人生不可逃脫的向度。

有I am living in the house of missing you的感嘆。舒緩的節奏給整個歌曲蒙上一層無奈的苦澀，但也恰恰給予聽者慾望的填補和抑壓的釋放。表面上〈思念人之屋〉是寫失戀的孤獨，實際上還是表達存在的孤獨。人無法獨自面對孤獨感，所以一再在孤獨—尋求—孤獨的循環之中掙扎。

超越孤獨

有時，我們在孤寂中，真是不知如何是好。所以，古人說：「黯然情緒，未飲先如醉。愁無際。」（柳永〈訴衷情近〉）

在《致死之病》一書中，丹麥哲學家／神學家索倫．齊克果指出，生命是孤獨和空虛的，而失戀的狀態會讓人更加的自我陌生和自我疏離。他在《非此即彼》一書中，描寫一個人如何不斷地追求一個又一個新的享樂生活，以逃避生活的無聊和孤寂，這是一種存在意義上的無所遁形、無所解脫的孤獨感。齊克果認為，人的存在無法擺脫痛苦、孤獨、荒誕，唯一的出路就是放棄理性，皈依上帝。由此，齊克果要求透過自我反省，召回迷失的心靈。齊克果希望在宗教信仰中，尋求戰勝孤獨與空虛的路徑，重新找到個體生命的實存性。在齊克果看來，孤獨可以使人放棄自我轉向上帝。

然而，在齊克果之後具有存在主義思想的哲學家，如叔本華和尼采，並沒有接受齊克果的宗教路徑，而是希望透過藝術戰勝人的孤獨和生命的虛無。叔本華認為，解決孤獨的路徑是透過審美體驗，特別是音樂。當然，我們在陳昇的作品中也看不到齊克果式的宗教情懷，他在歌詞中已經明確地告訴世人：「我沒有好的信仰，腦子有綺麗幻想／在生命歌裡，將一無所有。」

也許我有天擁有滿天太陽，卻一樣在幽暗的夜晚醒來。

——〈路口〉

其實，藝術創作本身就是自我感知、自我反省、自我淨化的過程。在談及詩歌的功能時，臺灣詩人瘂弦曾經這樣說道：「詩，有時比生活美好，有時比生活更為不幸，在我，大半的情形屬於後者。而詩人的全部工作似乎就在於『搜集不幸』的努力上。當自己真實地感覺自己的不幸，緊緊地握住自己的不幸，於是便得到了存在。」（瘂弦〈現代詩短札〉）瘂弦的詩歌中充滿了孤寂、幽獨、虛無、空洞、荒謬的字眼，而這些恰恰是對於「存在」的思考。所以藝術創作，是我們可以面對和超越生活的無聊與瑣碎的有效方法。詩和音樂，一個讀，一個聽，但都具有超越的面向。

加拿大著名的民謠詩人李歐納．柯恩是位天生叛逆、追求自由的藝術家，他也是陳昇心中的偶像。柯恩是用音樂的形式進行哲學與宗教的探索，存在之孤獨也是他所關懷的主題。比如在他的《陌生人之歌》專輯中，柯恩從宗教信仰的角度審視人性、神性、存在的種種迷思。他的小說《美麗失敗者》是一首用文字構成的藍調和迷幻搖滾樂，在荒誕不經的故事中，柯恩將人的孤獨與絕望描述得淋漓盡致：「請讓我清空自己，如果清空了，我就能接受，如果我能夠接受，那就表示它來自身外，如果它來自我身外，那我就不孤獨！我無法忍受這種孤獨。最最難受的就是孤獨。我不要變成一顆星星，無所事事，只等死亡。」然而，柯恩也說過：「人需要用猛烈的孤獨，開始一個偉大的歷險。」

柯恩的歌很像配樂詩朗誦。浸泡了幾個世紀，早已侵入骨髓的孤獨，透過他那帶有磁性的低沉嗓音傳送出來，令人回味無窮。喃喃自語，反而成為孤獨者迷戀的曲調。

我想，陳昇的音樂創作也有類似的特質，他是懷抱著孤獨的靈魂全心進行他的音樂創作。固然，陳昇沒有柯恩那般低沉的金嗓子，但他對世界的敏感度可以與柯恩媲美，他「唱詩」的風格[4]也與柯恩相似。由於陳昇具有超人的敏感度，所以他比一般人體會得更多，他的孤獨感也會比一般人更強。陳昇吟唱個體的孤獨與憂愁的同時，也吟唱個體的自由與反抗。實際上，陳昇有些作品並不一定給人溫暖的安慰，有時還會有往傷口撒鹽的痛感，但我們就是被這些意蘊淒苦的歌打動，因為我們可以在「把悲傷留給自己」的孤寂中感受生命的厚度，並孤獨地面對孤獨：

仰望著幽暗無語的夜空
孤獨的走向，那種不願告人的心慌
——〈子夜二時，你做什麼？〉

陳昇的〈發條兔子〉是一首滿奇怪的歌，我第一次聽的時候完全沒有明白歌者在唱什麼。但歌曲的畫面感很強，伴著舒暢、詼諧的音樂，描述一個醉漢跌跌撞撞走在深夜無人的街道上。他搞不清楚自己怎會兩杯啤酒就走樣昏了頭，從一隻發狂的青蛙突變成一隻跳來跳去的發條兔子。

聽過幾次後，我得出這樣的結論，這是描述孤獨的故事：一個孤獨者，覺得自己和街邊上流浪漢沒有什麼區別。他要擺脫當下的生存狀態，但又不知道如何是好。陳昇為什麼會用「兔子」的比喻呢？我還在思考這個問題。在中國傳統神話中，兔子（玉兔）與嫦娥生活在月亮中，意味著安寧和永恆；在古埃及神話中，兔子由於機敏睿智而成為女神烏奴特（Unut）的

4 用吟唱的方式讀詩。

守護神；在日耳曼的神話中，兔子則是「春神」的代表，象徵著大地回春的季節。陳昇的兔子卻是孤獨的意象，而且還是「發條的」，似乎暗示它沒有自主性，受他力的操縱。它在黑夜中跳來跳去，想像明天或許還可以變成駱駝……一個醉漢的胡言亂語，道出的卻是實實在在的、存在的孤獨。

不過，我總覺得正常人寫不出〈發條兔子〉這樣的歌。或許，陳昇真是喝醉了。

義大利哲學家、田園詩人賈科莫・萊奧帕爾迪喜歡談論「孤獨的生活」（la vita solitaria），探討徘徊在生存與死亡、現實與虛無之間的人生。有意思的是，在〈孤獨的生活〉一詩中，作者也描寫了在銀色的月光下，孤獨的兔子在林中起舞的場面，而在它們的身後，是隨時要捕殺它們的獵人。在〈無限〉這首詩中，詩人感嘆道：

這孤獨的小山啊
對我總是那麼親切
而籬笆卻擋住了我的視野
讓我無法遙望遠方的地平線

存在主義指出，人存在的中心就是虛無。虛無並不是與「有」相對的，即在有之外的「無」；也不是與「存在」相對的，即在存在之外的「非存在」。而是以存在為基礎，對存在的虛無化，也是意識是虛無化。而人生所遭遇的種種選擇和放棄，也正是在虛無化的過程中得以實施。難怪陳昇一再追問自己：「明天是不是會晴朗，讓我堆積我的夢想？」（〈夜〉）〈路口〉一曲寫的是人生路上的交叉口和選擇的困境。路口是情人／友人分手的地方，也是陌路人偶遇和交匯的地方。我們每個人終究只是獨一無二的存在，我們擁有各自的道路，此刻的相逢，只是因為彼此的道路恰好在此交會而已。正如徐志摩那首著名的〈偶然〉一詩中所寫的那樣：「我是天空裡的一片雲，偶爾投影在你的波心／你不必訝異，更無須歡喜，在轉瞬間消滅了蹤影／你我相逢在黑夜的海上，你有你的我有我的方向。」陳昇會說：「夕陽淹沒，就告別了今天／你的名字，我已想不起來／別怪我生命太匆忙。」這裡，陳昇似乎刻意地選擇孤獨，選擇忘記。

有時，我會有這樣的感覺：聽陳昇的某些歌曲是一件私密、甚至孤獨的事情。就像一個人不願意同他人分享往日的戀情。此時，孤獨成為一種享受。

《寂寞帶我去散步》（一九九九年）是陳昇早年出版的散文集。簡體版的編輯推薦，有幾句有意思的話是這樣說的：「一本不限於任何文案的書，一個落寞的男子在自我的國度裡所感觸的世界，很陳昇式的、無所謂好壞的創作。寂寞實在是很寂寞……他只是個寂寞者……世事紛擾，一點寂寞，就好。找個風和日麗的下午，跟著到處亂走的陳昇，和自己的寂寞散步吧。」寂寞來自空虛和疏離，是一種惆悵的心情。但陳昇沒有排斥這種心情，而是學會與之悠然散步。同孤獨相比，寂寞會更趨於靜、趨於空。有學者說：「靠內心的力量戰勝寂寞的人，

必是詩人和哲學家。」（周國平《人與永恆》）

在〈凡人都寂寞〉這首帶有黑色幽默的歌中，陳昇這樣唱道：

朋友你要知道，天堂裡的高潮離地獄並不太遠
孤獨的時候千萬別找我，凡人都寂寞

說到底，在這個世界上，誰又不是陳昇所說的凡夫俗子呢？〈凡人都寂寞〉的歌詞中夾了一句英文：We are all alone. 其實，正確的英文表達應該是：We are all lonely，Loneliness對應的是中文的孤獨、寂寞。有意思的是，〈凡人都寂寞〉絕對是一首標準的「恨情歌」。歌曲的主題是：所謂的男歡女愛，不過是水中月、鏡中花，到頭來除了寂寞，什麼也沒有。陳昇就是這樣的無厘頭，寫幾首情歌感動你，再寫幾首恨情歌讓你不再相信愛情。但不管怎樣，正是透過這種恨情歌，陳昇把現代人的虛無和孤獨直白地展現在我們的面前。雖然〈凡人的告白書〉的歌詞有點隨意，但表達的內容同樣是寂寞與孤獨：

白天總是忙碌的工作，安慰豪邁的自我
夜裡曾經感到寂寞，不敢有浪漫的念頭
豪情與無奈，總期望有人了解我

如何能滿足我那平凡卻又飢渴的心
不優越的心情呢，想到了明天
生活的神話，慢慢的擁向我忠實的守候
我學來的真理，美好的明天是我不能懷疑的信念
卻有人說過孤獨本是生命的常態

是啊，唱得太好了。孤獨本是生命的常態！只有背負孤獨的重負，人才是自由的。〈凡人的告白書〉這張單曲收在陳昇發行的首張專輯《擁擠的樂園》。這首歌雖然歌詞帶有強烈的叛逆成分，但曲調屬於四平八穩的小清新。近些年這張單曲好像不大被人提及，起碼不屬於陳昇的流行作品。但對我這樣對流行不敏感的聽者，這是一首值得收藏的好歌。

孤獨時代

宇宙浩瀚、人海茫茫。我們每個生命的個體如砂礫般的渺小與脆弱。愛與恨，聚與離、追求與幻滅、渴望與絕望，生命的悸動、焦慮、寂寞、悲哀和死亡……這一切，是我們存在的本

質。正如海德格指出的那樣：人的孤獨感是被拋擲於世界的孤獨感，以及人在面對孤獨狀態所要承受的焦慮感。然而，孤獨和寂寞是可怕的。村上春樹曾在《挪威的森林》裡道出了孤獨者的祕密：「哪有人喜歡孤獨？我們只是害怕失望罷了。」這裡所說的失望，就是村上在他的小說中常說的人之存在的「空洞」，也就是存在主義哲學所指出的那種由於交流和溝通的無望而帶來的孤獨感和疏離感。從另一個方面說，孤獨感和疏離感乃是人與外界之間的分離破碎，類似海德格和沙特所說的那種孤獨。從這個角度看，當下社會流行的「宅男」或「隱女」，那些把世界關在門外的年輕人，是否就是為了拒絕疏離感，而主動選擇自我疏離、自我隔絕的一群人呢？他們似乎就是為了孤獨而生，他們的世界就是他們自己的房間。

有意思的是，近十年人們越來越用另一種方式看待孤獨，這是因為全球單身族群的崛起，進而出現單身者「一起孤獨」的口號。「樂單族」（quirkyalone）打破孤單與孤獨的區別，提出我喜歡一個人，喜歡孤獨的感覺，I am too content on my own。研究城市文化的美國社會學家艾瑞克·克林南伯格在他的《獨居時代》一書中指出，雖然上帝說男人孤單不好；雖然哲學家說人是群居的動物；雖然統治者說孤單是人類最難以承受的壓力，獨居時代已經悄悄地崛起，成為人們生活中最穩定的家庭類型之一。顯然，克林南伯格這裡所說的獨立自主的、自願的孤單與存在主義哲學家所說的孤寂之痛有所不同。

如果說哲學家試圖在孤獨中發現自我，尋求自由的話，當代的樂單族則是直截了當地經驗自我、享受自由；他們（包括不少女性）是「個人主義」的踐行者。樂單族可以透過工作、交友、性愛、旅行、甚至參與政治來消解對孤獨的恐懼。當然，也有人質疑樂單族是否真的快樂，還是對約會或婚姻失望。然而，如果孤獨本是生命的常態，單身還是有伴侶似乎不再是問題的本質。

說到孤獨，我會想到馬勒的音樂，想到了他的音樂套曲《流浪者之歌》，想到了那位漫遊荒野的孤獨流浪漢。感知孤獨落寞，誰可以與馬勒相比？生命的死亡之重、精神的孤獨之痛，都體現在他的每一個音符中：憂傷、脆弱、孤寂、虛無、沉淪、怪誕。難怪我常聽馬勒迷說：喜歡馬勒的人大概都是孤獨的人。

馬勒說過：只有在孤獨的時候，我才能發現自我。陳昇不也是這樣嗎？他的自我、他對自由的渴望，常常與孤獨聯繫在一起，所以他只能和他自己私奔：

勇敢地拒絕全世界的要求，是否我今夜可以讓自己稍作停留
鎖上了門，也鎖上了彼此熱戀的感覺
明天還會認識一些新朋友，又要問到下一步你要做什麼
我想要說，我喜歡私奔和我自己

——〈我喜歡私奔和我自己〉

我不喜歡擱在溫柔鄉裡慢慢死
而我曾經愛過的人，你們是否都還好
一天又一天，我什麼都不想要
只要孤獨的小調

——〈橘子鼓〉

靜寂的夜晚，在昏暗的燈光下，我只想獨自一人，一杯紅酒，傾聽陳昇的孤獨小調。其實，有陳昇的歌作伴，我已經不那麼孤獨了。

7

藍色

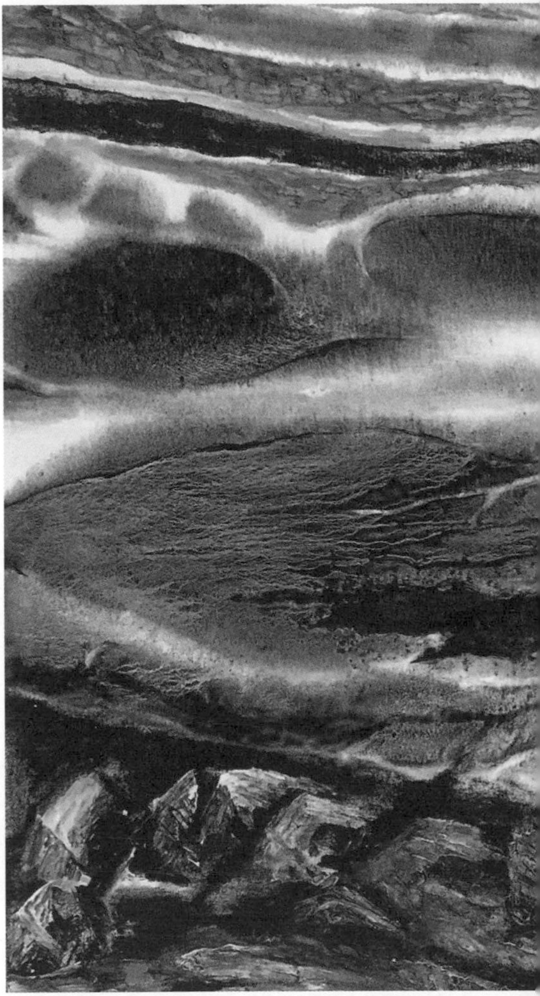

每個人心中都有一片藍
——〈藍〉

陳昇專輯《恨情歌》裡有一首單曲，名為〈藍〉，這首歌好像沒有什麼名氣，也沒有聽到陳昇在音樂演唱會上再唱起它，但我卻覺得歌詞滿有趣的：

每個人心中都有一片藍
藍是憂鬱，藍是等待人來喜歡
藍是歲月一去不復返
藍是不想有人管
藍是聽得下所有的閒言閒語
藍是色，色即是空

每個人的夢中都有一片藍
藍是生靈的墳墓，藍是生靈的故鄉
藍是自言自語，藍是冬天賴床
藍是一切的多次方
藍是情人的枕邊細語，藍是自私
Oh～Oh～
你對著藍哭了起來

說它這樣叫人太慌張
藍對著你就像千萬年一般，依舊的……
不言不語

我知道熱愛大海的陳昇當然一定會喜歡藍色。藍色亦是他歌曲中常常出現的意象，像〈五十米深藍〉這張單曲。藍色也常常被當作他專輯封面的底色，譬如《恨情歌》，整個專輯全部是藍色系列，就連跟他合作的伍佰樂隊名字也是China Blue。伴隨著吉他、弦樂、口琴，聽者可以在他的歌聲中感受藍天、大海、月光、也可以感受孤獨、憂鬱、悲傷。我特別注意到〈藍〉這首曲子最後是以笛聲結束，給人空靈之感。

陳昇說過，他希望自己可以成為藍色果凍般大海的一部分，或是讓藍色的氛圍所環繞，自己則是一條在其中自由穿梭的藍色的魚。

陳昇藍

的確，每個人心中都擁有一片藍，雖然那一片藍的具體意涵，對於每個人或許有不同的解讀。在〈老麻的私事〉一曲中，藍色是孤獨的色彩。陳昇唱道：

說心中的克萊茵藍，說說如何擁抱孤寂
這是老麻的私事，也是每個人的心事
如果你沒有勇氣去失意，就別太放縱自己
也許忘了她就可以，老麻你別一直說下去
會在夜裡孤寂的並不是只有你

老麻的孤寂源於他的心境無法被世人所理解，他一會兒想對自己革命，一會兒想遺忘掉過去，一會兒想坐在窗沿上，對全世界發表演說。這樣一個神經兮兮的人，不孤獨才怪呢。為了表達老麻的寂寞心情，陳昇使用了「克萊茵藍」（Klein Blue）這個詞。該詞出自法國波普藝術家伊夫·克萊茵所使用的一種混合藍色，也被稱之為「國際克萊茵藍」（International Klein Blue）或「絕對之藍」。由於這種藍色與環境色在視覺對比上有著強烈衝突，格外能體現出自我存在意識。克萊茵相信，表達一種感覺，不用解釋，也無需語言，用最單純的色彩就可以喚起最強烈的心靈感受力。正因如此，這種純粹的藍色也會讓人慌張、會讓人寂寞。雖然歌名為〈老麻的私事〉，但歌曲中所表達的理想與現實的衝突帶有普遍性，正如陳昇所言：「會在夜裡孤寂的並不是只有老麻而已。」

藍色真會讓人感到慌張、寂寞嗎？美國有一位哲學教授威廉．蓋斯不知何故，居然與藍較上勁，寫了一本非正統卻很流行的哲學小冊子，名為《藍——一段哲學的思緒》。作者戴上藍色的眼鏡，感受周圍的世界，讓他看到的一切都「沐浴於藍色，吞吐藍色」。蓋斯認為，在所有的顏色中，藍色和綠色涵蓋最多的心情故事。同時，在悠長的歷史上，藍色這個老字號無所不在的：冰裡，水裡，火裡，也一定在花裡，空中，洞裡，包著果實，滲出土泥。同時，藍色最能代表內心世界。不管是滑、輕、尖、高、亮、薄、快、澀、新、涼、低、深、甜、厚、暗、軟、慢、溜、重、老、暖：藍色無入而不自得，無一不是深刻的情感印記。難怪在陳昇的眼裡，藍是生靈的故鄉，亦是生靈的墳墓，藍是情人的枕邊細語，亦是歲月的一去不復返。

有趣的是，陳昇常常會透過大海的藍色，感受周邊迷幻般的世界：

因為是整天盯著海看
就變成一切看起來都是藍色的
他是藍色的
白旗魚是藍色的
樹是藍色的
山是藍色的
藍色的八嗡嗡

——〈八嗡嗡〉

「八嗡嗡」為阿美族語「Paongowan」，是一間位於臺灣東部海岸小鎮上的民宿。據說離海灘僅有三十公尺，適合一個人在觀賞壯美的山海之景的同時，做一個美美的藍色夢。難怪陳昇喜歡躺在八嗡嗡海邊，聽海風在耳邊的細語，享受讓北迴歸線從身上經過的愉悅。

在西方文化中，藍色另一個重要的象徵意義是「自由」。就像陳昇歌詞裡所說的，「藍是不想有人管」。這種不想有人管的心態更為形象地體現在他的單曲〈五十米深藍〉（收入同名專輯《五十米深藍》）。在陳昇輕快的歌聲中，我們看到躲藏在五十米深藍處，一個厭倦世俗功名的中年男子，偷偷地露出自由而孤獨的藍色微笑：

理想總有遙遠的距離，我也不能樣樣都得第一
還好我有辦法打發我自己，我要躲在五十米的深藍

小樂足矣，不必天堂。我不知道是否可以把這首歌稱為昇式「藍色幽默」（blue humor），「藍色幽默」在英文中有不雅之幽默的含義（有時會有黃段子）。〈五十米深藍〉雖然歌詞裡並沒有罵髒話，也沒有什麼不雅的「黃色」內容，但畢竟還是有「失禁尿床」、「蟑螂」這類我們一般不會用在歌曲裡的詞彙。一句「你不懂蟑螂有許多的苦惱」，叫人苦笑不

得。如果男人有「小強」那般堅強的鬥志，也許無需躲躲藏藏。〈五十米深藍〉中的「藍」至少有兩層含義：一個是憂鬱的顏色，體現都市上班族的內心孤單和苦悶。另一個是自由的顏色，表達上班族要擺脫世俗的羈絆，要逍遙、要神遊太虛。在輕快的音樂節奏中，我們可以聽到其深層的纏綿憂鬱。一位與世格格不入的中年衰男不停地嘮叨著：

嘿～你不懂，你不懂
我要躲在五十米的深藍
——〈五十米深藍〉

沙灘、綠樹、椰子汁，流浪在孤島的拉赫曼尼洛夫
藍色、思念、藍色，瞇著眼睛的莫迪利亞尼
——〈小南門〉

怎麼覺得這個昇式的衰男有點像電影《美國心玫瑰情》中凱文．史貝西扮演的那位面臨中年危機的瘋狂大叔Lester。可人家Lester並沒有躲在五十米的深藍，而是又是紅跑車，又是紅玫瑰的折騰。他要擺脫令他厭煩的工作，他要擺脫騎在他脖子上的老婆，他要擺脫顯示他步

入中年的贅肉……他要「情與慾」的自由。結果呢？鄰居誤以為Lester吃兒子的豆腐，開槍把他打死了，真的自由了。是紅色的自由，不是藍色的自由。紅色自由是生命不能承受的美麗紅玫瑰。

當然，「陳昇藍」也可以是無焦慮無所待的自在，可以是乘物以遊心的愉悅。就像〈你一直在玩〉的MV中，身著一身藍色運動服的陳昇和一位身著粉裙的年輕女歌手在海邊嬉戲的樣子。

然而，陳昇的一方藍天有時是憂鬱的，所以他讓「海浪擁抱著藍天」，而他自已「寧願擁抱著昨天」，走近「昔日的海邊」（〈南風〉）。看來陳昇更喜歡大海的藍，大海的自由。

聽著陳昇的〈五十米深藍〉，我想像自己身著藍色的泳裝，躲在五十米的深藍之處，做著海藍色的夢，感受著海藍色的呼吸，享受leave me alone 的快樂。在五十米的深藍之處，我彷佛聽到了德布西的《大海》、艾爾加的《海景三十七》以及佛漢．威廉斯的《海之交響曲》……現在，這些古典音樂藍色海洋在我眼裡統統成為了「陳昇藍」。

救贖與自由

從「陳昇藍」，我又想到我喜歡的兩部歐洲（法國）電影，都與「藍」有關係。一部是法國實力派女星茱麗葉・畢諾許擔任主角的影片《藍色情挑》，另一部是前一陣子頗有爭議的、有關拉拉情愛的影片《藍色是最溫暖的顏色》。

電影《藍色情挑》是著名的波蘭藝術片大師克里斯多夫・奇士勞斯基所導演的「藍白紅三部曲」（影迷暱稱為「三色」）之一。故事女主人公茱莉，一位有才情的女子，多年來一直默默支持她的丈夫，一位著名的音樂家的創作事業，並全心照顧他們五歲的女兒。沒想到平靜的生活被一場車禍打破了。

當茱莉得知丈夫和女兒皆在車禍中喪身，她一度想到過輕生。出院之後，茱莉試圖過與世隔絕的隱居生活，試圖以自我封閉來與過去的一切徹底地切割。為了忘掉過去，她甚至將丈夫生前的曲譜《歐洲大融合》付之一炬。然而，現實還是一次次地闖入茱莉的生活，迫使她必須面對真實具體的人生。後來，由於一位愛慕她的朋友發表了丈夫生前未完成的曲譜，並聲稱要續完剩餘的部分。茱莉無意間發現丈夫曾經有過外遇，更加陷入絕望之中。最終，茱莉走出了悲痛與自閉的處境，勇敢地面對丈夫生前的外遇女友和她尚未出生的孩子，並成功地完成了丈夫的遺作。故事結尾，茱莉終於獲得心靈的自由，開始了她新的人生。

整部電影以藍色為基調。令人印象最深的是茱莉家中藍色房間掛著的那盞藍色水晶燈，以及她扯下水晶燈的那一剎那，落在地上的，象徵她內心痛苦的、藍色的碎片。那個淡淡的藍，時隱時現，它是茱莉割捨不下的過去，也是她揮之不去的憂鬱。當茱莉站在藍色的游泳池旁，反映在她臉上的是一層又一層痛徹心扉的藍。藍是情感印記，亦是苦悶象徵。有時，藍色會在剎那間變成黑色，整個時間被凝固了。

導演奇士勞斯基在討論自己這部影片時曾經說，《藍色情挑》是探討自由的限制和缺失。他說，藍色意味著「自由的無處可逃。」車禍後，茱莉遭受了雙重的打擊：失去丈夫和孩子，後又發現丈夫對婚姻的背叛。她首先選擇是逃離和拒絕：逃離原有的家、逃離愛她的情人、逃離過去的經驗；拒絕自己的情感、拒絕新生活的開始。然而茱莉最終發現，壓抑、逃離、遺忘、拒絕都無法讓她獲得心靈的解脫和自由。最後，茱莉選擇了寬恕，寬恕丈夫的不忠、寬恕丈夫的情人並接受丈夫的遺腹子。Let bygones be bygones.

放下了，人就自由了。茱莉終於可以去擁抱屬於她的那片救贖的藍、自由的藍。

另一部影片《藍色是最溫暖的顏色》是法籍突尼斯導演柯西胥的作品。電影改編自法國作家朱莉・馬侯的情慾漫畫，大膽描述「女同性戀」情慾和自由的內在張力。故事情節是這樣的：情竇初開的高中女生阿黛兒沒有被高大帥氣的學長吸引，反而愛上一個留著一頭藍髮、身著藍色夾克的女生艾瑪。阿黛兒喜歡藍色，她的房門、床單、房間海報和身上穿的牛仔褲都是藍色。在學校裡，阿黛兒喜歡閱讀，擅長的科目是英文，但她的哲學成績不好（暗示情感有餘，理性不足？）。自從遇到藍髮女孩艾瑪，阿黛兒開始被藍色的激情與憂鬱所圍繞。

在疏離寂寞的都市，兩個女孩子偶遇、相戀。她們試圖在情慾的滿足發現自我，找到與他者的關係、找到一個溫暖的擁抱。電影中艾瑪曾引述法國大哲學家沙特存在主義哲學的名言：「存在先於本質」來回答「我是誰」的問題，阿黛兒則回應她說，「存在和本質就像先有雞還是先有蛋」，是無法釐清的問題。阿黛兒對自己的性取向曾有所懷疑，她有時也願意和男性有更進一步的發展，但最終還是選擇了艾瑪。

在評論這部電影時，美國名導史蒂芬．史匹柏認為：「影片講了一個很美的愛情故事，它的美感超越了其中某些性愛場景給人帶來的尷尬，它表現了一段非常有深度的愛，我們被影片獨特的魅力所吸引。」從另一個角度看，整部電影實際上是從最私密的情慾探索自我認同，再回歸存在與本質的深刻討論。從阿黛兒和艾瑪的關係中，我們看到床褥之歡無法打破人與人之間的隔閡和疏離，兩人親密的背後隱藏著許多重重障礙與不合。即便到彼此的家裡用餐，她們都無法拿出最真誠的自己，來面對對方的家人和朋友。社會階層和文化背景的差異，使她們最終成為道德異鄉人（moral strangers），而非道德朋友（moral friends）。[1]

電影結尾有個畫面尤其令人難忘：在畫廊中，阿黛兒身著一襲藍衣，一個人默默地看著展覽，那是她失去艾瑪的地方。在過去的日子裡，她已被別人代替，懷念的藍已被陌生的紅所覆蓋。那個曾經描繪她、賞識她的美的人，現在轉而去畫別人了。阿黛兒默默在心中尋找著那想

1 倫理學中的一個術語：道德朋友（同道人）是指分享相似的價值觀；道德異鄉人是指價值觀不一樣。

念的身影，不自覺地，眼淚模糊了視線，她已經無法找到艾瑪愛過的痕跡。最後一個人孤獨地離開畫廊，告別青春的藍色。而孤獨也是阿黛兒自由的開始。因為孤獨，一切都成為了可能。

影片由藍色開始，以藍色結束。藍色是青春的顏色，憂傷而美麗。愛情的藍、記憶的藍、永不消逝的藍。

當然，藍色、尤其是大海的藍色總會給人豐富的想像，由此人們也賦予蔚藍的大海無窮的象徵符號。記得上世紀八〇年代末，中國電視臺播出一套名為《河殤》的記錄系列片，播放之後轟動一時，引發各界大論戰。影片透過中華文明（以黃土地、黃河、龍為符號）和西方（海洋和工業文明）文明的衝突，探討中國是否應該擁抱大海，接受（西方）普世價值。

最後一集〈蔚藍色〉，透過藍色之色系給觀眾視覺上的衝擊，展現海洋所指引的另一個文明世界，後被一些學者稱作的海洋或藍色烏托邦。現在反觀這部系列片，我們或許會提出一些質疑，譬如，是否應該對中國傳統文化採取全盤否定的態度，影片對西方偶像化的表述是否帶有「歐洲中心論」的嫌疑等等。儘管如此，在那個時代，影片所展示詩一般的蔚藍色（vs黃色），給我這代人太深刻的印象。後來，我們就是靠著心中的這片藍，義無反顧地飄向了大洋彼岸的世界。那個時候，對我來講，藍色就是最溫暖的顏色。

「
二〇一七年奧斯卡的最佳影片頒給了電影《月光下的藍色男孩》，香港譯為《月亮喜歡藍》。有意思的是中文翻譯都加入了藍色的概念。影片的故事涉及美國黑人的種族問題和同性戀問題，但其背後也有一個有關自由選擇的哲學問題。其中有一句非常重要的臺詞，就是「時候到了，你就得自己決定要當什麼樣的人」（At some point, you've got to decide for yourself who you gonna be）。我想，無論什麼處境，告訴我們要「做自己」應該是這部電影的主旋律，所以藍色在這裡亦有自由的含義。

陳昇散文集《九九九滴眼淚》有一篇名為〈藍月亮〉，他一直在幻想「有梯子就要爬到月亮上去」的感覺。在《麗江的春天》的專輯中，陳昇又一次提及藍月亮：「藍月亮下的小四合院，每扇窗子都有著自己的小故事。」根據曆法，第二個滿月，也俗稱藍月。當然，陳昇到了麗江，因為雲南的風土人情，以及當地的藏傳佛教，自然會想到了英國作家詹姆斯·希爾頓，他夢想中的「香格里拉」[2]。而在西方文化中「藍月亮」（blue moon）亦被籠罩了浪漫

2 出自詹姆斯·希爾頓的著作《消失的地平線》（*Lost Horizon*），內容描述在戰亂時期，一場飛機事故，讓四名白人誤入了隱藏在藏區峽谷中的香格里拉。香格里拉被描述為亂世中的烏托邦，雖然隱世隔絕但設備先進，人們內心平靜，甚至長生不老。

神祕的色彩，給人無盡的遐想。美國有一首經典的民謠，就叫〈藍月〉，有很多翻唱的版本，最著名是法蘭克・辛納屈的爵士唱版：

Blue moon, now I'm no longer alone
Without a dream in my heart
Without a love of my own

歌者唱道：「有了藍月，我就不再孤獨／心中不再有夢，也不再有愛。」同樣的心境，在陳昇的〈漠然〉一曲中也有所表現。他在歌曲中使用少有的二胡伴奏，隨即是有點爵士味道的薩克斯風。ＭＶ畫面則是有些模糊的藍色海浪，象徵沒有表情，沒有悲喜，漠然的我、漠然的你：

看似凝結了的時間，我在曠野裡獨眠
無法想像的你，在臉上寫的是漠然
漠然是殘酷的無言，都在冰點裡枯萎
只能自生自滅，遊蕩的魂卻留著淚

……
漠然是無色的無色，沒有情緒可以融合
默然沒有終點，沒有人能回到從前

我以為，陳昇歌曲的藍色調子可以解讀為一種感觸（sensation），從相愛到迷失。寧願相信一夜的激情會換來長日的無言。陳昇對著藍色的畫面說：漠然是無色，漠然是無情。與此同時，令人柔情寸斷的胡琴伴奏讓我聽到了在曠野遊蕩的孤魂哭泣：

從來不停的音樂，從不在乎誰傷悲
朝五晚九過了幾條街，漠然的人夜裡又屬於誰

德國哲學家叔本華認為：藍色是忠貞的象徵。而在〈漠然〉中，歌者懷疑任何語言的承諾，所以用無色代替了藍色。但無色並不是空色，因為無色就像無言一樣，只是另一種存在的形式。法國哲學家吉爾・德勒茲則更加明確地指出：所謂色彩是一種將無化有（rendering invisible visible）的感觸和節奏。按照這個邏輯，陳昇無色的默然，意在創造一種有色的感觸和節奏。

陳昇與趙詠華合唱過一首臺語的藍調歌曲，叫〈OKINAWA Blues〉（沖繩藍調），是日本

韻味和臺語小調的結合。歌詞充滿了別離的憂傷，三線琴的伴奏加深了憂傷的情緒。望著茫茫的大海，看不見愛人的身影，要開的那艘船，能否把我帶到愛人的身邊？

天光無眠，夜半愁，看見月娘也披紗
孤單一人到八重山，恨枝無葉是按怎

現今的沖繩藍調大多是民謠、搖滾的混搭，有時也會加入美式的hip hop和punk的元素，還有三線琴，使曲風更加東西結合，別具一格。而這首臺語的藍調又具有明顯的閩南味道，特別是「船要開去船要開，船兒你要去哪裡」那幾句。沒想到以一首〈最浪漫的事〉在中國走紅的趙詠華，臺語歌也唱得那麼好。

藍紅對決

專輯《鴉片玫瑰》的封面也是以大海的藍色作為底色。專輯中有一首歌的名字滿奇怪，叫〈淺藍大肥貓〉，實際上是一首政治諷刺歌曲。曲風幽默的快節奏，毫無藍色的憂鬱調調。當然，在臺灣政壇，藍色——泛藍聯盟自有其背後的黨派和政治主張。在美國，藍色一般是民主黨的顏色，而在英國和加拿大，藍色則是保守黨的顏色。其實，顏色政治學現在也算一種學問了。不少黨派喜歡用藍色為其代表顏色，認為是「自由民主」的象徵。也有喜歡紅色的，認為紅色象徵熱情與革新，形成「藍紅對決」（臺灣是「藍綠對決」）。我有時在想，為什麼一定要藍紅對決，把兩色揉合起來，有時多點藍、有時多點紅，不就會有更多不同層次的紫色嗎？臺灣也是一樣，民主意味著既有對立，也有妥協；既相互監督，也相互促進。

事實上，美國的「藍紅對決」中，顏色的配備和象徵帶有極大的偶然因素。譬如在藍紅色開始流行的一九七二年，共和黨是藍色，而民主黨是紅色，與現在流行的政治顏色恰好相反。我個人認為紅色比較合適民主黨，因為紅色有「左傾」、「革新」、「激進」的意涵。據說後來共和黨改為紅色跟雷根當年競選美國總統有關，因為他的名字Reagan和red（紅）諧音。

而「藍紅對決」並不只表現在政治領域。在具有多重象徵寓意的影片《駭客任務》中，主人公尼歐面臨兩種藥丸的選擇——藍色和紅色。藍色代表幻覺，也就是繼續留在Matrix[3]；紅色代表真相，也就是走出Matrix。如果從柏拉圖的哲學來解讀的話，Matrix就是柏拉圖的「洞穴」（象徵永遠被無知綁架）[4]，而藍色和紅色的選擇，實際上是在「無知的幸福」（ignorant

3 指電腦程式所創造的虛擬世界。

4 此比喻出自柏拉圖的著作《理想國》（*the Republic*），柏拉圖將感官世界比喻為地下的洞穴，代表了物質與經驗世界的侷限，而在洞穴之外的世界，則是理想世界，太陽象徵著真理和善。

happiness）和「清醒的痛苦」（enlightened suffering）之間的選擇。

藍色代表幻覺，是illusion。我總覺得生活有時需要幻覺的藍色。可是哲學家們總是喜歡提醒我們，我們看到的世界只是表象的世界、現象的世界，或是幻象的世界——那個藍色的世界，而真實的世界是那個理型的世界[5]、本質的世界、物自身的世界——那個紅色的世界。佛家亦談真相、真如、如是，與「幻」和「夢」相對應。佛教中「幻」一詞來自印度教的maya，意思是說，我們這個世界宛如魔術師所製造的幻象，看上去是真的，而實際上是假的。

說到maya，我喜歡講一個印度大哲學家（我非常欣賞他的幽默感）阿迪．商羯羅的故事。商羯羅是印度教吠檀多派的集大成者，也是哲學「不二」（not two）思想的主要代表，他的學說對後來佛學中觀思想的發展具有深刻的影響。據說有一次，商羯羅在林中給他的弟子們講授maya的觀念，苦口婆心地告訴他們不要輕易相信自己的眼睛，因為看到的東西有可能是maya。話說到這裡，忽然一隻老虎闖進林中。慌亂中，弟子們紛紛四處逃竄。過了一會，老虎覺得無趣，自行離開。弟子們一個個返回授課的現場，卻看不到他們的老師。大家正準備尋找老師的時候，發現老師正從旁邊的一棵大樹上爬下來。弟子們有些納悶：老師，您剛才不是說不要相信自己的眼睛嗎？難道老虎不是maya嗎？商羯羅爬下樹，慢慢坐下，然後嚴肅地告訴弟子們：「親愛的同學們，你們是對的。老虎是maya，你們看到老師從樹上爬下來也同樣是maya。」

其實，在一定程度上看，愛情是maya，情歌是maya，我們認定的「客觀世界」亦是

maya。所謂現實，不一定指向客觀對象，而更多地取決於我們對現實意義所賦予的期盼。我想陳昇一定明白這一點，所以他是製造情歌maya的高手，能讓那麼多的歌迷（包括像我這樣學哲學的人）陶醉於他所製造的迷幻中。藝術，就是在無味的生活中開出虛幻、開闢異在、開通自由。尼采說的對：「為了生存，我們有時需要謊言和幻覺。」

所以，陳昇喜愛藍色，因為藍是幻中之幻。他的《五十米深藍》、《恨情歌》、《私奔》、《魚說》等專輯的封套都是單色的藍調，以此暗示歌曲的內容。藍色在陳昇的歌曲中是流動的隱喻，透過它們，一部分情感被呈現，而另一部分被掩飾。但不管怎樣，聽者在不確定的音符空間中，尋找屬於他們自身的那片藍。

我們註定不能免於憂鬱。不過，我們是自由的，因為我們還是可以選擇。我願永遠守護心中的那個夢，那片「陳昇藍」。

5 理型即柏拉圖的idea或form，指世間萬物最純粹完美的形式。

8

嬉戲

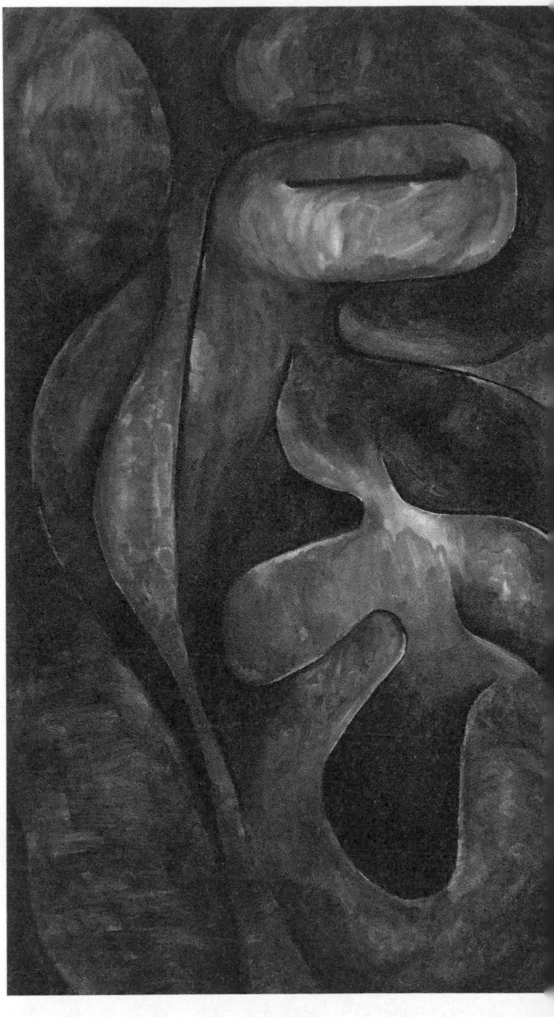

忘了中國，忘了臺北，忘了明天要停留那個地方
只要穿上我名牌的球鞋
不用等到已經有了瘋狂的感覺
不用等到世界末日來臨的那一天
——〈我喜歡私奔和我自己〉

陳昇的創作有憂鬱悲傷的一面，亦有嬉戲娛樂的一面。我以為這種雙重性來自他悲觀的人生意識和樂觀的人生態度。正因如此，當陳昇以其獨特的方式遊走於人生舞臺時，我似乎看到了我所崇拜的道家哲人莊子和那位被我戲稱為「竹林嬉皮」的狂人阮籍。

魏晉嬉皮

莊子終身不仕，整日流連於山水、嬉戲於自然。他以道家的風骨「獨與天地精神往來」、「上與造物者遊，而下與外死生、無終始者為友」，把恬淡逍遙視為人生的最高享受。深受莊子影響的魏晉名流阮籍更是我行我素，不拘禮法，公開鼓吹「越名教而任自然」，對世俗庸人，包括「君子」加以譏諷。直言：「禮豈為我輩設邪！」在〈大人先生傳〉一文中，阮籍說出和莊子類似的逍遙觀：「故至人無宅，天地為客。至人無主，天地為所。至人無事，天地為故。無是非之別，無善惡之異。」[1] 魏晉浪子的瀟灑、超逸與莊子的道家一脈相承。他們稱自己是「方外之人」，無需被世俗的條條框框所束縛；他們要自由、要個性解放、要活出自我。

儒家講「誠信」，道家看「童真」，即老子的「赤子之心」。《莊子・漁夫》曰：「真者，所以受於天也，自然不可易也。」（真性為天所授予，而自然是不可改變。這裡的天指自然。）所以，莊子的理想人格是「真人」。莊子像一個好奇的孩童，以無慮無別的初心，看待周圍的世界，無憂無慮地嬉戲著。而遠離政治風波的魏晉竹林浪子們，則在音樂和美酒聲中，尋找那份天真爛漫的童真。

今天的陳昇，常常被世人看作音樂老頑童，他桀驁不馴、隨意任性、放蕩不羈。特別是近幾年，除了和他的新寶島樂隊的哥兒們一起遊玩臺灣之外，陳昇還交上了中國的搖滾歌手左小祖咒和藝術家艾未未這樣的「異類分子」，一起透過音樂「搗亂世界」，玩得不亦樂乎。陳昇要追求心靈的自由，過自我寬鬆的日子。陳昇的音樂同樣彰顯他對這個世界的好奇和童真：

有時候我會欺瞞我自己，或者迷失在無謂的歡娛遊戲中
有天我老去，在個陌生的地方
還要回味昨日冒險的旅程
……
你知道男人是大一點的孩，永遠都管不了自己
張著眼睛來說謊，也心慌的哭泣

——〈關於男人〉

1 至人為理想人格，「至人」與天地同體，一切順應自然，毫無心機。

草原上的小孩說那人瘋啦，說有天使要回來
你問他回來又怎樣，說野菊花要綻放

他自言自語走向路的盡頭，而那裡只有風吹過
千萬不要問我是誰呀，是海邊的野菊花

……

原來你是塔裡的男孩，守著回憶守著孤獨
原來以為已經要解脫，卻在遺忘前夢見了他

——〈塔裡的男孩〉

陳昇喜歡以風箏比喻自己的個性：「我是一個貪玩又自由的風箏，每天都會讓你擔憂。」陳昇可以像風箏一樣的逍遙，但他深知這種逍遙是有限的，因為風箏不但依賴於風的推動，也依賴於線的支撐，所以他的自由是有限的。儘管如此，陳昇依然做夢，依然貪玩。陳昇知道，在人生的路途中，唱歌只是一小部分，臺上臺下，最終他都必須孤獨地面對世人。在很多情況下，陳昇是用嬉戲的方法應對世態人情。陳昇好酒，在這點上大有魏晉道家的風範。

「竹林七賢」幾乎人人都好酒，阮籍也不例外。阮籍的好友嵇康在《琱玉集》中這樣寫道：「為性好酒，傲然自縱，與山濤，阮籍無日不興。」阮籍飲酒放縱出了名，時常做出有悖於禮教

的事情。但醉酒也是阮籍自我保護的好方法。《世說新語》裡記載了一個有關阮籍「大醉六十日」的故事：司馬昭想與阮氏家族聯姻，聽說阮籍有一個才貌雙全的女兒，於是派人向阮籍提親，希望阮籍將女兒嫁給其子。「司馬氏是啥玩意兒？」阮籍心裡吐槽。阮籍不願依附司馬集團，但若生硬拒絕會遭殺身之禍，於是只得不停地狂飲，喝了醉，醉了喝，一連酣醉了整整六十天，以致司馬昭派去的說親之人，始終沒有和阮籍說話的機會，此樁親事只好不了了之。

阮籍除了飲酒作詩，同時也是位音樂家。他著有《樂論》並善彈琴。他在《詠懷》詩集也常常提到音樂。阮籍說：「夫樂者，天地之體，萬物之性。」音樂的本質就是尋求「和」的境界。這裡的「和」既是與外物和，也是與自身和。道家的「和」即「應變順和」，能應變者，一定不能固守陳規，一定要會玩，方能找到合乎自然的節奏。

在「魏晉嬉皮」那裡，酒、詩與歌是不分的。古琴曲〈酒狂〉傳為阮籍所作。〈酒狂〉是以酒徒大醉之後的狂態為主題的琴曲，其表達出來的狂放風格是中國古琴曲中獨一無二。後來，古琴家姚炳炎以《神奇祕譜》[2]為藍本，並參照《西麓堂琴統》[3]重新編排〈酒狂〉。

他將全曲分為五段：第一段音樂起伏，表現飲酒者的內在苦悶；第二段是前者內在苦悶的延續，樂曲似乎趨於平穩；第三段樂曲突然高起，體現飲酒者達到一種酒狂狀態；接著一段是

2《神奇祕譜》由明朝朱權編纂，從當時各家數千琴譜精挑六十四首而成，為中國現存最早的琴曲專輯。

3《西麓堂琴統》由明汪芝編纂，為宋到明朝最完善的琴譜之一，收錄有一百七十首古琴曲和一百多首外調琴曲。

樂曲的高潮部分，前面所展示的情緒在這段中得到全面的釋放。樂曲最後回到低音，旋律隨之減弱，然後是緩緩流出的「仙人吐酒聲」。最後，音樂逐漸減弱，直到一切歸於寂靜。我真希望有一天，陳昇為這首古曲填詞，然後以他獨特的方式吟唱這首酒意醺然的道家仙曲。

實際上，〈酒狂〉表面描述酣醉癲狂之態，其實是一首表達孤寂蕭索之情的詠懷歌。對當時魏晉時期政治現實的不滿和隱忍，讓阮籍比任何人都痛苦。在詩集《詠懷》中，阮籍表達輕狂放誕背後的憂傷：

夜中不能寐，起坐彈鳴琴
薄帷鑑明月，清風吹我衿
孤鴻號外野，朔鳥鳴北林
徘徊將何見？憂思獨傷心

——阮籍《詠懷．其一》

讀阮籍的《詠懷》，我可以想像，在無數的夜晚，孤獨的阮籍在琴、酒、詩中得到釋放。我也可以想像，他在春天踏青，和友人嬉戲於山林之間，彈琴、作詩、飲酒、下棋。遠離官場、遠離政治，與志同道合的人飲酒清談，這是件多麼愜意的事情啊！陳昇也是如此，他有他的琴、酒、詩、散文、小說、攝影，還有可以一起玩耍的夥伴。陳昇雖內心有孤獨之情，但他應該是快樂的。

「竹林七賢」中的另一位詩人劉伶更是有名的酒鬼。他的名作《酒德頌》道出其詩酒人生：「唯酒是務，焉知其餘。……無思無慮，其樂陶陶。」據說他常常喝得酩酊大醉，還經常赤身露體。《世說新語》有這樣一段描寫：「劉伶縱酒放達，或脫衣裸形在屋中，人見譏之。伶曰：我以天地為棟宇，屋室為褌衣，諸君何為入我褌中！」當別人指責劉伶赤身露體、不講禮節時，劉伶這個酒仙真會說話：「我把天地當作房屋，把房屋當作衣褲，你們怎麼鑽進我的褲襠裡來了！」你看，古人那時是多麼的瀟灑。後來阮籍當了步兵校尉，掌管廚中美酒，常約劉伶前來痛飲，真是一對活寶。

我想，如果時光可以倒轉，陳昇有機會和阮籍、劉伶混在一起，組個樂團什麼的，一定會開心。好歌配美酒，dolce vita[4]！

遊戲的孩童

從今人的角度看，與其說竹林七賢是玩世不恭、放蕩不羈得很有個性，不如說他們是在迫

4 義大利文，指美好的生活。

害與壓力下尋求生存與對自我的堅持。「魏晉嬉皮」透過回到感官的世界，打破禮教的束縛，以回到人的最原初、最真實的狀態，從而獲得心靈的free play，一種孩童般最真摯的嬉戲。愛喝酒的陳昇其實不只是因為「人生得意須盡歡，莫使金樽空對月」而豪飲，也是因為通過酒精的刺激以保持本真的自我。痛飲狂歌是陳昇跨年演唱會的一大特色，沒有酒就不是陳昇的跨年演唱會了，就像沒有酒就不是莊子的道家了。

我喜歡看陳昇在舞臺上飲酒、縱歌，肆意酣暢。喝了小酒的陳昇，比平時的樣子更開心、更真實，像孩子般在舞臺上跳來跳去。的確，陳昇的歌是來自生命的熱忱與心靈的直白，那些帶著朦朧醉意唱出的卻是最認真的話語。雖然有些曲子聽不出什麼明確的調子，配樂也給人一種游離的感覺。但在熱愛他的歌迷眼裡，這些都不會有絲毫的影響。那些所謂技巧上的瑕疵，就更不是問題了。有位歌迷說的真好：「這世上唱功比陳昇好的歌手太多了，但是唱歌比他動人走心的卻沒幾個。」陳昇的歌，是如此的質樸和隨意，沒有任何華麗的修飾，卻質樸和隨意地讓人魂斷意迷。

現在的流行樂壇，喜歡炫技的歌手太多了，但能打動我的卻很少，因為他們的歌缺乏內在的生命力。如果要欣賞純美的vocal，我寧可去聽古典美聲。陳昇的音樂可以吸引我，不僅僅是因為他的某一個唱腔、或某一段歌詞、或某一個動作、或某一句笑話，而是一個整體的組合，是一個有靈魂的total package。對我來講，陳昇的音樂是一個既具象又抽象的符號，有它特定的「所指」。這個符號只屬於陳昇，別人誰都無法替代。

我喜歡陳昇的音樂，也喜歡看他嬉笑怒罵的訪談節目，更喜歡他不務正業地在《大小愛吃》和《型男大主廚》節目中做著各式自己研發的美食。記得在《大小愛吃》美食節目中，陳昇用他從雲南帶回的兩只大銅鍋，做一道燒飯和一道濃湯。陳昇一副神祕的樣子，鬼鬼祟祟，生怕人家看到他用了什麼樣的料理調味品，他一邊燒菜，一邊東拉西扯，還時不時地對著鏡頭做鬼臉，活脫脫的一個俏皮的孩子。他說，每當和老婆吵架鬧矛盾之後，他都會去市場買些新鮮的食材，然而回家開始大做特做，飯菜做好了，氣也消了。多麼好的一個家庭主夫！如此溫柔、貼心。陳昇做美食同他做音樂有相似之處：都在玩，但玩得很認真，玩得別開生面。

我看過一段大概十幾年前的影片，是陳昇上一個叫《愛上陶花園》的娛樂節目。主持人問他應該如何唱歌才不會緊張，陳昇的回答給我印象很深。他說一個喜歡唱歌的人在演唱時如果有太多的企圖和意圖，他一定唱不好，因為他已經喪失了他對藝術原有的喜悅。換言之，他不會玩了。

陳昇的話讓我聯想到《莊子》裡的一個故事。有一個有名的神射手，技術高超，與后羿有一拚。有一天他被帶進宮中的後花園，有人對他說：你若射中，給你黃金、給你封地。神射手拿起弓箭時，手已經開始顫抖，連續試了幾次都沒有打中目標。陳昇和莊子說的是同樣的道理：成功就是學會放下。做事不要有太多的意圖，而是享受當下正在做的事情。道家稱這種態度為「自然」；現代心理學稱之為「流動經驗」（flow experience），這裡的自然和流動經驗的本質就是「遊戲」的姿態。

平凡如斯，快樂就好。記得在採訪節目中，主持人問陳昇對他即將舉辦的音樂演唱會有什麼期待。他回答道：「沒有期待，有期待就有負擔了。」陳昇就是要自己保持莊子所說的「無待」的心境，這樣才可以「遊戲」，用他自己的話，上臺「調情」即可，因為「遊戲」的姿態以嬉鬧（playfulnesse）為目的。它是即興而作、具有創造力、全心投入，且自我享受的。

陳昇的「遊戲」姿態還表現在他的肢體語言上，即所謂的body language。譬如〈鼓聲響起〉中標準的昇式「恰恰舞」扭臀；跨年演唱會上陳昇的SM的著裝[5]；或是〈紅色氣球〉中搔首弄姿的拉丁勁舞、或用麥克風架當鋼管所擺出的鋼管舞舞姿——太可笑了，一副老不正經的樣子。平時演出，陳昇標準著裝就是花短褲、人字拖，外加一個白色T恤的老頭衫或夏威夷襯衫，一頂巴拿馬草帽，明明白白一副農夫或園丁的樣子，毫無明星的派頭。難怪N多年以前，在劉若英的首場個人音樂會上，陳昇作為嘉賓出場，穿了套較為正式的西裝（還故意不摘掉洗衣店的牌子）能讓弟子劉若英激動到不能自己的地步。細緻的觀眾不難發現，陳昇腳上穿的是雙白色的球鞋，和他黑色的西服完全不搭。然而，正是這種表面的不搭，成就了陳昇的「遊戲」風格。

我看了不少陳昇現場演出的影片，發現他有時會走音、跑調、破音，還經常忘詞，然後就會即興地「胡亂」唱下去。他也常常和樂隊的成員們東拉西扯、插科打諢。如果換了其他歌手，我也許會很不滿。可是陳昇不一樣，他的這種隨意性反而讓我激動，覺得這才是我要看到的陳昇。更不可思議的是，我發現我竟然喜歡上他那不標準的國語發音！道家所說的

「自然」不就是這樣嗎？不掩飾、不強求、該什麼樣就什麼樣的自發性。這不就是我們要的 spontaneity（自發性）和 flow experience 嗎？

近三十年了過去了，陳昇寫了很多很多的歌，唱了很多很多地方，喝了很多很多的酒。同輩歌手多半退隱江湖，即便還在臺面上走跳，也不過是懷舊的符號。但陳昇沒有停止，他繼續玩耍，享受著他的遊戲三昧。而他的歌迷，也心甘情願地陪他玩，同他一道遊戲舞臺、遊戲人生。在〈孩子氣〉這首歌中，陳昇唱道：

啊迷失的孩子，你為何如此透明
讓要愛你的人，猜不透你的心情

啊迷失的孩子，你為何如此漠然
讓要愛你的人，總是眼裡掬住眼淚

5 Sadism and masochism 的縮寫，是指施虐／受虐的性關係，並配有相應的服裝。

據說，這首有些怪異的歌是陳昇與他的朋友，臺灣知名漫畫家蕭言中在水中一起玩憋氣遊戲時寫下的。表明上看，陳昇是一個不想長大的孩子，希望自己永遠活在一個真實的、自娛自樂的世界裡。然而，對於一個成人，能夠保持童心，但又不失成人的智慧不是一件易事。對於陳昇，做一個不迷失的孩子，就是能夠擺脫社會賦予的「歌星」自我的幻想，就是能夠做真實的自己。

歌曲〈1+1≠2〉中的陳昇身著小學生的制服，以一個老頑童的樣子，透過孩子們的嬉戲訴說這個世界的荒誕。「有一道數學習題，小學生說很容易，可是我總覺得很難」。是啊，生活不是邏輯題，所以1+1≠2。整首歌充滿快樂的幽默，陳昇萌噠噠的神情令人難忘。

「遊戲」原本是最樸實無華的。在《查拉圖斯特拉如是說》一書中，尼采從專注於遊戲中的孩子身上發現了創造者的影子。當尼采論述他的「精神三變」理論時，他採用三種生物：駱駝、獅子和遊戲的孩童來譬喻人類精神的變化。精神會由駱駝變成獅子，再由獅子變成孩童。駱駝代表的是背負傳統道德的束縛，獅子則是象徵勇於破壞傳統規範的精神，最後的孩童則是代表創造新價值的力量。尼采的這種思想已在他早期的作品《悲劇的誕生》中得以體現。他把孩童般的創新精神與生命激情的「酒神精神」結合起來。在尼采的筆下，酒神性格就是遊玩、幻想和自發性；他活在感覺與激情中，他的創造意識促使他要打破邊界而不斷地去探索奇異的東西。

「遊戲」作為哲學概念在西方文化中可以追溯到古希臘赫拉克利特的宇宙生成觀。他把宇宙的生成看作一個「世界遊戲」；時間則是個玩棋子的孩童，王權也掌握在孩童手中。遊戲也同樣是自我生成的過程，並且是遵循一定的規律，即「邏各斯」（logos）[6]。尼采顯然受到赫拉克利特「世界遊戲」的影響。他在《悲劇的誕生》中指出：「它不斷向我們顯示個體世界建成而又毀掉的萬古常新的遊戲，如同一種原始快樂在橫流直瀉。在一種相似的方式中，這就像晦澀哲人赫拉克利特把創造世界的力量譬喻為一個孩童，他嬉戲著疊起又卸下石塊，築成又推翻沙堆。」尼采認為，在生成的遊戲中充溢著一種「原始快樂」，能夠進入這一遊戲的人首先是孩子和藝術家。（尼采《悲劇的誕生》）

如果說陳昇是位具有孩子氣的藝術家，那麼按照尼采的說法，他是很容易進入到遊戲的狀態。事實上也是如此。我喜歡陳昇孩子氣的模樣：有時頑皮、有時羞澀。陳昇玩音樂，就像那個玩沙堆的小孩子，是那麼的專注，又是那麼的開心！與此同時，陳昇似乎又具有尼采的「權力意志」（will to power）的凝聚力，因為他簡直就是個「超人」，用超凡的能量在創造自己、創造音樂、創造生活。如同陳昇名字中的「昇」，其意就是上升，昇華（ascend），是超人的基本含義。而超人不是靠獅子般的力量，而是在遊戲中小孩子的那份純真。

在《查拉圖斯特拉如是說》中，尼采指出，能夠創造新價值並獲得真正自由的是孩童。

6 西方哲學中，支配世界的原理或規則，其概念有點類似中國哲學中的「道」。

孩童意味著新的開始，是對生命的再度肯定，是大自然至美至善的表現，象徵著一種自由的境界。德國哲學家、美學家弗里德里希・席勒亦把這種自由稱之為「遊戲衝動」（play impulse），這種衝動使生命實現於美的自由創造中，表現了自由的生存。也就是說，遊戲是一種達到精神解放自由的方法。在遊戲之中，快樂原則和現實原則統一起來，用「無目的的目的性」取代了「有目的的目的性」，從而產生了巨大的創造力。我非常喜歡席勒的這句話：「只有當人在充分意義上是人的時候，他才遊戲；只有當人在遊戲的時候，他才是完整的人。」（席勒《審美教育書簡》）聽陳昇的音樂，我更理解了這句話的含義。能夠遊戲，才能發揮創造力，透過藝術創作，人就可能成為一個真實完整的人。

從戲劇的角度看，「遊戲」有兩種：一種是「演戲」，即遊戲的主體和遊戲是分離的。遊戲人會戴上假面具，體現某一個角色或位格（persona）[7]；還有一種「遊戲」，是遊戲的主體和遊戲是一體的，遊戲人不需戴上假面具，他不演別人，只演自己。人生如戲，戲如人生。很顯然，陳昇的「遊戲」屬於後一種，特別是他後期的創作。所以，我們很難把陳昇僅僅看成是在表演某一首歌曲的歌手，而是與歌曲融為一體的，只屬於他本人的那個音樂符號。我想，這也許是為什麼我聽其他歌手唱陳昇的歌，總覺得有些不對味。仔細想想，不是他們唱得不好（從演唱技術層面上看，有些歌手也許比陳昇更好），但感覺不對味是因為他們在「演戲」，在演繹別人的心境，我們很容易將歌與歌者區分開來。或許是陳昇的個體風格太明顯了，以至於他的歌無可救藥地被打上昇式烙印。

幽默是心靈的微笑

陳昇的嬉戲風格也體現於他獨有的幽默與風趣。說實話，我第一次被陳昇吸引不是他的音樂，而是他風趣的談話。如果沒有他的幽默，我很可能與他的音樂擦肩而過。後來，認識了陳昇，除了聽他的歌曲，我也喜歡看他的訪談影片。記得有一次看到陳昇與齊豫、齊秦一道上中國湖南衛視的《天天向上》節目。節目主持人向陳昇問話，他不回答，卻說自己在思考一個重要的問題。主持人問到底是什麼問題，大家都以期待的目光看著陳昇，他卻慢悠悠地回答說：「我在想很遠有多遠。」一臉嚴肅深沉的樣子。

然後，陳昇以他慣用的幽默說他當年唱片賣得不好，在同一間唱片公司的李宗盛用一首歌鼓舞了他，就是那首被陳淑樺唱紅的曲子〈夢醒時分〉。其中一句歌詞是這樣的：「你說你嘗盡了生活的苦，找不到可以相信的人／你說你感到萬分沮喪，甚至開始懷疑人生。」當陳昇唱起這首歌時，他把那句「甚至開始懷疑人生」改為「甚至開始懷疑陳昇」，令在座的眾人捧腹大笑。

然而，在這個自嘲幽默的背後隱藏著一個音樂人一路走過來的悲苦。我至今不能忘記陳昇講述他過去的一段經歷：他當時剛剛出道，事業不順，窮困得連房租都交不出。有一天他抱著

7　一個人在一個特定環境下所扮演的角色。

剛滿一歲的兒子站在陽臺上，一剎那曾有一股帶上孩子一道跳樓的衝動。還好，他沒有自殺，否則我們就沒有陳昇的音樂了。

中國知名學者周國平在談及幽默這個話題時，曾經這樣說道：「幽默是心靈的微笑，最深刻的幽默是一顆受了致命傷心靈發出的微笑……幽默是受傷心靈發出的健康、機智、寬容的微笑。」（周國平《人與永恆》）「自嘲」是幽默的一種形式，也是嬉戲的一種形式。自嘲首先來自自信，可以居高臨下地調侃自己的弱點，並在笑聲中超越自己的弱點。其實，這是一種人生智慧也是語言的藝術。

我發現陳昇很會自嘲，而且火候把握得恰到好處。有一次在小哥費玉清的一檔節目中，陳昇作為嘉賓走上舞臺。費玉清說：「很高興陳昇能來我的節目，這是我們第二次見面。」陳昇回答道：「哪裡，我們至少見過十次。」當費玉清一臉狐疑時，陳昇笑道：「在大牌面前（指費玉清）我只是一個小小的鐵釘，當然不會被人注意到。」陳昇的自嘲機智地化解了主持人的尷尬，同時也表現了自身的瀟灑和寬容。

在〈讀書的人〉一曲中，陳昇也沒有忘了對自己的作品自嘲：「One奶in Beijing，Two奶in Shanghai，傳奇的故事早已退了流行。」本來：「One奶in Beijing」是香港媒體嘲諷陳昇英文發音不準，night聽起來像「奶」。可陳昇對此無所謂，反而把它寫進了自己的歌詞。也許北京混不下去了，還可以混上海呢。

〈錢歌〉無疑是首幽默滑稽的歌曲，對社會的批判掩藏在嬉戲後面。這是陳昇用臺語翻唱左小祖咒的歌，前奏卻有點日本演歌的味道，剛一聽，還以為要唱《姿三四郎》[8]的插曲。

不能証明他的錯，那麼就算是你的對
關於異性的問題，朋友啊你自成一套
笑意味著老土，切下了一片雲當麵包
關於錢財的問題，朋友啊你多了一套
……
唔借錢畀朋友就會失忒朋友失忒錢
借錢畀朋友又會失忒錢失忒朋友
不借錢給朋友就會失去朋友失去錢
借錢給朋友又會失去錢失去朋友

昇式幽默是稻米加鹹魚的味道——淳樸但又獨特。他的演唱會永遠是笑聲不斷。我有時聽不懂他在說什麼，因為他講臺語，但我能聽到觀眾的笑聲。在最近臺中Legacy的一次演唱會上，陳昇唱著情歌，忽然開玩笑說：「已經好久沒有新的戀情了，只能擠出久遠的往日情來

8 日本電影，改編至日本小說家富田常雄的同名小說，講述柔術高手姿三四郎，從拜師到領悟武道的故事。

用力壓出搥心肝的感覺寫歌。」在翻唱黃品源的〈你怎麼捨得我難過〉歌詞「對你的思念，是一天又一天」時，他又用戲謔口吻說：「在Legacy臺中就讓我想到臺中的朋友黃品源，不知道品源有沒有偶爾想到我。」這裡，陳昇暗示聽眾那句有名的歌詞「可不可以，你也會想起我」。昇式幽默除了語言張力的組合和應用，還包括陳昇本人的說法方式（比如比常人要慢幾拍的語速）和他獨有的肢體語言。

喜歡陳昇一首自嘲的情歌〈她不是我的〉，是他嬉戲風格的傑作。本來應該是首傷心的歌，可是詼諧的曲風和幽默的語言，讓人不知想哭還是想笑：

別怪我每天心裡佔滿都是妳
我可以用我平凡又不特殊的聲音
傾訴我熱烈又美妙的感情
究竟在妳心裡有沒有我
她不是我的，在回去的路上，她睡著了
她不是我的，雖然她沒有說，但是我有感覺

歌曲的最後一句最出彩：「車不是我的，我怕她嫌棄我，是我借來的。」本來是個愛情跑道上的loser，幽默讓他超越失戀的悲傷。

哲學家常說幽默是一種哲學態度，它要求人與生活拉開一定的距離，以便以一個局外人的眼光審視和揶揄生活中的種種荒謬。作為歌者的陳昇，也具有哲學家的態度。他既可以唱自己，也可以跳出自己看人生；他既可以孩童般地試圖破解世界的謎語，也可以幽默地看待人世間的得與失。

▗

在音樂會上，陳昇多次問一個似乎與他的演出毫無關係的問題：「宇宙有沒有盡頭？」他的歌迷會把這個問題看作昇式幽默的另一種表達方式。其實，這是一個很大的哲學問題，是一個形而上學的問題。在陳昇那裡，我聽到過兩個答案：一個答案是「有就是有，沒有就沒有」；另一個答案是「沒有盡頭」。前者是遊戲的態度：有就按照有的方式活；沒有就按照沒有的方式活。後者是一種肯定的否定，陳昇還加了一句：「沒有盡頭，所以我活在『虛無』中。」這是幽默的態度，按照佛教禪宗的說法；這種絕對的「無」nothingness不是虛無主義，而是對「有」與「無」二元對立的超越，最終活出人生的大格局。有盡頭呢，沒有盡頭呢，已經不再重要。

遊戲人生，哭也好，笑也罷。願陳昇在他的音樂中繼續地嬉戲下去。我也希望自己多一份嬉戲的心態，和陳昇的歌一道，消磨蒼老而精緻的宇宙。只要宇宙給我們帶來幻想和希望，我們就不會成為卡繆所說的墮落的「異鄉人」。

9

流浪

多年以前我不知道這張單程票，要將少年的我送到何方
如今你要流浪的我回到你身旁，我卻已經習慣了遊蕩

——〈水母〉

臺灣樂評人馬世芳在他的一檔音樂節目《聽說》中，曾經講述上世紀臺灣民謠運動的歷史，其中一節講述那首後來被齊豫唱紅的歌曲〈橄欖樹〉背後的故事。無疑，這首三毛作詞、李泰祥作曲的歌成為當時臺灣民謠的代表之作。我第一次聽到這首歌是在八〇年代初的北京，記得一下子被歌者空靈般的嗓音所吸引。當時並不知道歌手的名字（因為聽的是盜版），但對三毛的名字已經不陌生，她的《夢裡花落知多少》、《撒哈拉的故事》已在中國出版，激起那個時代無數文藝女青年對遠方的想像：

不要問我從哪裡來，我的故鄉在遠方
為什麼流浪，流浪遠方
為了天空飛翔的小鳥，為了山間輕流的小溪
為了寬闊的草原，流浪遠方，流浪

——〈橄欖樹〉

三毛原有的關於西班牙的遠方，就是這樣，成為每個人心中一個任意想像的遠方。

在馬世芳那檔節目中，吸引我的是「流浪」一詞。馬世芳談到，七〇年代的臺灣，不少年輕學子被民謠風和搖滾風所吸引，與之相應的是「流浪」的概念。「流浪遠方」成為一種時尚期盼，因為它是浪漫、叛逆、瀟灑的代名詞。民謠歌手在當時也常常被稱為「流浪詩人」或

「吟遊詩人」。其實，臺灣就巴掌大點的地方，又能流浪到哪裡呢？還是三毛會流浪，一下子浪跡非洲，到沒有人跡的撒哈拉沙漠，去感受生活的真善美。

陳昇後來去了中國，體驗四處遊走的風華。寫音樂、交朋友、出專輯，取名為《陳昇流浪日記》，好像中國是個鳥不拉屎的地方。《麗江的春天》專輯中這樣寫道：「陳昇，這個流浪的人，把他的地圖和感動，寫成詞、哼成譜，融合成這張『隨境所欲』的專輯，邀你一同來到流浪的音樂國度！」

「流浪」情懷常常出現在陳昇的歌曲中，他的音樂也被稱為流浪之音。陳昇把中國之旅稱為「流浪」，但似乎又是一種「文化苦旅」。我想其中一個原因是中國對他來講既熟悉也陌生，而且後者的成分可能更大，帶有一定的exotic（異域風情）的神祕。「流浪者」的身分也可以讓陳昇把「鄉愁」遮掩起來，由此保持「局外人」或「漫遊過客」的觀察角度感受他的中國經驗，然後再把他的流浪地圖和感動化為歌詞，哼成旋律。

陳昇要用他的流浪日記喚醒每個人體內「流浪」的血液，找到他們每個人生命的激情和足跡。他說：「生命的本質就是一種流浪，從臺北到高雄、從甲公司跳到乙公司、從離開這個愛人去尋找下個伴侶等等。轉移的過程，勢必會有些聲音，是來自內心深處的，在那個屬於共鳴的位置，喚醒我們更深層的感觸……流浪，就在每個人心裡。」從哲學意義講，流浪意味著拒絕形而上學的避難所，讓身心永遠處在一個「動」的狀態。所以，出行、流浪、無根是陳昇最喜愛的主題。畢竟，他是一個「愛四處遊蕩的人」。陳昇說：「我愛上了天上的浮雲。」俄國詩人萊蒙托夫寫道：「天上的浮雲，永遠的流浪者。」（〈浮雲〉）「流浪」就是夢想遠方，想像「雲的那一邊」的風景：

每個人的心中有天堂
那個我們要去的地方
——〈$E=MC^2$〉

「流浪」就是放空自己，不再依戀、不再牽掛。陳昇說：「走著走著，生命就流了出來。」流浪的意義，都是為了靈魂的傳遞：

因為我想起了春風，心中有祕密
如果我今夜還夢見你，你是否會笑我
天明以後我要離開，她輕輕地哭了起來
旅人都有冰的心，這有什麼不可以
……
其實我早已經逝去，在秋風的懷裡
我的好姑娘，輕輕哭了起來

流浪的我冰的心，這有什麼不可以
——〈春風大酒店〉

波希米亞、嬉皮、布波族

在西方文化中，「流浪」一詞與「波希米亞」（Bohemia）密切相關。「波希米亞人」原泛指在歐洲各地流浪的吉普賽人，具體是指捷克波希米亞省的當地人。由於「波希米亞人」四處漂泊，他們是傳統社會之外的一群人，不受傳統的束縛，所以後來人們把反傳統生活風格的人叫作「波希米亞人」。所謂的「波希米亞風格」（Bohemia style）成為「流浪者」的時尚代表，如鮮豔挑明的裝飾和粗獷的面料，浪漫的蕾絲、蠟染、流蘇、泡袖、抽摺、手工細繩結、刺繡和珠串，濃烈搶眼的色調。與此同時「波希米亞主義」（Bohemianism）成為一種理念，這種理念被那些希望生活和藝術都脫離世俗常規的一群藝術家、作家與知識分子所吹捧。「波希米亞」象徵自由，象徵擺脫小布爾喬亞（小資）的庸俗。追求自由的波希米亞人（流浪者），在浪跡天涯的旅途中形成了自己的生活哲學。

美國上世紀一九六〇和一九七〇年代反抗生活習俗和當時政治的年輕人被稱作「嬉皮士」（hippies）。嬉皮士用「共產」公社式[1]和流浪的生活方式來反應出他們對民族主義和越南戰爭的反對，他們提倡非傳統的理念，批評美國中層階級的價值觀和宗教觀。嬉皮士留著披頭長髮、身穿印染的衣服。現在，年輕人承繼波希米亞浪漫灑脫的傳統，形成新的BoHo Chic的時尚風格，即嬉皮與波希米亞的融合。

在思想上，嬉皮士受到「垮掉一代」（beat generation）[2]反文化精神的影響。音樂上出現了搖滾，出現了約翰・藍儂、巴布・迪倫、吉姆・莫里森這樣的反叛歌手。嬉皮士是理想主義的一代，他們反戰反核，高喊「make love, not make war」（要做愛不要作戰）。除此之外，和嬉皮士聯繫在一起的詞彙包括音樂、詩歌、自然、叛逆、性解放、瑜伽、冥想、大麻、LSD（迷幻藥）等等。陳昇的偶像巴布・迪倫是嬉皮士文化的重要符號，不同於學院派的粗獷，甚至粗俗成為他的演唱風格。香港現代詩人廖偉棠曾仿照巴布・迪倫的敘事方式，書寫了一組詩，題為《一個無名氏的愛與死之歌——對Bob Dylan的五次變奏》。內容是關於一個流浪漢，他離開了自己的愛人，在流浪的路上遇見了自己的私生子（似乎也有馬勒的影子）：

伊甸園之門沒有果實在裡面，果實有沒有蟲子在裡面？
我只不過想找一條溝渠靜靜的死去，他們卻為我打開了你的門，
好讓我去回憶，去品嚐，血紅的果實的滋味
伊甸園之門有沒有天使在裡面，天使有沒有魔鬼在裡面？
我的審判被禁止旁聽，我的傷口被禁止申辯，

我嘗試為你唱一首麻雀之歌，那麻雀是一個天使被擊落
現在我被獨自拋棄在黑雨下，我自由了
伊甸園之門有沒有生命樹在裡面，生命樹有沒有死亡在裡面？
黑雨撲熄著我唇邊的呼吸，彷彿一個雨天吻我的女人……

麻雀之歌，墮落的天使之歌。伊甸園之門外，是黑暗與孤獨，亦是生命與自由。流浪，既是身體的，也是精神的。齊格蒙·鮑曼喜歡用「液態」（liquid, fluid）來形容現代社會的特質。他認為現代人每時每刻都是一個四處遊蕩的「旅行者」。《液態現代性》在現代社會中，自由、個人、時空，都產生了新的意義。

一九九〇年代我在美國生活的時候，嬉皮文化早已不是主流，取而代之的是一個新的概

1 社群成員將財產全部交予管理者，再公平分配。
2 二次世界大戰後，五〇年代的美國作家群所發起的一波文學運動。特色為進行精神性、東方宗教的探索，拒絕標準化，使用創新文體，體驗藥物與性解放等。造成深遠的文化影響。

念——「布波族」（Bobo）。「布波族」出自《紐約時報》專欄作家大衛．布魯克斯二〇〇〇年出版的一本暢銷書，《BOBO族：新社會精英的崛起》。布魯克斯在書中描述了這兩種文化彼此碰撞的歷史，以及現代波希米亞和布爾喬亞融合在一起之後，產生的一個新興上層知識階級——「布爾喬亞波希米亞人」，簡稱為「布波族」（Bobo）。其實「布波族」是一九八〇年代「雅痞士」（yappies）的延續，只是多了些波希米亞的味道而已。

記得布魯克斯的書剛一出版，我就去書店買了一本。一來我一直是布魯克斯的粉絲，二來他書中所描寫的「布波族」小鎮維恩（Wayne, PA）就在我家附近。書中所提到的各式麵包房，還有書店、畫廊、手工作坊、餐館我都瞭如指掌。我當時還寫過一系列的雜文，介紹費城郊區火車主線（mainline）旁邊的各個小城、小鎮，小城中的名校、名人以及當地有趣的風土人情，當然也包括維恩。維恩有一間著名的天主教大學——維拉諾瓦大學（Villanova University），學校哲學系有位John Caputo教授，是著名的研究海德格的學者。他時不時地請來學界著名大咖，在學校舉辦各種時髦的研討會，我就是在那些研討會上遇見了法國後現代哲學家德希達和現象學神學家馬里翁。維恩的哲學沙龍吸引了不少周邊的學子，讓小鎮多了幾分雅氣。

那個年代，我覺得自己就是個Bobo，一個知識精英：在費城的一間大學教書，在賓州最美的郊區擁有近四千英尺的房子，花園裡是我親手種植的日本櫻樹、楓樹以及各式品種的玫瑰（我會提醒參觀我院子的朋友，我的玫瑰花可是名牌，不是Home Depot[3]買來的普通玫瑰哦）。平時在咖啡館裡看著海德格和德希達的哲學書，偶爾會去附近鄉下Amish的農莊買新鮮的蔬菜水果。記得九〇年代初和我先生把我們的第一輛SUV從車行開回家的時候，周圍還沒有幾個美國人知道什麼是SUV。我們當時被SUV的廣告吸引了：「讓你在布爾喬亞的地方享受波希米亞的體驗。」這不就是Bobo的感覺嗎？那個時候，「流浪」對我來說就是指開著SUV到處流浪。

現在回頭看那段日子，我覺得「布波族」挺貪婪的，什麼都想要。又要物質享受，又要把自己裝扮成波希米亞精神貴族，所以「布波族」要比「嬉皮士」那一代人虛偽很多。其實，在理論的層面，我不反對布魯克斯所提倡的——將六〇年代自由理想主義，與八〇年代自利主義結合；但在實踐的層面，我發現二者存在著許多不可調和的矛盾，就像自由派（liberal）和自由至上派（libertarian），都是自由主義，可是一左一右，政治理念大相逕庭。[4]仔細想想，「布波族」還是物質主義優先的布爾喬亞，波希米亞精神至多是個點綴。所謂「流浪」，是找一種自由的感覺而已。

3 家得寶，全球最大的家具建材零售商。

4 兩派都堅持自由的理念，自由至上派更為激進，強調在「無傷害」的原則下，讓個體擁有自由選擇的權利。在經濟議題上，自由派偏左傾，主張透過政府在經濟上的再分配以達到平等的原則，而自由至上派偏右傾，主張小政府的思想，認為政府干預市場經濟會消解自由的原則。

我也會反思自己目前毫無詩性的生活狀態。在香港已經近十年了，我還是有深刻的疏離感，總覺得缺點什麼。每天似乎都是在忙忙碌碌地過日子：上課教書、參加學術會議、寫一篇又一篇沒幾個人會看的學術論文……每天的生活大致都是一個樣子。其實，香港的生活節奏很有規律，都市所提供的各種方便讓照規律行事不是件難事。然而，正是這種有規律的生活常常會令我有些不安，甚至疲倦。我常常問自己：我開心嗎？這是我要的生活嗎？也許是年齡的因素，也許是環境的改變，我突然會有要折騰的衝動。我又開始對「流浪」產生了興趣，特別是最近聽了馬世芳談臺灣的流行音樂，談當時臺灣年輕人的理想。

感謝馬世芳的節目，讓我有幸聽到了陳昇的音樂。我相信能與陳昇的音樂相遇，感受到靈魂上的撞擊，是因為這一切發生在「對的時間」（right time）。就算我在二十年前聽到陳昇的音樂（那個時候他或許比現在「火」），我不一定會去關注他，更不會產生目前這般的痴迷，以至於我會放下手邊要提交的論文去寫他的歌。從這個角度看，陳昇會老，但他的藝術永遠不會老。他的音樂可以在不同的時間、不同的場合、吸引不同的聽者。

浪人

我有位臺灣好友是臺大法律專業畢業的，我們有時在一起喜歡談論政治議題，從香港談到中國、再談到臺灣。幾天前，我忽然問她知不知道臺灣有位音樂人叫陳昇。她馬上答道：「當然知道，他是我們臺灣有名的『浪人』。」我對她的回答一點也不吃驚，而且暗自歡喜。痴迷陳昇，恰恰是因為他是浪人，至少，我希望他是浪人。

是的，陳昇被認為是臺灣樂壇的「浪人」。那麼除了流浪的浪人，陳昇又是怎樣的浪人呢？我說的「浪人」不是指到處遊蕩的無賴之徒，不是日語中一般意義上的ronin，而是「風流之人」。「浪」字為「水」字偏旁，加上「良」。根據《說文解字》，良即是聲旁也是形旁，意為「美好的」。「良」+「水」意為「水波騰空後形成的美麗水花」。這裡主要的意象是水，「水」是道家哲學中不可忽視的意象，因為老子喜歡以水喻道：水的自然表現其循道而流；水的謙卑表現其甘願就下；水的柔弱表現其屈順不爭。故《老子》有言：「上善若水。」水沒有固定的形態：在方即方，在圓即圓。浪人，一個清澈如海水般透明的人，一個如水花散開，不再執著的人，一個順水嬉戲，童心滿滿的人。

記得陳昇曾提到一位按摩師說他的特質是水，而他的搭檔歌手伍佰的特質是火。事實上，陳昇的很多歌，特別是情歌都有「水」的特質，即陰柔之美。大男人中有小男人的溫柔，這是昇式情歌吸引女性聽眾的原因。那句「男人的心其實也會痛」（〈二十歲的眼淚〉）讓多少女人落淚，引發要把男人緊緊抱在懷中的欲望。而且我發現陳昇不少MV都與水有關。除了大海的意象外，許多鏡頭的背景是水或水花的漣漪，譬如〈把悲傷留給自己〉、〈別讓我哭〉和〈鴉片玫瑰〉。「水無常形」可以讓陳昇具有多面的向度，他可以不拘一格，自由地「游藝於戲」。

「風流」一詞來自道家，也與「水」有關。中國文學史上有「魏晉風流」一說。「風流」中「流」是指「河流」或「小溪」，同「風」一樣，指涉一種流動的狀態，後來用來比喻一種生命的美學形態，如「林下風流」[5]。風流亦是指一個人的「格調」：如清風之爽豁、如流水之活潑；灑脫飄逸，不落機械，自然適性。中國哲學家馮友蘭曾把「風流」定義為「人格美」，他說：「《世說新語》常說名士風流，我們可以說，風流是名士的主要表現。是名士，必風流。」（馮友蘭《論風流》）陳昇問：「可我最愛是天然風流人兒如今在何方？」（〈牡丹亭外〉）

所以我說，陳昇是「浪人」，是一個叫人痴迷的真情瘋子。喜歡陳昇，因為他「浪」、他「風流」，而且他把這種浪的強調帶進了他的音樂，帶給他的歌迷，讓聽者分享那種「乘著八級的強風和滿身酒氣」（〈夜奔〉）的浪子範：

從一個驛站走開，在曚曨中醒來
跟逝去的自己說再見
推開了彼此的承諾，我們都去流浪
你會在雲端的那邊等我嗎？
決定就賣了浮生，換一杯苦苦的酒

跟逝去的昨天乾杯
——〈浮雲車站〉

李宗盛說：「越過山丘，才發現無人等候。」可是陳昇不甘心，還是要問：「你會在雲端的那邊等我嗎？」因為流浪的他，無需最後一個「山丘」。而所謂的「雲端」，亦是一個飄忽不定的東西。

流浪沒有目標，走到哪裡算哪裡。除了身體的流浪，我們更需要精神的流浪。所謂精神的流浪，我想就是莊子式逍遙遊。在思想上，永遠是漂泊不定的異鄉人。尼采認為，流浪者是指「僅僅在一定程度上過得理性自由的人」，他只能感到自己是一名流浪者，「而不是朝著某個終極目標行進的旅行者，因為這個目標不存在。」

德希達曾經風趣地說：「我是一位流浪的哲學家。」德希達的哲學是解構主義的詩性哲學，也就是說，他的哲學體系必須是開放的，所以他不得不讓自己流浪；與此同時，德希達希望自己永遠處於一種自由的、流動的空間，因此流浪意味著不斷地創新，不斷地自我解構。基於對西方傳統形而上學的批判，解構主義的一個主要特徵是接受「不確定性」（indeterminancy），即沒有預設的目標，這不就是哲學上的流浪嗎？

5 出自《世說新語·賢媛》，林指竹林七賢，用以形容宰相謝安姪女謝道韞，有竹林七賢風骨。

德希達發明了一個新的概念「蹤跡」（trace），但這個蹤跡實際上是無跡可尋的。蹤跡不可複製、不能模仿，因為它不是已經存在而等待你去發現的東西，它不是你手裡的地圖。尋找「蹤跡」是一個自由的遊戲，是玩一場沒有底盤的象棋。

所以陳昇說：流浪就是走自己的路。既然如此，誰還需要地圖呢？

流浪的時候想家

然而我在想，是流浪還是歸家呢？陳昇說過，他喜歡流浪，但他有時又非常「想家」，《魚說》這張專輯就表現了歌者對家的依戀。〈緋聞〉中唱道：「思念的船兒，沒有你在的港灣／遊蕩的靈魂，你不要哭泣。」鄉土情結，對於很多中國人來講，是與生俱來的。但對那些自我流放者，鄉土或許是種羈絆。

我們的人生不就是這樣嗎？歸家久了想流浪；流浪久了想歸家。

我又想到了被稱為「在音樂裡尋找歸宿的流浪者」——馬勒。馬勒創作了一部帶有自傳體的音樂套曲，名為《流浪者之歌》，歌曲描寫一個失戀青年流浪的故事。歌詞是由馬勒自己撰寫，並參照了德國民謠。我喜歡作品中男中音與鋼琴或管弦樂伴奏的演唱。整個作品被哀傷的氣氛籠罩，流浪者敘述自己在異鄉的憂愁以及對家鄉的思念。顯然，馬勒的流浪是出於無奈。

他希望停止流浪，早一點能回到心靈的故鄉。

當流浪成為宿命，又何以在現實中安身？馬勒曾說：「我是個三重無家可歸之人：在奧地利，我是波希米亞人；在日耳曼，我是奧地利人；在世界上，我是猶太人。我在哪裡都是陌生人。」這裡，馬勒說的是對自我身分的焦慮感，因此，他把這種孤獨和焦慮放進了他的音樂。馬勒的音樂把這種孤獨和焦慮表現得唯情唯美，尤其是最後的葬禮旋律，不能不讓人落淚。

在半個世紀之前，馬勒的前輩，德國音樂家法蘭茲．舒伯特寫過一部題材類似的音樂套曲《冬之旅》，其中有一首〈菩提樹〉我從小就會唱，當然是中文的版本。馬勒和舒伯特的音樂都是「流浪↓死亡」的模式，因此流浪的涵義與我前面所說的完全不同，馬勒和舒伯特的流浪是被迫和無奈的，是一種不得已的孤獨，沒有當代流浪的瀟灑與不羈。我們今天所說的「流浪」是一種自願的自我放逐。而且在很多情況下，「流浪」已被現代都市人浪漫化和理想化。

相比之下，陳昇的流浪是「隨境所欲」和「隨心所欲」的流浪。這是一種道家的處世哲學。在某種意義上，也是Bob Dylan，like a rolling stone，像一塊滾石，一個流浪漢的生活姿態。

我想要流浪，和陳昇一道，像一塊滾石。

10

真實

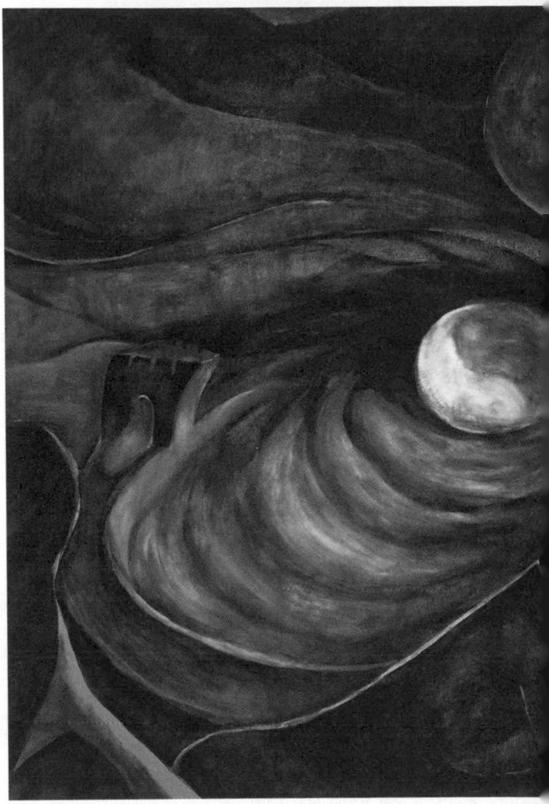

我有一張非常善變的臉孔
反正不會有人在乎真實的我、真實的我
——〈無神論者的悲歌〉

陳昇發行的第一張唱片的背面有這樣一句話：「如果你們認為我有點怪，那是因為我太真實。」雖然這句話不是陳昇自己寫上去的，卻成為他日後在歌壇的一個難以抹去的符號：「陳昇，一個怪人。」不知道這句話是否是陳昇的宿命，讓他和他的音樂就此與眾不同。所以，解讀陳昇的音樂，就要解讀他的「怪」。

有了「怪人」的稱號，陳昇反而無所顧忌了。怪，可以彰顯個性的一種純粹性。正因如此，陳昇也給人留下玩世不恭、放蕩不羈的印象。確實，在不少人眼裡，陳昇不但是個怪人，而且總寫些沒人能唱、沒人能懂的怪歌。在《鹹魚的滋味》（一九九八年）一書中，陳昇對世人的偏見似乎有些惱火，他寫道：「真不懂這些人是怎麼想的，想要做自己的時候人家就開始覺得你偏激了。」

我是誰？

為什麼「真實」要和「怪」放在一起？平日裡我們所謂的「怪」就是與眾不同，「不按牌理出牌」。《莊子・知北遊》裡有一個真正與眾不同的「怪人」，他就是混沌。混沌怪，因為他沒有別人都有的「七竅」——眼二、耳二、鼻二、口一。也就是說，混沌沒有臉，而且也沒有需要臉的慾望。根據《莊子》的故事，南海的帝王叫做倏，北海的帝王叫做忽，中央的帝王叫混沌。倏和忽常常在混沌的地盤會面，混沌每次都熱情地款待他們。倏和忽為了回報混沌的友情，就商量能為混沌做什麼。最後兩人得出方案：給混沌開「七竅」，這樣他就可以和大家一樣了。之後，他們每天給混沌開鑿一個竅。七天之後，七竅開成，但混沌卻死了。

仔細琢磨，莊子這個寓言滿有趣。混沌本來不需要臉（七竅），活得自由自在。但在別人的眼裡，他就是個怪物，所以要改變他。朋友本來出於善意，最終卻害死了他。莊子想告訴世人：是我們殺死了混沌，因為我們殺死了混沌的本真（本來面目）。在莊子看來，世間的很多悲劇來自我們喪失了自己；我們喜歡把他人的價值看成我們自己的價值，因為我們喜歡世界的同一性；所以，我們無論做什麼事情，都拚命地去模仿他人的樣子。我們給自己帶上了假面具，時間久了，我們已經忘了自己本來的真實面目。

莊子多可愛啊！他在問：我為什麼一定要臉？我可不可以不要臉？莊子的問題是道家哲學的根基，也是人生哲學的一個重要問題，即「我是誰？」的問題。在莊子看來，即便人類沒有死於混沌開竅，人類也早已「墮落」了，因為我們喪失了「真實的我」，因而與「道」分離。那麼，什麼是真實的我呢？道家稱真實為「自然」。「自」原意是「鼻子」，指自己；「然」的意思是「這個樣子」。故「自然」就是「自己的樣子」（self-so-ness）。由此而言，「自然」的反義詞是「他然」。混沌有了臉，是「他然」的結果，所以即使他補修了常人的臉，卻死掉了。混沌之死是自我的死亡，是本真的死亡。莊子認為，只有以本來純真回應事物之本相，才能獲得大自由。

由此可知，莊子的理想人格不是儒家守規矩的「君子」，而是道家守自我的「真人」。所謂「真人」就是能超越世俗價值和規範的羈絆，能按自己的本心看待世界，能有乘物以遊心的愉悅。莊子告訴我們：人生苦短，我們不要浪費時間去模仿他人；我們應該活出自己真實的樣子。「道」就在我們的腳下，「道」是人生旅程的每一步。最美麗的不是最終的目的地，而是一路走來所看到的風景。

很喜歡道家的這個「道」字，它不是一個抽象的定義，而是一個「動詞」，表明人在路上，on the way。難怪當年美國的嬉皮士那麼鍾情於中國的老莊哲學和佛教的禪宗，他們在東方的古老智慧中找到他們所嚮往的東西。披頭四在一九六八年有一首歌〈內在之光〉，整首歌的歌詞取自老子《道德經》第四十七章的「鑒遠」，用印度的西塔琴伴奏。披頭四的另外一首歌〈山上的愚人〉寫的是一代禪宗大師寒山。嬉皮運動的領袖之一——加里．斯奈德是位詩人，垮掉一代的代表人物，也是道家和寒山大師的追隨者。斯奈德有一首著名的小詩〈道非道〉受到《道德經》第一章的啟發。他的另一首小詩〈道之外〉還是與「道」有關：

Recall how the *Dao De*
Jing puts it: the trail's not the way.
No path will get you there, we're
off the trail.

You and I, we chose it!

「無人引你入道，我們在路之外」（No path will get you there, we're/ off the trail.）體現了老子「大道無跡」的思想。詩人用了三個英文字表示不同「道」的概念，「way」、「path」和「trail」，其中「trail」最具體，是詩中所說的自由選擇的對象。「徑外之道，off the trail」是指被人忽視的「荒野之地」，而那裡恰恰是與「大道」的連接之處，而非人們日常所熟悉的那條「路，the way」。我們常說：「世間本沒有路，走的人多了就有路了。」

我覺得這首詩滿特別的，它可以用來解讀陳昇的藝術之路。那個「徑外之道，off the trail」不就是陳昇所選擇的一條與眾不同的音樂道路嗎？所謂被人熟知的那條路就是主流的「商業之路」。然而，恰恰是陳昇所選擇的荒野之路（即外人眼中一條無人問津之路）引領他走向自我實現的那個「大道」。也就是說，陳昇只有另闢蹊徑才能找到自我的本真和世界的本真。在音樂的創作路上，他可以隨心所欲，真正地做自己。在〈從來不是主流〉這首歌中，陳昇俏皮地唱道：

常常我走在路上突然忘記方向，要談什麼事情，去見什麼朋友
這樣一天又要過去，想想也沒什麼差別
青蛙說你不是朋友，蛤蟆說你了不起

明明大太陽裡，眼看著來了烏雲，我那需要雨傘
最好是唾面自乾，我不屬於任何品牌，活著自己的流行
管你同不同意，我從來不是主流

陳昇要做自己，於是他對世人宣稱：我的音樂從來都不是主流；我想唱什麼就唱什麼，想去哪裡唱就去哪裡唱。正因這樣的真實態度，陳昇（無意識地）確立了自己亦醉亦醒、輕舞癲狂的曲風。在舞臺上，他可以引吭高歌，或淺酌低吟；他可以陶然起舞，或渾然忘言。那些「非主流」的歌曲，來自歌者的心靈深處，有些表達或許不夠精細，但富有真實感，同樣可以讓人心醉神迷。而陳昇的演唱，常常採取即興、隨意的方法，是一種「自白式」的表達形式。而他所展示的內容，往往打破現實之市儈和藝術之高雅的邊界。

或者我不再去討你歡心

有時候，藝術高於現實。在現實中彰顯真實的個性是一種挑戰。我們會發現，真實的自己，在日常生活中的爭鬥、計算、焦慮、沉悶的逼迫下，會被一點點的消解，乃至消失。我們有時很難抵禦「在眼前」或「在手邊」的功名，為了獲取它們而把自己偽裝起來，甚至為那個

「不真實的自我」做合理化的置辯。因此，莊子自由自在，無所牽掛的思想雖然非常迷人，但在現實中活出莊子的人格卻不容易，因為真正地「做自己」是要付出代價的。從社會心理學的角度看，由於出於自我保護的本能，我們都有「從眾」的心態。同時，社會的規範和習俗也要求我們要服從社會的秩序原則。即便我們崇尚個人自由的價值，我們也無法逃出社會的框架。

莊子追求心靈的大自由，而大自由的前提是「無待」。在〈逍遙遊〉中，莊子說大鵬可以高飛，但仍待於風，所以還是不夠逍遙。然後莊子告訴我們，只有乘搭天地之正道而飛，駕馭六氣的變化而遊，一無所待，才可達到「自由」的境界。其實，「逍遙遊」中的「遊」更多的是一種精神上的自在：「逍遙於天地之間，而心意自得。」「得至美而遊乎至樂，謂之至人。」莊子的「逍遙」和「心意自得」都是「自然」的另一種表達方式。而能夠「得至美而遊乎至樂」，莫過於藝術創造。

有一種歌聲，不是來自喉嚨，而是來自心靈。這大概就是莊子所說的「天籟之音」。說實話，陳昇是幸運的，老天給了他表達真我的天賦和勇氣，這就是他的音樂。他可以在音樂中與主流抗衡，痛快地彰顯自己的個性：

> 或者我不再去討你歡心，我喜歡這樣的自己
>
> ——〈恨情歌〉

我們曾經有過一場無悔的戰爭，就不會在意沒有人懂

——〈斑駁〉

陳昇如此般地自我堅持，成為他通向音樂道路的通行證。這讓我想到巴布·狄倫的一張專輯（一九六四年），名為《巴布·狄倫的另一面》，其中一個單曲是〈寶貝兒，那不是我〉，開頭一句是「我不是你要找的人，寶貝兒，你需要的不是我」同一年，哲學家沙特公開一份聲明，解釋他為什麼拒絕領取諾貝爾文學獎。他說：「作家必須拒絕讓自己被塑造為一個功成名就的大師，哪怕是在最光榮的情況下。」狄倫和沙特所表達的是同一個信念：如果你喜歡的是真實的我，那就不要把我改變為不是我的樣子。這不正是陳昇要說的話嗎？所以他說：「我喜歡這樣的（真實的）自己。」雖然這個真實的自己不是完美，甚至會有可惡之處。

其實陳昇自己也承認，他在事業的起步時，也猶豫過是愉悅別人還是愉悅自己的問題。這是人存在的一個實際問題，因為人再逍遙也得吃飯（最基本的「有待」之狀態）。莊子雖然拒絕當官，最後還是謀了個漆園的小差事，他畢竟不是阮籍那樣的富二代，他還要養家糊口。陳昇也是一樣。他的訪談節目中從來不裝清高，多次提到早年在唱片公司打工，為了掙錢，什麼工作都做過。我喜歡聽陳昇講述他早年的經歷：如何以電梯修理工的身分到了臺北；如何當兵又歪打正著地進了軍樂團；如何編造假學歷進了唱片公司當助理；如何出唱片又為唱片賣不出去而發愁；如何感受「一朝起來是歌星」的困惑……他每一段經歷都書寫得那麼真實，毫無

「冒充高雅的庸俗」，因為他從來就是鄙視華麗的虛偽。

然而，當陳昇決定要按照自己的個性發展，他就不再動搖。而他的「怪」反而成全了他的藝術之路。「不按牌理出牌」的方式時常給人驚喜，並以此形成他獨有的風格。現在，返樸歸真、逍遙自在成為昇式音樂的招牌，使他在市場的競爭之中占有一席之地。同時，自然適性讓他可以毫無拘束地發揮自己的潛能，不斷地自我創新、自我超越。陳昇可以跟不同風格的藝術家合作，像黃連煜、阿Von、左小，PiA、陳綺貞、張懸等，因為他不給自己預設禁忌，可以將風格的不同轉化為新的創造力。陳昇真愛唱歌，走到哪裡，唱到哪裡，他的歌就是他的生命。對於他，沒有不能唱的舞臺，「我唱故我在」。

聽陳昇的歌，我能聽出他擁有一個強大的自我意識和自我意志：他知道自己要什麼——唱什麼樣的歌，做什麼樣的MV，開什麼樣的演唱會，或許還很較真。我有時會有一種感覺，陳昇的音樂其實是他一個人的世界；他是在自娛自樂，其他人不過是他的影子。陳昇的「怪」是因為他真實地生活在他的音樂中：年輕時，音符是肆無忌憚的慾望；年老時，音符是揮之不去的記憶。

陳昇的自我堅持是赤裸裸的。即便在早年那些「販賣男性哀愁」的情歌裡，陳昇也會唱出「我沒有了自己」、「我失去了自我」、「我已經不是我」的憂慮。但是，自我堅持是孤寂的，陳昇或許因此懷疑自我的堅持。在〈風見雞〉一曲中，他唱道：

不曾因為我信仰的堅定而覺得偉大，只是沒有理由的愛上了孤寂
也許我習慣了自由，踩著繽紛的腳步，我認識的真理已逝去
如果有那麼一天，我隨著信念死去，讓我躺在微風徐徐金色的草原

陳昇對真實的堅持是要打開「心中的鎖」，哪怕面對的是自我慾望和自我恐懼的展露。〈半生情〉的曲調細膩，特別是間奏的部分。但歌詞有些曖昧，有點大叔愛上蘿莉塔的味道，就像俄裔美國作家弗拉基米爾．納博科夫的小說《蘿莉塔》，所描述的那種曖昧情愫（〈浮雲車站〉和〈塔裡的男孩〉似乎也有類似的情愫）。但由於歌曲情感的真實（昇式唱腔的魔力），聽者依然為之動容：

你像個不懂事的孩子，沒有發現闖了禍
上了我心中的鎖，然而轉身就離開
不問我是否可以承受

就這樣痴心的等著嗎，等你長大了以後
帶著滿身的傷痕，哭著回來告訴我
你是來要回鎖住的昨天

——〈半生情〉

歌曲以合唱開始，曲調還算平緩。歌者的情感是一層一層地遞進。最後一句「別叫我擁住這一份憂愁，隨著歲月而老邁」開始向高潮推進。最後的「邁」字拖出最高的音節，並持續近二十秒長，前生後世的愛與情都凝固在最高的音節上，顯示出昇式魔鬼般的唱腔。

陳昇勇於在他的歌曲中直接暴露人性的慾望，而不只是像〈不讓你孤單〉那樣地裝扮純情，所以他有一張專輯，取名為《魔鬼的情歌》：在柔情的拐角處可能隱藏著一個魔鬼。他的情歌很少出現「愛」字，但可以異常的（野味的）性感。有的時候，陳昇會完全顛覆情歌的「神聖性」，以感官去擁抱世界，將肉慾的部分真實地展現出來，頗有巴爾扎克筆下《人間喜劇》[1]的味道：

嗯～因為做了那樣一個夢，醒來不好去對人說
躺在發了霉的爛被窩，努力要將美夢延續
夢裡到一個BIGINI，飄在天空中的島嶼

1《人間喜劇》為法國著名作家巴爾札克於一九三〇至一九四〇所創作的九十一部小說的總集，原定名為《社會研究》，內容描述法國資產階級形形色色的人事物，後改名為《人間喜劇》，將資產階級的生活比做一齣醜態百出的喜劇。

像我這樣一個王老六，總是夜夜被夢來折磨

——〈Summer〉

每當看到這樣充滿慾望的歌詞，我不禁會想到法國象徵派詩人查爾斯．波特萊爾《惡之華》中的詩篇，像〈斜眼的莎拉〉和〈一夜我躺在醜惡猶太女人身邊〉這樣的情詩。波特萊爾完全顛覆了傳統的情詩美學，將慾望、叛逆、醜陋、罪惡融為一體。當時詩集出版後，作者因「有礙公共道德及風化」等罪名受到法庭的判罰。其實，《惡之華》超越固有的價值判斷，而是以冷靜的視角修正早期浪漫主義的浮華，真實地反映工業文明後人類所遇到的困惑和不安。《惡之華》所展示的肉身哲學是複雜的，不單單是唐璜式那種現世享樂的態度。波特萊爾的魅力在於他可以在魔鬼的假面舞會上，以真容示人。

同樣，陳昇能寫出至情至性的好歌，正是因為他可以超越世俗價值的羈絆，讓真實顯現在我們的面前。他可以有愛上了浮雲的浪漫，也可以有躺在爛被窩夢B－G－N－的世俗，更可以擁有一把屬於自己的愛情的槍，對著世間的謊言，猛烈射擊。陳昇的「真實」是他自我生命的果實，是他「體性主體」（embodied subjectivity）[2]的獨白。悲與喜，愛與恨，墮落與昇華，都是他生命的軌跡。

然而，陳昇的「自我」不是毫無克制的自我膨脹，因為他知道什麼時候可以虛空自己。很多昇迷都注意到陳昇很會給其他歌手伴唱，哪怕他不知對方是什麼調，唱的是什麼詞。他只要瞄一眼對方的嘴形，馬上就可以自如地參與其中，配出優美的伴唱。表面上看是技巧的問題（它來自專業的訓練以及長期經驗的積累），但背後需要唱者明確的自我意識的調整，因為伴唱不能有太大的自我，它的特點是「和」他人，但卻有畫龍點睛的功效。

記得看過一檔有關滾石三十週年紀念的節目影片，幾位滾石的知名女歌手都到現場，其中一位是辛曉琪。她回憶起她早期唱片中的歌曲，有不少是陳昇給做的和音。當時另外一位女歌手馬上站出來說：「怎麼可能？他那個腔調能做和音嗎？」然後還故意用辛曉琪歌曲中的一段模仿了一下陳昇的腔調。其實是個玩笑話，可我當時還是有些不滿，覺得那個女歌手根本不懂陳昇。她哪裡知道，陳昇多會唱和呀。像劉若英唱的流行已久的情歌〈我曾愛過一個男孩〉以及〈為愛痴狂〉，如果沒有陳昇的伴唱，效果會遜色許多。就連與費玉清合唱〈綠島小夜曲〉時，陳昇也是主動把自己轉化為唱和的角色。

我特別喜歡陳昇不張揚的唱和，他讓人沉醉於一種似有似無的深情，緩緩的音符飛翔於天地之間，慢慢投入到聽者的心底，然後漸漸回歸於寂靜。

陳昇的「真實」直接表現為他的率性和樸實。他不需要傳統意義上的偶像魅力；他的音樂毫無矯飾，卻自然而然道出凡人生命中的苦悶和疑惑。他也不怕暴露自己的弱點：是不是要掩蓋中老年男人已經不完美的體型？是不是要包裝一下那張肉包子臉以附和市場標準的「明星

2 不受外在規範的左右，保持內在的本我。這個本我不只是精神或抽象層面的，而是一個活生生的肉身。

範」？陳昇哪裡管這一套，是什麼樣就什麼樣，只要身體健康，可以在舞臺上折騰五到六個小時，我肥不肥，好看難看，又干他人什麼事。弔詭的是，陳昇的樸實無華（有時還帶點匪氣）絲毫不能遮掩他迷人的人文氣質。叔本華說的好：「真正的價值和才能都是樸實無華的。」

瑪莉蓮．陳昇

陳昇可以我行我素、恢恑憰怪，然而必要的時候，他也會討好市場，雖然這可能是無奈之舉。為了增加visibility（曝光率），他會上各種娛樂秀，有的在我看來是極其無聊的娛樂節目。可是我們又有什麼權利評判他呢？他畢竟在演藝圈子裡混，他要繼續做他想要做的音樂，如果沒有破他的底線，他又為什麼不可以去做呢？迄今為止，陳昇的符號沒有被市場的符號淹沒掉，這不足夠了嗎？

我忘記是在哪個節目中，陳昇說自己有「分裂人格」（split personality）的特質。他自嘲地稱自己是「瑪麗蓮．陳昇」，這個稱呼來自瑪麗蓮．曼森，美國工業搖滾（Industrial Rock）樂隊的主唱歌手，也是一位備受爭議的反叛音樂人。這一點從瑪麗蓮．曼森這個名字便可略見一斑：他把兩個完全對立的形象——性感女星瑪麗蓮和臭名昭著的殺人犯曼森放在一起，組合成一個名字，從而營造天使＋惡魔的自我矛盾效果，即「分裂人格」的雙面人。陳昇是以幽默的方式表達自己在雙重性格組合中的掙扎：

漫漫的旅程路途還遙遠，偶而也懷疑自己是否該向前
慾望的門已開，夢的草原沒有盡頭
夢裡憂鬱的花香飄浮在風中

——〈關於男人〉

即便是陳昇的情歌，有時會展現很糾結的愛，因為愛的結果是「本我」的消失以及由此產生的焦慮、失落、不安和恐懼。更可怕的是，愛可能是殺人的、「一口誘人昏迷不醒的毒酒」：

她說，今晚要找一個男人來愛我
不知道哪裡寂寞的男人最多
要問問自私的他們，孤獨的感覺是什麼

——〈紅色氣球〉

電話裡有輕輕哭泣的聲音，妳說妳不能等待我

站在街燈潺潺淹沒的街頭，我彷彿已不是我
所有等待都是為了妳，我無法改變我自己
怕妳不能一個人獨自生活，愛一個人，沒有錯
——〈最後一盞燈〉

英國十八到十九世紀詩人和畫家威廉．布萊克有一首詩，題為〈天堂與地獄的婚姻〉，詩中闡述世間萬物的二元對立和統一：理性與激情、靈魂與肉體、天使與魔鬼、愛與恨、善與惡、生與死等等。布萊克說：「打掃乾淨知覺的門扉。則萬事萬物將會以它無限的面目向人們現身；人們過去總是關閉自己，直到從洞窟的裂縫間看到萬事萬物的微影。」瑪麗蓮．陳昇正是要表達這種二元對立又統一的真實。歌者的執著是真實的，愛和怨也是真實的。如果有一天，愛和怨不再存在，陳昇就真正地超越了情歌和恨情歌的二元世界。就像當下的他，可以從「昨天」抽身出來，去擁抱明天的世界。所以他的歌比過去內斂了許多，但依然保持原有的真實本性。

毫無疑問，陳昇的「真實」是以自信與焦慮、坦誠與虛榮、大度與敏感、本土與外省、純情與思辨、草根與精英、匪氣與人文等一系列矛盾體的並存為基礎。這不只是陳昇的困境，也是每個人存在的困境。我是誰？成為自我，首先必須講自己的故事，並在自我的渺茫中創造一

個統一體。

海德格把這種困境放在「本真性／本我」（authenticity）與「非本真性／非本我」（inauthenticity）的框架中來審視。相比而言，海德格對人性的認識比莊子要負面一些，他認為人首先處在一個非本真性的狀態，需要經過這種存在才能逐漸認識本真性的存在。處於非本真性存在的人因為與「自我」背離，因而會遭遇許多的問題，如焦慮、失落、不安、恐懼等等。陳昇在他的創作中以音樂的形式表達了類似的思想。譬如有一首幾乎被人遺忘的歌，名為〈害怕〉，我認為這首歌是表現「非本真性／非本我」存在的佳作，尤其是單刀直入的歌詞：

因為害怕高處，就乖乖地不肯展翅飛翔
因為害怕失敗，就寧可假設缺陷永遠都不存在
因為害怕黑暗，就在黑夜裡不假思索地睡去
因為害怕死亡，就設法沒有尺度地縱慾
因為害怕清醒，就和戴澳尼索斯有了情誼
因為害怕道德，就竊喜別人不齒的事蹟

因為害怕明天，卻勇敢的在今夜殺死自己
因為害怕誠實，逢人就不住的無病呻吟

因為害怕負責，可以拉攏敵人來打擊朋友
因為害怕分享，就暗示你我之間有一道牆

因為害怕失去，就貪婪的佔有滿足自己
因為害怕孤寂，所以躲在厭惡的人群裡

因為害怕活著，就悄悄地從人群中走開
因為害怕孤寂，所以躲在厭惡的人群裡

這張單曲被收入《恨情歌》專輯中，確實有很強的「恨」的成分。陳昇說：因為害怕，我們接受偽造和虛假，義無反顧地擁抱扭曲的世界；因為害怕，我們拒絕自然和真實，心甘情願地躲在人群裡，成為海德格所說的不能真實存在的「一般人」（Das Man）。海德格認為，人內在於世（being-in-the-world）[3]，並非孤離地存活，因此，擺脫「一般人」的生存狀態並非易事，這也正是所謂「存在的焦慮」（existential anxiety）。「真實者」不但懂得如何

（how）生活，而且追問為何（why）這樣生活。他不會因過於專注於外，而忽略生命存在的多面性和神祕性。

同樣，陳昇的「不裝」或「真實」也可以是批判性的，特別是批判社會壓制「自我真實」的種種不真實。他必須獨立思考，唱自己要唱的歌，而不是被迫去唱別人要唱的歌，去做別人要他做的夢。陳昇是真正的哲學家，因為他可以承擔「獨立」和「思考」這兩個詞。所以，他可以大聲地唱：

同一個夢，同一首歌
我要放棄思考自由，我要放棄愛的自由
跳進這個大漩渦
有一天我突然明白，我跳進的是絞肉機

——〈愛上貴倫美〉

沒有人學會如何從權威的陰影下離去
我想是權威的聲音太大，個人的聲音比較起來太小

3 此指人與世界必不可分的關聯性，是肉體的，也是精神的。

於是依舊愚昧的玩著歌頌明天的遊戲
——〈夜奔〉

這兩段歌詞的政治諷刺相當的直白。按照道家哲學的看法，沒有比強制的同一性更讓社會的個體失去真實的自我。道家「自然無為」（即強調自發性的秩序）的政治理念恰恰是對「烏托邦主義」所謂統一的「共善」理想的反思。莊子哲學中對僵化的「禮教」的嘲諷亦反映他對「道德絞肉機」將會抹殺個性自由的恐懼。

因此，陳昇毫不猶豫地唱道：「當真理站在謊言的那邊，我就解決我自己。」（〈愛情的槍〉）陳昇的立場很明確；他不想放棄自由，不想為任何專制體制高唱讚美歌，因為他太熱愛自由，嚮往真誠。「同一個夢」或許是個美好的「烏托邦」，但是如果這個美好的夢，常常是以遏制個體的夢為基礎，那麼「烏托邦」（utopia）就有可能成為「惡托邦」（dystopia）。陳昇透過他的音樂，諷刺社會方方面面的虛偽，特別是那種「先把正義高高地舉起，再把道德偷偷地藏起來」（〈食蟻獸〉）娛樂文化的「惡托邦」。

莊子的「烏托邦」理想就是「無何有之鄉」的逍遙世界，而非一個預設的固有生活模式。借用德希達「解構主義」的哲學術語，莊子的「烏托邦」既非「在場」（place）或「有」，亦非「不在場」（non-place）或「無」，而是「在發生」（taking place）。所謂的「在發生」即莊子的逍遙之「道」，即「在路上」。從這個意義上來講，「烏托邦」不是一個固定的、同一的模式（同一個夢或同一首歌），因為就「道」而言，對完美秩序的實現和對完美秩序的否定是同步進行的。如果烏托邦是理想主義或「不可救藥的樂觀主義」，這個理想和樂觀的顯現植根於一種不斷反思和批判的姿態。所以「烏托邦」是一個自我消解（self-deconstructing）的過程，在其過程中，諸如實然／應然、世俗／神聖、現實／想像這類的二元對立必須被一再打破。

陳昇的自我定位其實也在不斷地自我解構，所以他一直在變。當我們覺得可以給他的音樂貼標籤時，他可能又變成另一種風格了。說實在的，陳昇哪天把自己打扮成老龐克（punk）的樣子，或者突然來一首「騷靈」（soul）的曲調，我也不會覺得奇怪。而且，他的音樂總有一種讓人捉摸不透的「反音樂」的一面，這也就是為什麼我們常常感覺陳昇的音樂體現出至什麼無什麼的空靈：至言無言、至樂無樂、至用無用。而在這個「無」中，我們又不覺得缺乏什麼。因為空空如也，才演繹出最動人、最真實的樂音。

喜歡陳昇的音樂，因為我在他的歌曲中感受到他對本真和個性的追求，喜歡他不肯遺落的純真和微笑。也許，陳昇還會打趣地說：「我想要當的就是有點矯情的偶像歌手啊，幹嘛逼著我真實啊？」

不管怎樣，陳昇依然在寫、依然在唱、依然在路上。他拒絕社會（娛樂圈）把他的真實偷去，將他納入人們習以為常的軌道，成為一個沒有自由主體的對象（歌星）；他拒絕被對象化、物件化。陳昇要創造自己，而不是被創造。

沙特曾經直言：「人除了自我塑造之外什麼也不是。」（Man is nothing else but what he makes of himself.）我在陳昇的音樂中，體會到了這一點。

11

男人

沒有玩具的孩子最落寞，可是沒有夢的男人是什麼

——〈關於男人〉

男人寫歌唱給男人並不奇怪，但陳昇音樂中的男人很特別。我看到有些樂評人說，陳昇很多歌是寫給男人的，屬於男子漢的愛與愁。在〈關於男人〉一曲中，陳昇這樣描述男人：他們的最愛是3W：即Wine,Women and War（美酒、女人、戰爭）。這顯然是對傳統男性的解讀，也是弗洛伊德有關男性的「性」與「暴力」的另一種描述。在父權下的「大男子主義」的框架中，男人需要酒精的刺激來激發靈感，需要女人的身體來進行思考，需要戰爭的體驗來確立自身的存在……最重要的是，男人需要夢，需要保守自己的夢：

沒有玩具的孩子最落寞，可是沒有夢的男人是什麼
慾望的門已開，夢的草原沒有盡頭
風裡有些雨絲沾上了眼眸

告別的汽笛聲輕輕的又響起了
生命的列車滑過妳心田
Wine, Woman and War是男人的最愛
我只想靜靜的躺在妳身邊

漫漫的旅程終點在哪裡，偶而也懷疑自己是否應該向前

慾望的門已開，夢的草原沒有盡頭
夢裡憂鬱的花香飄浮在風中

——〈關於男人〉

大男人vs小男人

然而，我聽陳昇的歌，感受的卻不是一般意義上的「大男子主義」，甚至是對「大男子主義」的顛覆。在他早期的情歌中，這種趨勢尤其明顯。譬如在〈鴉片玫瑰〉中，他把男人比喻為帶刺的玫瑰，女人則是具有誘惑的鴉片。這個比喻讓女人變得主動，男人變得被動：「妳卻像鴉片一樣，帶我上了天堂。」女人的迷魂藥把男人帶入「夢幻的天堂」，男人由此失去了自己，「我已不再是我」。而女人，至多被刺扎一下，她還是原來的她。包紮一下傷口，她還可以繼續和男人戰鬥。

雖說男兒有淚不輕彈，但昇式男人常常會落淚，雖然他說「我答應自己不再哭」，卻無法拒絕「恣意悲傷落淚」。其實，真正勇敢的男子漢是不怕面對自己，表達自己的。美國心理學家James Pennebaker和Josha Smyth曾合寫過一本書，題為《敞開心扉，寫下悲傷》（暫譯，目前尚無中文版），鼓勵男性勇於面對自己的情感，尤其是負面的情感，因為寫作本身就是一種心理治療的方法。陳昇不但寫下自己的情感，而且還把它們唱出來，讓男人一顆脆弱的心赤裸裸地展現在人們的面前：

男人說：已經好久沒有累了
我要大步走
走到那滂沱大雨裡
痛哭一場
痛哭一場

——〈卡那岡〉

不僅如此，昇式情歌中的男人大多是溫柔敦厚的「衰男」，並被歌者推向極致：情場失意，被女性背叛和拋棄。悲傷迷離，但依舊苦苦想念和等待，誓將把溫柔進行到底。人家要分手，你說「把悲傷留給自己，你的美麗你帶走」；這還不夠，依依不捨地黏著人家說「回去的路，有些黑暗，擔心讓你一個人走」（〈把悲傷留給自己〉）。人家女孩子暗示你說，我心中已經另有人了。你卻溫柔地回答道：「假如你心裡只有一個人，我當然是你的唯一……如果你心裡占有兩個人，絕不要流露你的真情。」這還不夠，又補充說明：「假如你追究孤獨的責任，那一定都是我的錯。」（〈責任〉）你給女友打電話過去，你對著電話說你要解釋你自己，告訴她你多麼想她。你對著電話的另一頭說：我要「將妳輕輕擁抱溫柔靠著我，讓明天鎖在門後」（〈最後一盞燈〉），為什麼要將明天鎖在門後？因為你知道，從明天起，她就不屬於你了。

昇式「男人味」的符號就是在悲傷中的溫柔和眼淚，是傳統男性的反轉和背叛。一句「讓我擁有最後愛你的溫柔」（〈最後一次的溫柔〉），把暖字刻在了胸口，撩人情思：

當你要離開，想我用你最後的溫柔
不論你在哪裡，不管是在何時，我依然愛你如昔

我以為你知道，分離不是最後的抉擇
卻不敢告訴你，不應該的是我，怎麼能說服自己，你已離去

讓我再一次擁抱你，傾聽我此生不變的要求
為了不讓你輕易從我記憶中抹去，讓我擁有最後愛你的溫柔

陳昇的嗓音時而低沉，帶著沙啞；時而高亢，拖著懇求的長音，再配上木吉他和口琴的伴奏，真真切切地把溫柔唱到了每個女人的心底，讓人心醉神迷。聽著他的歌，我的腦子裡會出現俄國詩人弗拉基米爾·馬雅可夫斯基一首詩中的名句：「我要是溫柔起來，像一朵穿褲子的

雲。」

父權架構下的男性中心主義，在昇式情歌中蕩然無存，更別說有什麼「陽物中心主義」（phallocentrism）的霸氣吶喊了（這與西方傳統的搖滾樂有些不同），有時完全可以用愁、怨、傷、悲、溫、柔、軟、纖這樣的字眼來形容。然而就是這樣暖男的低語和憂傷，讓男人聽了心碎，女人聽了流淚。陳昇「陰性化書寫」的男性敘事方式，時常會把男性外在的主體（subjectivity）和身分（identity）自我內化，從而打破了歌者與聽眾之間私人空間的明確性，聽者分不清哪個是歌者的男性身分，哪個是情歌中那個男主人公的男性身分。

其實，與其說這些表現男性哀傷的歌是唱給男人的，不如說是唱給女人的。昇式情歌喚起女性對溫柔男性的想像，情感上得到意外的滿足。陳昇把內在的溫柔與外在的陽剛巧妙地融合為一體，讓女性陶醉於男性獻出的愛情大過天的痴情（他們似乎一點都不吝嗇自己的付出）；讓她們在毫無防備的情況下，被男性的溫柔所融化。這種昇式迷情是男人的真愛嗎？男人真的那麼愛女人嗎？聽歌的人，誰又會在乎呢？

這種暖男的自我犧牲顛覆了傳統的愛情與暴力的模式，而且自我犧牲似乎給男人帶來一種「快感」，它成為愛情中自身的目的，而非建立於「擁有」的功利目的。這不禁讓我想到法國人類學家馬塞爾．牟斯所提出的那個著名的「耗費」（consummation）理論，即一種純粹的給予和付出，一種非交換、非占有的「散財」行為，一種無法用尺度衡量的、近乎於瘋狂的追求贈予、損失、犧牲的方式。總之，這種「耗費」是以「缺失原則」（principle of loss）[1]為基礎的，旨在享受歡愉和快樂。由此推論，愛情是一種無償的「禮物」（gift），它的特徵是給予而不是要求回報。（牟斯《禮物：古典社會中交換的形式與功能》）陳昇的暖男無疑體現了這樣的「禮物式」或「非占有式」的奉獻，其「暖」的特質反而成就了陳昇的情歌。

「暖」與「冷」是對比：如果「冷」是理性的象徵，那麼「暖」就是感性的象徵。其實，陳昇的歌曲中有很重的理性思考的部分，但它們的表現形式卻是感性的。換言之，理性的（大男人的）考量被感性的（小男人的）表達遮掩了。

她眼中的男人

陳昇的暖男雖有鄉土質樸感，但也非常的「都市」。大部分的情歌，顯然是為都市男女打造的。昇式情歌懂女人，也懂男人。它們表達了男人想要愛、找到愛、失去愛的感覺。歌者在陰柔的「小男人」的溫柔背後隱藏著一個「大男人」，在「陰柔」的音符中悄悄確立起男性的主體意識。他要堅守男性的自我意識和自我情感，在抓住女人心的同時，把「自我」、「自由」、「責任」、「抉擇」這樣的陽剛／男子漢氣質（masculinity）灌輸給男性聽眾。「讓我輕

1 即無償的付出，像奉送的、不求回報的禮物，不計較自身的缺失，只在乎對方的擁有。

輕吻著你的臉，擦乾你傷心的眼淚」，「我只想靜靜聽你呼吸，緊緊擁抱你，到天明」，「假如你能多看我一眼，我為你甘心的把魂給戒了」。這樣的歌詞讓那些根本沒有浪漫情懷的男人也覺得自己就是歌中的情人、戀愛中的王子。

從一定程度上看，昇式情歌中的男人是在女性（作為她者）的目光中塑造的男人。由此，存在著「看」與「被看」的主客關係。男性的主體與她者的聯繫有兩個特點：第一，男性因為有了女性的她者而自覺「主體」的存在，因而產生「失去我自己」的擔憂；第二，因為有了女性而想像其他同樣具有主體的他者的存在。

就男性的主體而言，所有的他者都是對自己投射目光的存在。因此，陳昇歌中的男人常常會考慮自身與他者的關係，包括自身在他者目光中的形象。譬如，在〈不再讓你孤單〉這首經典的情歌中，那幾句安撫的情話「路遙遠我們一起走，我要飛翔在你每個彩色的夢，對你說我愛你」，實際上是男性所構想的「女性／她者」的期待目光下投放出來的。但女性（作為「她者」）並非一個受控者，而是可以「一起走」的同伴。「愛情是不完美的獨裁，沒有辦法一個人盛開」（〈粉紅色假期〉），更體現了男性在主體構成中對「她者」的依賴。

沙特從存在主義的角度說，男人應該成為「對己存有」（being-for-itself），而非成為一個「在己存有」（being-in-itself），成為一個他人的對象或東西。在「在己存有」的狀態下，男人就不再是一個自由的主體，而是他人的奴隸。那麼，戀愛中的男性是否可以成為女性的奴隸，自由地選擇不自由呢？在陳昇的歌中，我們看到，答案是肯定的。所以他把愛情稱為「愛情的牢」（〈冰點〉）。然而，傳統的男人常常喜歡將女人對象化（objectification），以保持自身的在己存有。即便是強調自由的沙特，也沒有擺脫傳統男性的「女性觀」。

沙特與他的終身異性伴侶西蒙．波娃，著名女性主義先鋒之作《第二性》的作者，在男女關係問題一直沒有取得一致的意見。他們之間一輩子「你看我，我又看你」，在「施虐狂」（sadism）與「受虐狂」（masochism）之間糾結，即一種精神上的「虐愛」關係。還是陳昇姿態高，主動要求把自己變成女性的「在己存有」，並在痴心和明哲間保持一個平衡的心態。

說到昇式痴男形象，〈鏡子〉是一首不能忽略的作品。歌曲折射出「意識鏡像」和「身分鏡像」的雙重迷失。[2]

歌中失戀的男人是如此的絕望，那一串串漂浮的音符化為破碎的心散落為一地，聽者在痛苦沉醉中感受著深深的「痛」。男人，你要有多痛才能寫出這般的靈魂煎熬？

2「身分鏡像」是鏡中投射的自己，是一個理想的、期望的對象。「意識鏡像」則是「自我」剛剛形成的初期階段。身分中的自我更依賴於與他者的關係來構成。

不明白像我這樣脆弱的要求，到底有什麼難
又不是夜鶯渴望豔陽天裡與池水裡的錦鯉去求愛
嘿，我就這樣對著鏡子裡的自己，忍住了一眼淚
我都已經不再愛我自己又怎麼會愛上妳
……
我都已經不再愛我自己，就不會在乎愛了妳
又不是渴望已錯過了今生，還要來生去等待
嘿，我就這樣對著鏡子裡的自己，忍住了一眼淚
反正我都已經不再愛我自己，又在乎愛了誰

鏡子，一個玻璃製成的反射體，即是時空的介面，也是歲月的破網。根據法國心理學家雅各・拉岡曾經提出「鏡像階段」（mirror stage）的觀點。鏡像階段是個人在孩童期的關鍵時期與重要轉折時期，每個人自我認同的意識在這個時期被確立，形成一個獨有的視角：自我就是他者，是一個想像的、期望的、或異化的對象。但這個自我，也僅是一種在想像的層面上自我認同的影像，這個過程構成人們後來所有的認同模式。

那麼陳昇〈鏡子〉中的男人的自我認同，是否也包含了拉岡所說的想像與錯覺呢？「破碎的身心」是否也是陷入鏡像[3]的一種體現？那個鏡中所呈現變樣的「他者」；那個既是逃避者

又是追索者的「我」。聽者可以想像歌者如何撫鏡抽搐，或顧影自憐。歌詞中最後那句深深的「痛」似乎讓生命的本能萎頓、壓抑，不得不偽裝出「不在乎」的姿態來維繫幻象的意義。

有意思的是，中國傳統中的男人有別於陳昇歌曲所展示的姿態。英雄好漢也好，文人才子也罷，似乎都與我們現在所言說的陽剛之氣（masculinity）有些不同，因為傳統男性的「男子漢精神」主要是以功名為基礎的。另外，中國男人對身體和情感的表達也有其特殊性。正如黃克武的研究表明，中國傳統男人對「身體感」和「幽默感」有種特有的融合，影響了他們的性別角色以及兩性關係的界定（譬如對陽具尺寸大小的誇張描述，對女性三寸金蓮的瘋狂迷戀）。（黃克武《言不褻不笑：近代中國男性世界中的諧謔、情慾與身體》）

中國傳統男性常常不喜歡直接的溫柔表白，所以他們會把自己裝扮成女性，假托女性之口寫出柔情似水的篇章，即所謂的「男子做閨音」。譬如，「眾中不敢分明語，暗擲金錢卜遠人」（於鵠〈江南曲〉），「蠟燭有心還惜別，替人垂淚到天明」（杜牧〈贈別〉），以及「妝罷低聲問夫婿，畫眉深淺入時無」（朱慶餘〈近試上張水部〉）。但是，這些假托女性之口吻仍然還是男

3 由於外在的壓力，對自我和他者產生想像和錯覺。

性視角與男性審美體驗的產物。

昇式情歌有些很直白，把男人的本性魔幻般地顯現出來。「我是一個貪玩又自由的風箏，每天都會讓你擔憂」（〈風箏〉），「男人在激情的夜裡許諾，驕傲的不肯說，心裡想著I Wanna Freedom」（〈冰點〉），「你知道男人是大一點的孩子，永遠都管不了自己」（〈關於男人〉）這樣的話又把男人拉回傳統的男性形象。在陳昇的歌詞中，我們看到為贏得女人的愛情，男人必須證明他能夠在沒有她的情況下活下去。在男人孤獨、悲傷的背後，又會挺立著一個獨立的和具有主宰位置的男人。但更多的時候，陳昇展現出來的男人具有雙性特質，亦剛亦柔，所以女人喜歡。

不完美的男人們

〈關於男人〉的確是首好歌，是男人與男人的對話，但男人和女人都愛聽。歌者的自我表白實在太誠實了，我們聽到一個男人的懺悔，也聽到一個男人的狡辯，「男生沒有好東西，說來說去不得已」。在歌中，我們聽到歌者的自我主體與「另一個我」（即我看到的那個我）之間的對話：

有時候我會欺瞞我自己，或者迷失在無謂的歡娛遊戲中
有天我老去，在個陌生的地方，還要回味昨日冒險的旅程

其實我也經常討厭我自己，或者我怪罪我生存的時代
努力的找理由，解釋男人的騷動，也常常一個人躲藏起來

我聽說男人是用土做的，身子裡少了塊骨頭
他們用腦子來思考，有顆飄移的心
你知道男人是大一點的孩子，永遠都管不了自己
張著眼睛來說謊，也心慌的哭泣
面對著不言不語的面孔，誰也不知道男人是怎麼了
……
你知道男人是用土做的，掉眼淚就融化一些
所以是殘缺的軀體，沒有絕對完美
……
沒有玩具的孩子最落寞，可是沒有夢的男人是什麼
慾望的門已開，夢的草原沒有盡頭

風裡有些雨絲沾上了眼眸

——〈關於男人〉

「男人是大一點的孩子，永遠都管不了自己」——這是陳昇為男人做的最好的辯護。根據《聖經・創世紀》的說法，上帝用地上的塵土創造了亞當，並給他吹了一口氣，讓他成為有靈的人。後來上帝又從亞當的身上取下一塊肋骨，創造了女人夏娃。陳昇的歌詞重新演繹了這個故事，說男人的身子裡少了塊骨頭，以此說明男人是殘缺的軀體、是不完美的。這種男人的「不完美性」也體現在陳昇對他的父親形象的描述中。

除了情歌，陳昇歌曲中有各式各樣的男人形象，譬如父親的形象。那一連串的排比句「無法愛住」，「無法恨住」，「無法擁抱」，真實地讓人有些窒息：

你說你無法恨住他，一如你無法深愛著他
像父親那樣的人啊，是不常在夢境裡出現的，是吧？
當夜車到了小楊氣鎮，你想起了說再見的時候
心裡其實是有些輕浮的笑意，那個像父親一樣軟弱的人
這一回，我們都不再孤獨，究竟你也喜歡過我
在我還憂鬱年少的時候

這一回能說再見就不容易了，畢竟你也真的恨過我
在我已經成熟洞悉你的時候
真該賞你一巴掌的，因為你還在為自己的迷惘找藉口
遠行是沒有道理，就像是緩緩離開月臺上的夜車
就像是緩緩的離開了命運小鎮的夜車
你說你無法恨住他，一如你無法深愛著他
……
我想我們都在尋找像父親那樣的人
那樣的一個像父親那樣固執的人，是無法愛住的
像父親那樣軟弱的人，是無法恨住的
像父親那樣陌生的人，是無法擁抱的
而像父親那樣孤獨的人，是無法安慰的
你說你無法恨住他，一如你無法深愛著他
像父親那樣的人啊，是不常在夢境裡出現的，是吧？

——〈像父親那樣的人〉

對父親的書寫，匯集於站臺上瞬間的別愁離恨。寫父親的歌曲並不少見，但如此直白揪心的表述並不多見。一方面是對父輩的憤怒與無奈：「真該賞你一巴掌的，因為你還在為自己的迷惘找藉口。」另一方面是對父輩的同情與追憶：「我想我們都在尋找像父親那樣的人。」儘管他「軟弱」、「陌生」、「孤獨」。歌曲的旋律簡單，甚至有些單調無味，卻讓聽者不由地想到自己的父親，或者在找尋像父親那樣的人，並在心裡默默地說：「爸爸，我好想擁抱你！」當你（作為兒子）真正需要他的時候，他會成為你熟悉的一個男人，他會讓你不孤獨，讓你變得堅強。這裡，歌者唱的不只是父親的形象，而是所有男人的形象。或者，更確切地講，是男人眼中父親的形象——愛中帶有灼傷的痕跡，但灼傷沒有減損愛的炙熱。

從陳昇的父親，我想到被稱為「現代戲劇之父」的瑞典劇作家奧古斯特・斯特林堡的一部令不少女性主義者咬牙切齒的劇作——《父親》。劇本透過男性「厭女症」（mysogyny）的潛意識，表現一個嚴謹、有些神經質、才情橫溢的父親形象——阿爾道夫。斯特林堡素有「怪人與瘋子」的稱號，他筆下的父親，似乎要告訴世人，男人（父親）不好當，因為女人（妻子／女兒）太惡毒；男人因女人而墮落和毀滅。在love between sexes is war（男女之愛即戰爭）的喋喋不休中，劇作家讓可憐的男人被困在「母老虎的籠子裡」，最後還要被他的妻子逼瘋，在心力交瘁中孤獨地死去。這裡，斯特林堡徹底顛覆了傳統上「母親」（motherhood）的定義，把男人寫成女性手中的犧牲品；弗洛伊德的「戀母情結」亦被「厭母情結」所取代。《父親》一劇曾在北京國家大劇院上演，海報在大寫的「父親」下面有一行小字：「愛比恨更難。」斯特林堡深受叔本華和尼采哲學的影響，他是一個徹頭徹尾的悲觀主義者。

有趣的是，根據西方現代精神分析的理論，父親的功能在於讓孩子從「想像的我」轉變為「社會的我」。所以男人的成長過程就是不斷擺脫對母體的依賴而進入統治秩序的象徵界，即語言與社會的法則。但在這個過程中，男人要有許多的掙扎。拉岡認為，男性不僅僅是代表著陽具功能，而且體現一個原初父親的視角。男性從小對父親的壓抑，也就是對自身陽具的壓抑，即一種被閹割的原初壓抑。於是，男性表現為一種「缺乏」，用陳昇的話說，是「殘缺的軀體」。與此同時，男性的主體意識和自我認同是在父親的「他者」的目光中逐步顯現。

還好，陳昇沒有用「戀母情結」或「厭母情結」的框架來解讀父親。他所表現的父親，更多來自中國式父權社會結構中的男性形象。這個形象可能是不完美的，甚至有時是令人不快，但他卻是真實的。

〈像父親那樣的人〉表達了與斯特林堡《父親》一劇有所不同的結論：「恨比愛更難。」

▞

完美地描寫男人的不完美，這是陳昇敘述男人的獨到之處。我以為，完美地描寫男人的不完美，反而成全了聽眾對完美男性形象的想像。從男孩到男人再到老男人，陳昇是一個真正會唱男人歌的男人。他歌中的男人，偶爾會欺瞞自己；偶爾會討厭自己；偶爾會返回童年；偶爾變成個小混混；偶爾會怪罪生錯了時代；偶爾還會躲在五十米深藍處，假裝和外面的世界沒有關係。不管怎樣，他都是真實的。

自言自語的歌曲〈塔裡的男孩〉整個調子很溫馨，值得聽。歌者從一個長不大的男孩描寫一個老男人對純情年代的記憶。「海邊的野菊花」以及「白色的海鷗」是歌者青春的夢、初戀的歌：

草原上的小孩說那人瘋啦，說有天使要回來
你問他回來又怎樣，說野菊花要綻放

他自言自語走向路的盡頭，而那裡只有風吹過
千萬不要問我是誰呀，是海邊的野菊花

啊～白色的野菊花，是否有白色的夢
啊～無色的淚痕，誰也無法說得清楚
原來你是塔裡的男孩，守著回憶守著孤獨
原來以為已經要解脫，卻在遺忘前夢見了他
……

你去把秋天送走了以後，就再也沒有花會開
我像落花隨著流年，也不過是幾個秋

燈塔是孤單寂寞的。同時，燈塔亦是雄性意象的象徵。然而，那個塔裡的孩子，不走出燈塔，又如何看到燈塔給予的光明？又如何守望燈塔呢？無奈，落花流年，那個期盼已久的天使，大概不會回來了。不知何故，我會從陳昇的孤塔想到柏拉圖的洞穴：在黑暗的塔裡，男孩可以回憶過去或想像天使走出來的模樣。被束縛在柏拉圖洞穴的囚徒，只能看到牆上的影子，感受感官世界的經驗，卻無法知道洞穴外面陽光下的真實。也許，在塔裡或洞穴裡，守著孤獨、守著回憶、守著幻想，人會更幸福些。畢竟，人生花開花落、亦真亦幻，正如英國小說作家維吉尼亞．吳爾芙在她的小說《燈塔行》中所言：「到頭來，我們都要孤獨地死去。」死亡，才是真正的解脫。

♩

〈哥哥是英雄〉是一首典型的昇式長篇敘事歌曲，開場部分的吉他和鍵盤帶有強烈的搖滾風格。故事描寫兩兄弟用音樂搞亂世界的故事，哥哥的唱片公司即將倒閉，弟弟鼓勵哥哥為了搖滾事業一定要繼續拚搏。陳昇說，這哥倆就像《唐吉軻德》中的唐吉軻德和桑丘，一個騎在馬上，一個緊隨在旁。兩人都在做夢，是我們這個時代最後的「夢幻騎士」。他們在一場不存在的戰場上拚殺，卻是如此勇猛。但歌者採用的依舊是溫柔的慢歌，不是激烈的搖滾曲調：

不管要犧牲多少歌星我都不在乎
別想欺侮我們，就為了要彰顯搖滾不死
拿起麥克風，不用悲傷，儘管盡情的吼
迎著音樂，不怕死的搖滾英雄
你不得不對他喝采，真他媽的搖滾英雄
你不得不對他喝采，真他媽的搖滾英雄
……
哥哥，其實我們已經沒有什麼敵人可以在乎
前方已經沒有路，風車你給看成恐龍一樣的怪物
我們肯定是最後的夢幻騎士，只要搖滾不死
把所有的歌星都給我叫了出來，為了搖滾必須要堅強起來
不要退縮要活得精采，真他媽的搖滾英雄

陳昇曾經坦白自己的心聲：「多年以後我永遠都會記得我的夢，像華麗搖滾。」那位搖滾的、多情的男人，就是陳昇心底中理想男人該有的樣子。而且，為了夢想，他可以不著調地[4]活著。唐吉軻德畢竟是一位「追夢者」，就是瘋狂點，又有什麼關係呢？

陳昇音樂中的男性是多面體的，常常集流氓、文雅；粗獷、溫柔；世俗、超脫於一身，但魅力無法阻擋。

曾看見一位男性昇迷在網絡上問道：「我懷疑女性能不能聽懂陳昇？」我不清楚這個問題背後的邏輯是什麼。即便有些歌是寫給男性、唱給男性的，這並不意味著女性沒有欣賞、詮釋的機會。大概他是想說陳昇的創作不只是關乎愛情的，而女性聽者只在乎愛情的維度。我想，這位男性歌迷是被自己的性別偏見所迷惑了。鄉愁、孤獨、期待、迷惘、失落、愛恨、別離、生死……對人生經驗的反思，不是哪個性別可以壟斷的。

至少，昇式歌曲表現出來的柔情是沒有男女之別的。對於聆聽者，多一份柔情的女人讓人喜愛，多一份柔情的男人更讓人喜愛。

4 不按照世俗的規範行事，不按理出牌。

12

都市

這奇幻的城市你混了好幾年
找不到能天天用的臉
——陳昇〈騙子〉

提到都市與都市的生活，我想到陳昇曾在〈我沒在那〉一曲中唱到：「It's wild wild world，你要乖乖的活著。」瘋狂的都市，狂野的都市，那些賦予藝術家無限遐想的現代樂園。說到都市，我會想到民國時期的上海，想到現代主義文化，想到中西交融之地的香港，想到今天的北京、廣州、深圳，還會想到阿諾德．荀白克那些無調性的現代音樂。[1]

在我小時候的記憶裡，臺北是個神祕的符號，一個我們隨時說要去「解放」的地方。我第一次去臺北是我已在美國居住八年以後。記得第一次進入海關，聽到工作人員「歡迎你」的招呼，我有一種莫名的激動，腦子裡出現兩首完全不搭的歌曲：孟庭葦的〈冬季到臺北來看雨〉和我從小就唱的〈我們一定要解放臺灣〉（歌詞中提到阿里山和日月潭）。可以說，這兩首歌是我對臺灣最初的想像。或許是「中華臺北」的稱呼，曾讓我總有把青天白日滿地紅的臺北想成臺灣本身的錯覺。

臺北，一個受到日本殖民文化影響的、後來又屬於外省人圈子的摩登都市。上世紀六〇年代開始，臺北已經進入全面的城市化、現代化的進程。八〇年代戒嚴令取消後，臺灣進入國際化、自由化、制度化的「三化方針」。而八〇年代的北京，正是中國改革開放的初期。我那時見過第一批回中國探親的臺灣老兵，那是住我家對面的一位伯伯，他是一位物理學教授，老家是山東，從臺北來的是他失散三十多年的哥哥。那是我第一次看到「臺北人」的模樣。後來讀了白先勇的《臺北人》，這本被稱作「世紀性的文化鄉愁」的小說集，看到了形形色色居住在臺北的外省人以及他們的生活。之後我在美國結識了幾位臺北來的朋友，我們經常在一起天南地北的聊天。說興奮了，我會高唱〈我們一定要解放臺灣〉給他們聽，他們給我唱〈反攻中國〉。我們還會使用各自「黨文化」的語言，敘述同一個曾經發生過的故事，令人啼笑皆非。一段心痛的歷史，到了我們這一代嘴裡，已經成為輕鬆滑稽的政治笑話。

臺北不是我的家

一九八八年，陳昇出了第一張唱片《擁擠的樂園》，主打歌是以都市臺北為題材，展示塵世浮生種種形相與種種感覺。陳昇以「遊蕩者」的生活姿態，張望和觀察這個現代都市。我聽這首歌的第一個感覺是，音樂風格偏鄉村民謠，一句「say goodbye to the crowded paradise」讓歌曲多了幾分北美鄉村音樂的韻味，雖然曲調中沒有納什維爾（Nashville）[2]突

1 阿諾德・荀白克（Arnold Scheobenberg, 1874-1951），奧地利作曲家、音樂家。早期音樂風格受浪漫派作曲家影響，後結識純抽象畫家康丁斯基，受其影響，音樂表現模式逐漸從複雜調性的浪漫派晚期，轉變為無調性。無調性音樂為現代音樂重要的流派，與「有調性的」古典音樂相對比，可視為對傳統的反叛。

2 位於美國田納西州的大都市。十九世紀逐漸成為音樂發行的中心，一九二五年，納什維爾一家當地電臺開辦節目《往昔的歌劇：老鄉音》，邀請民間歌手表演，此節目大受歡迎，亦奠定了納什維爾美國鄉村音樂聖地的地位。小提琴為鄉村音樂常見的伴奏樂器。

出的小提琴旋律。用鄉村風講都市故事，倒也有趣。其實，即便是美國的鄉村音樂，其內容也常常是關於農村與城市、家與遷徙，及過去與現在間的關係。對於來自彰化鄉下的陳昇，臺北就是一個擁擠的冒險樂園。看到MV中的陳昇，年輕瀟灑，身著皮夾克，帶著一副黑墨鏡，微笑的面孔難以掩飾內在的羞澀與不安：

一張臉可以容納多少的表情
早晨不愉快醒過來的時候，答案寫在你臉上
多彩的故事，蒼白的臉孔
say goodbye to the crowded paradise
——〈擁擠的樂園〉

臺北——一個沸騰的都市、流行的都市、慾望的都市，一個擁擠的斑駁陸離的地方。到處都是投射的感情，但又是那麼的空洞和不真實。陳昇說，都市就是一個虛幻的樂園，而我們每個人都是樂園裡的一根草。在陳昇的筆下，「擁擠的城市」是一個含混而曖昧的意象，它讓個體徹底地消失在擁擠的共性之中。在擁擠的人群中，個體的孤獨感反被放大。陳昇曾經這樣問自己：「我是否可以承受都市的孤寂生活？」

我清晰地記得陳昇那段令人心酸的回憶：一個北漂的鄉下人，繁華都市中一個孤寂的身影在晃動。十九歲的陳昇，在臺北做電梯維修工。他常常獨自一個人在街頭徘徊，成為在都市大街上遊蕩的吉普賽一族，每天要為自己未來食宿無著的日子而憂慮。他說自己沒有辦法為了自己的心情去唱別人悲傷的歌曲，只得默默地忍受著一切。有一次，他獨自坐在街邊哭了一晚上。他對自己說：「我一定要在臺北找到屬於自己的生活。」

這段陳述我讀過好幾遍，雖然我自己從來沒有過這樣的經歷，但我可以想像那種顛沛流離的辛酸和絕望。很久以前，我看過臺灣導演侯孝賢的一部電影《風櫃來的人》，描述三個少年從鄉下（小漁村）到都市謀生的故事。雖然電影裡的都市是高雄而不是臺北，但那種面對城市的尷尬和無助與陳昇的故事很相似，那種徘徊於鄉土與都市的情感也十分接近。其實，無論是陳昇的筆法，還是侯孝賢的鏡頭，都有法國「新浪潮」（La Nouvelle Vague）電影的影子：寫實細膩，場面與情節的快速切割。表明上的跳躍和不連接的背後是一個鮮明的主題——生命的荒涼和虛無。從哲學的意義上看，就是一種存有的焦慮（ontological anxiety）。

再想想看，當下北京城的「蟻族」過的不就是類似的日子嗎？他們在繁華都市邊緣的偏僻角落裡編織著未來的夢想，而他們千里之外的家人卻在為他們擔憂。那些被某些人稱作「低端人口」的打工仔的命運更慘，因為他們生活在時刻被趕出城市的恐懼之中。他們的親人或許也在對他們說：「不知你敢嘛有想起，故鄉的親戚和破厝瓦？外頭生活那未快活，就要趕緊回來喔。」（陳昇〈一百萬〉）然而，隨著鄉村的消失，那些在城裡打工的農民工們甚至沒有返鄉的退路。

二十多年以後的二〇一〇年，陳昇發表了新專輯《P.S. 是的我在臺北》。裡面的歌曲並不都是與臺北直接有關，一個個不連接的小故事讓整個專輯顯得結構鬆散。芸芸眾生、若即若離於都市的節奏中。但大多曲目缺乏令人難忘的段落，只剩下波特萊爾對都市人群的描述，即「無數痛心的自然震驚」。[3]。其中我喜歡的兩張單曲是〈妹妹〉和〈二十年以前〉，這兩首歌我在前面的篇章中都提及過。儘管如此，歌者對城市的反思還是顯而易見的。陳昇說：「走著走著，生命就流了出來。又走著走著，靈魂就留了下來。」陳昇對都市的生活早已不再陌生，但少年時代對都市的想像與憧憬，更多的被後來對都市的審視與批判所取代。

身分已是「臺北人」的陳昇，仍然會有異鄉客的感覺，所以他在歌中唱道：「臺北不是我的家，我的家究竟在哪裡。」（〈六張犁人〉）但毫無疑問，他已經深深地愛上這座城市。他寫這座城市，唱這座城市，也會毫不留情地批判這座城市。他的音樂成為市井味生活和人生百態交響曲：有浪漫甜美的柔板，也有嘈雜癲狂的旋律。就像他的身分一樣，陳昇的音樂具有明顯的「混搭文化」（hybridity）的特質，這一點在他的「臺客搖滾」中更為明顯。其中不難看出一種混雜了美國、日本及原住民的臺灣本土文化的元素。這種多元的混合文化也體現在他對臺北都市文化的演繹中。

我有錢故我在

陳昇早期的歌曲創作中有一首旋律並不特別激烈、但卻異常震撼的搖滾曲〈細漢仔〉。在歌曲中，他用七百餘字描述一位懷揣夢想的鄉下小伙子北漂打拚，卻又夢碎臺北的故事。我第一次聽這首歌就被震到了，那感覺同我在八〇年代北京第一次聽崔健的〈一無所有〉所帶來的震撼類似。歌曲國語夾著臺語，客家語、英語，陳昇是頂著一口氣唱完全曲，節奏快得叫人窒息，特別是到了結尾的高潮部分。我至今沒搞懂最後一句他喊的是什麼意思，但依然覺得心跳加快了不少。再看看歌詞，不可思議，這樣的言辭表達居然可以成為歌詞！這是一個完整的悲情故事，裡面有不同的人物出場：

我的兄弟細漢仔十八歲的那年
帶著滿腔的熱血和阿媽的祝福來到臺北
住在城市邊緣靠近發臭的新店溪

3 波特萊爾（Charles Baudelaire, 1821-1867），法國詩人，現代派鼻祖。作品《惡之華》（*Les Fleurs du mal*）在描述巴黎陰暗窮困的醜陋，在醜惡中發現美感。此表示陳昇如波特萊爾，凝視的主題都是大都市繁華底下的負面空洞，二者都表現了對現代都市的批判精神。

他的第一份工作開著烏黑的Jugaur
上面坐著有錢的大爺，大爺開了酒店
當選了立法委員，每天吃吃喝喝的，好不風光
世界每天都在改變，有些人不懂發言
肯定你聽過這樣的故事

為何那些讀書的人每天談的大致相同？
說什麼偏左偏右心中充滿理想國
得了利益卻不放鬆，真他媽的狗屁不通
細漢仔說他不懂人人叫他不要思考，思考對你不好
有人想得太多就這樣進了黑牢
單純的心重重疑惑真是難過
有些事不需要理解，對你好你千萬不要拒絕
偉大國民你心裡要準備

有牌沒牌的流氓架著嚇人的鐵絲網
追逐在午夜的大馬路上

專家說這是權力的病態你管他的做什麼
全世界最有錢的乞丐穿金戴銀晃著空的腦袋
真理靠在強者那方
每個人都紅著眼說
"If you wanna rich' you got to be a bitch"

這是一首真正的城市民謠藍調搖滾，是都市的憤怒與喧囂。令人感傷的故事，讓我想到今天中國那些進城打工的農民工的境遇。用文學批評的術語，〈細漢仔〉的表現形式類似「自然主義」（naturalism）的創作風格，即注重描寫現實生活的個別現象和瑣碎細節，追求事物的外在真實，尤其是不避諱所謂不美、甚至醜陋的東西。其實，當一個傳統社會進入modernity，所謂現代城市化的時候，類似細漢仔的故事太多太多了。

無論是英國作家托馬斯．哈代的《返鄉記》，還是美國作家西奧多．德萊塞的《嘉莉妹妹》，都帶有一定的反都市主義、反布爾喬亞的左翼思想，尤其是德萊塞的作品。鄉村的退化和城市的發展是同時進行的。然而都市的期待是真實的，絕望更真實。《嘉莉妹妹》描述一個美麗的鄉下姑娘嘉莉獨自來到大都市闖蕩謀生的故事，反映「外來妹」城市夢的破滅。我在想，可憐的嘉莉妹妹，她在芝加哥的冬夜，會不會也有一副陳昇所說的「凍僵的笑臉」呢？

陳昇的細漢仔具有《大亨小傳》中尼克的冒險精神，但卻沒有他的運氣。或許，他和尼克一樣，都市川流不息的男男女女給了他們應接不暇的滿足感，也給了他們要立足於都市的野心。然而，細漢仔的命不好，他在被改造為現代人之前，就把自己的命賭掉了。但在臺北，還有成千上萬的細漢仔們，在繼續奮鬥。城市讓他們失去了原有的「單純的心」，但正是由於這種失去，他們開始了現代性的轉型，進入到都市的人群中，學會與都市的節奏同步，接受了資本主義權力話語。之後，他們以一種混跡人群的冷漠姿態，再次審視都市的遊戲規則。尼克的美國夢，細漢仔的臺北夢，現代人的城市夢。可惜的是，夢如同肥皀泡泡一般，一觸即滅。

就〈細漢仔〉的音樂而言，即便拿到今天來聽，其震撼力仍是華語樂壇少見的。透過快速的節奏，歌曲把現代都市的暴力、虛偽和狡詐一一展示在我們眼前，頗有巴布·狄倫自由宣洩的姿態。很可惜，陳昇後來的搖滾，都沒有超過這首歌的力度。

♪

當然，陳昇的音樂一直沒有停止對時代轉型的關注，對大時代中跑龍套或被人遺忘的小人物，生存無常的關懷。譬如，〈溫柔的迪化街〉和〈老爹的故事〉皆延續他一歌一敘事的風格，講述在臺北居住的一個特殊的、被歷史嘲弄的群體——老兵，他們是一群常常被繁華的都市所忽視的小人物，而他們所背負的歷史又是那麼的沉重：

電梯門口的老爹，活在輝煌的從前，扶著那雙徐蚌會戰瘸了的腿
孩子們都不瞭解，討厭老爹真多嘴，他說現在的年輕人，跟他們比差得遠
我在老弟你這樣的年紀，南北已經走了好幾回
好不好，哪天你來聽我把故事說完，好不好，好不好

門口掃地的老爹，杵著酒瓶想從前，說著永遠都說不好的臺灣話
他說老弟你吃飽了沒，沒事陪我聊聊天
張著嘴巴，眼眶裡面含住眼淚對我說
以前的我帶兵最英勇，別當我是抹布的英雄
……

——〈老爹的故事〉

「活在輝煌的從前」、「別當我是抹布的英雄」，如此直白的敘述，無法叫人聽了不揪心。對小人物的關注，可以看到陳昇認真對待世界的一個側面。而他本人早年「負笈北上，插枝求活」的經歷，也讓他對弱勢群體多了一份同情。他要通過歌曲，寫苦命人在城市裡苟延殘喘的生活狀態。

陳昇喜歡把自己放在城市的人群中，在車輛與行人的碰撞之中穿梭，感受都市特殊的氣味

和生命力。臺北就像蓄電池的能量，陳昇一頭扎進鬧市中就像扎進蓄電池中，他的大腦就成了一個裝備意識的萬花筒；他再把萬花筒變成一個個的故事來唱，讓聽者和他一道觀看萬花筒裡的世界。

〈嗚哩哇啦〉這首歌再次展示了昇式的黑色幽默。一邊是知識分子的高談闊論，一邊是城市小市民的平庸無聊。陳昇對城市的批判不只是觀念上的，而是細節上的。或許太過於細節，讓人聽了有些不太舒服。在這首歌中，平庸之人無所不在，充斥著城市的每個角落、每個家庭。即便是那些自命清高的讀書人，最終也難以掩飾高雅外表後面的平庸：

嘿呀嘿呀嗚哩 Rock'n Roll，我活在沒有英雄的年代
亞美利肯最愛提301，臺灣人用錢證明自己的存在
電視節目，歌星排一整排，老掉牙二十年從不更改
臺北城裡知識分子每天高談闊論，淡水河裡乾淨的水還不來
有錢人的爸爸下班不肯回家，酒廊裡一堆野花在等待
沒錢人的爸爸下班不肯回家，他說太太不在家，她迷上大家樂
嗚哩 Rock'n Roll，哇啦 Rock'n Roll
是否所有的人都不在乎憂慮的存在，我也只好學會變得，有點痴呆

其實，這是現代化演變中一個慾望都市的寫照。臺北的平庸是現代性「日常生活」的平庸，是「沒有英雄的年代」。酒廊、大家樂、Rock'n Roll，都無法改變平庸中的乏味、無聊和異化。陳昇對現代性的反思體現在揭示了現代性的幻象，物質的提升並沒有出現社會預設的秩序和文明。「我有錢故我在」的邏輯只會讓一座城市變得痴呆，讓那裡的人變得痴呆。在現代文明中人被「物化」，受到金錢、機器、商品、生產方式等驅使，人離原初的本真的我越來越遠，也就是法蘭茲．卡夫卡的小說《變形記》所闡述的人的「異化」[4]：沒有了正常的人際關係、人倫關係，一切都變得虛無，人只能在無聊、孤寂、不安之中度日。

同樣的思想也表現在陳昇的另一首歌曲〈我沒在那〉，這是陳昇二〇一三年的專輯《我的小清新》曲目中的最後一首歌。〈我沒在那〉唱的是一個都市小人物實實在在「不在場」的感受。所謂「不在場」就是虛化虛無、化有為無的現實。似乎發生過許多的事情，但轉眼間又好像什麼都沒有發生。工作是這樣、生活是這樣，政治是這樣。儘管如此的空虛，他還是要無奈地對自己說：「你要乖乖的活著。」歌者把這種無奈轉化為音符，一個字一個字地吟唱，單調的旋律讓人覺得他在念經：

4 變形記的主角格里高爾，原本是普通的推銷員，一日醒來卻發現自己變成蟲子，異化後的格里高爾喪失工作能力，也與外界失去連結，原本願意照顧他的家人，隨著時間過去，也逐漸感到負擔，甚至欲除之而後快。困惑無助的格里高爾，被排拒於人類社會，終至死亡。

今天這個城市，一樣的假裝什麼都沒有發生
而他在酷熱的八月，扔了他的工作
應該淡淡的看待，無法掌握的未來
微笑給自己一個，可以捱到明天的謊言
明天這個城市，會一樣假裝什麼也沒有發生
兩千年來不變的22K，比黃金還不值錢
總有許多的鬼臉，反覆在日子裡出現
苦笑著給自己一個，可以璀璨到明年的青春

事實上，陳昇眼中的臺北，是平常人不會太留意的東西。他了解的臺北有深度，也有立體感。他深知這座城市的內涵與外延、內心與外表。他毫不留情地諷刺這個城市，因為他太愛這個讓他既糾結又激動的城市：

在這個有一點冷漠，有一點熱情的城市裡
關於感情的解釋是，拿起來放下，放下再拿起來
在這個有一點誠實，有一點虛偽的城市裡

關於道德的看法是，拿起來放下，放下再拿起來

——〈拿起來放下〉

曲調有些rap元素。陳昇唱臺北的中山北路、羅斯福路、西門町。唱都市的熱情、都市的冷酷；都市的平靜、都市的瘋狂。喜歡歌中的這句話：「這個世界會變這樣，沒有人沒有人是無辜的。」當我們享受都市的一切時，我們對都市也負有同樣的責任。

▟

我第一次去臺北是上世紀九〇年代。我的行程是先到臺灣中部的一間大學參加一個學術會議。會議結束後，我的一位在美國大學畢業的博士生驅車帶我去他在臺北的家住幾天。那時，他和太太剛剛在臺北購買了一套三居室的公寓。在北京長大的我，覺得臺北很小。之後幾天，我就像所有的遊客一樣，參觀臺北標誌性的旅遊景點：臺北故宮、中正紀念堂、士林官邸、臺北一〇一大樓等等。因為當時臺灣還沒有向中國開放個人旅遊，所以看不到中國的遊客。還記得那一年恰好是馬英九競選臺北市市長，電視節目中，到處都能看到他那張英俊的笑臉。那時候我對臺北的印象不錯，遇到的人也都非常友善。只是覺得城市交通有點亂，路面上橫衝直闖的摩托車讓我每次過馬路都會心驚膽戰。之後，我多次去臺北，喜歡陽明山、九份的寧靜與恬

淡，也喜歡夜市的喧鬧與美食；當然，我也會一整天的泡在一〇一大樓旁邊的誠品書店裡，享受那裡獨有的書香氣味。

現在，我多了一個去臺北的理由。去看陳昇的音樂會！

ONE NIGHT IN BEIJING

其實，除了臺北，喜歡四處遊逛的陳昇也在其他城市留下了他的腳步和記憶。作為北京人，我也注意到陳昇在九〇年代初創作的〈One Night in Beijing〉（〈北京一夜〉）。這首歌流行時，我人早已在美國，所以完全不知道它的存在。這一次「補課」，才第一次欣賞到這首「北京名曲」。當然，首先被吸引的是它中西合璧的曲風：京劇（臺灣人稱平劇）的唱腔加上現代搖滾男女對唱。歌詞也別具一格：它不是直接寫北京這個大都市的市井風貌，而是透過北京的一個小角落，一個小胡同，一間小屋，以及小屋中居住的一位近百歲的老奶奶，講述一段穿越時空的愛情故事：

ONE NIGHT IN BEIJING，我留下許多情
不敢在午夜問路，怕走到了地安門

人說地安門裡面，有位老婦人，猶在痴痴等
面容安詳的老人，依舊等著那出征的歸人
……
ONE NIGHT IN BEIJING，ONE NIGHT IN BEIJING
不想再問你，你到底在何方，不想再思量，你能否歸來嘛
想著你的心，想著你的臉，想捧在胸口，能不放就不放
ONE NIGHT IN BEIJING，你會留下許多情
不要在午夜問路，怕觸動了傷心的魂

這是陳昇喝了北京二鍋頭之後創作的歌曲，整首歌曲瀰漫著濃濃的酒味，雖然他在歌詞中說「不要喝太多酒」。由於〈北京一夜〉創作於上世紀九〇年代初，歌詞又是「地安門」，又是「傷心的魂」，我一開始以為這是一首表面說愛情，實際上帶有政治意涵的歌曲。後來聽了陳昇有關創作這首歌的軼事[5]，才知道自己是過度解讀了。但那句「我已等待了幾千年，為何城門還不開」的確觸摸了北京人敏感的神經。北京作為一座古城，歷史賦予她太多無法忘懷的

5 本曲創作於北京一個下雪的冬夜，原本錄音棚進度落後，陳昇無奈先命收工喝酒，酒後在百花深處胡同裡突然獲得一曲的靈感，詳細見文章〈老天送我的一首歌〉。

印記，她也提供我們無限寬廣的想像空間。

陳昇的〈小扁擔〉也是一首與北京相關的歌曲，明顯的中國北方調子加上詼諧的歌詞，屬於流行的民族風。但這首歌似乎沒有走紅，也沒有聽到陳昇再唱它：

小扁擔胡同裡，得兒啦得啦兒哈喲嘿
羞紅著臉，姑娘頭兒低著走，不想每天都要朝那遠路走
……
小扁擔胡同裡，得兒啦得啦兒哈喲嘿
你躲不過咱哥兒們輕挑的手，除非你都不想朝這近路走

在聽這首歌之前，我還真不知道北京有個小扁擔胡同。不知為什麼，歌曲的調子會讓我想到小時候看過的一部經典紅色電影《李雙雙》，以及電影中那首著名的〈小扁擔三尺三〉。大概兩首歌都是北方味很濃的腔調。但在陳昇的音樂中，異域風情似乎多餘鄉愁的敘事。

陳昇的〈四號〉一曲似乎也與北京有關，原中文歌詞這樣寫道：

那天我們從冰封的新街口興沖沖地回家
你坐在街邊沿上流著淚說

朋友我想離開這裡
因為你經常地覺得整個人生是個笑話
而你清楚地知道不想要有著副模樣了
你說你經常感到非常非常非常的悲傷
就算你將自己套在黑色的皮衣中也一樣地寒
喝多了二鍋頭也不能抵擋住
那來自心底深處的恐懼憂傷
都在心裡呼喊著我要離開
說你再也不能忍受朋友都將離棄的感覺
北方又要飄雪了吧
你說你不想再對自己的生命交出了白卷
而我仍然每天都在這城裡

歌裡提到新街口、二鍋頭、北方的雪，帶有明顯的北京味道。然而在此之後，陳昇沒有再寫北京、唱北京。他調侃道：「北京是個超級大美女，沒有那個命格再去愛她或接受她的愛了。」

現在北京已是一個國際大都會，一個真正的擁擠的樂園，與我記憶中的北京相差越來越遠。北京的城門早已消失，傳統胡同也拆得差不多，大柵欄亦是仿舊重建的。歷史於我，已經成為記憶的碎片，繁華的金融街和央視的「大褲衩」是我眼中陌生的意象……

那麼北京的城市民謠應該是什麼樣子？以前提到老北京，我首先會想到小時候聽過的京韻大鼓和那些有關前門城樓前大碗茶的曲子。後來聽說有一個叫趙雷的歌手演唱的《北京的冬天》和《北京的火車》。我在網路上還找到中國民謠歌手周雲山和廢墟樂隊二〇〇九年演繹的一首名為〈北京〉的曲子：

夜晚的街道銀河一般
多麼歡喜 a-yi
河裡來往的車如游動的魚
多麼歡喜 a-yi
夜晚的城市燈火燃燒
多麼歡喜 a-yi
夜晚的北京繁星閃耀

……

北京你多麼美麗

為什麼我竟如此憂鬱

這首歌的調子平和陰柔，不同於另外一位北京歌手汪峰的〈北京、北京〉，更具男性粗獷的滄桑感：

我在這裡歡笑，我在這裡哭泣

我在這裡活著，也在這死去

我在這裡祈禱，我在這裡迷惘

我在這裡尋找，在這裡失去

兩首有關北京的歌都是以主體的情感抒發為基礎，他們所說的北京，更是他們心中的北京，因此缺乏類似陳昇那種作為第三者對城市生活和人物的書寫。在城市化的進程中，北京輸入了那麼多來自全國各地的農民工，一定出現過細漢仔這樣的小人物和他們的故事，可惜有關他們的命運的音樂實在不多。

另一位我喜歡的、很文青的城市民謠歌手是宋冬野，他有一首名為〈安和橋〉的歌曲。為了保留成長的記憶，宋冬野以民謠的方式述說著一個已被拆遷而不再存在的老北京，其間的馬頭琴插曲和鼓聲遙相呼應，道出歌者對老北京無限的情意：

讓我再看你一遍
從南到北
像是被五環路蒙住的雙眼
請你再講一遍
關於那天
抱著盒子的姑娘
和擦汗的男人

我知道，那些夏天
就像青春一樣回不來
代替夢想的也只能是勉為其難
我知道，吹過的牛逼
也會隨青春一笑了之
讓我困在城市裡

紀念你

〈安和橋〉與陳昇的歌有類似的風格：不做作，不裝清高，不故作深沉。其中一句「這個世界每天都有太多遺憾」很陳昇。在另一首名為〈斑馬斑馬〉的曲子，宋冬野也唱出了陳昇的流浪感：「你的城市沒有一扇門是為我打開啊／我究竟還要回到路上／我要賣掉我的房子，浪跡天涯。」

除了北京，陳昇也遊蕩了中國許多的大大小小城市以及有關它們的歌曲。其中有些是帶有社會批判的的姿態，像〈來去廈門電頭毛〉；有些是帶有個人情感的依托，像〈麗江的春天〉。對於陳昇，「中國」是「我」和「他者」的兩個音級轉換的旋律。一方面，這個「他者」只是一個抽象的「存在」（即「文化中國」）的概念；另一方面，這個「他者」可以是具體人與事的呈現。陳昇在體驗和認識「他者」的時候，也會審視那個錯位的「他者」應該如何被接納或者被改變。有些時候，「他者」是陌生疏遠的、是異國情調的、甚至是不可理喻的。在陳昇的音樂中，我們可以感知臺灣意識與中國意識的重疊與分離。

不久前，陳昇回到彰化縣溪州鄉老家，唱了一段「歸鄉」的感覺。那個曾經熟悉、現已陌生的故土，讓他重新思考「我是誰？」的問題。

擁擠的都市、無調的音樂，既是墮落的荒原，又是詩意的夢土。

「Oh what is a big city, Oh what is a lonely night」陳昇在〈讀書的人〉一曲中用英文喊叫著：何謂大都市？何謂寂寞夜？都市與田園，我們屬於哪一個？陳昇問自己，也問我們每一個人。

13

匆忙

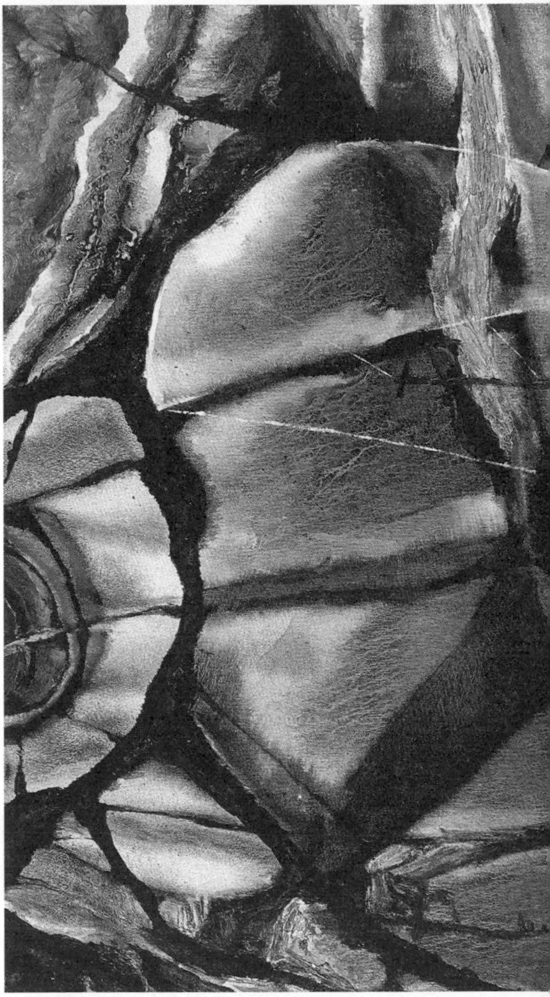

夕陽淹沒，就告別了今天
你的名字我已想不起來
別怪我生命太匆忙
——〈路口〉

英國詩人威廉．古柏有句名言：「上帝創造鄉村，人類創造城市。」現代都市，飲食男女，生寄死歸；姍姍而來，匆匆而去。生活在像香港這樣快節奏的都市，人們上班下班，每個人好似匆忙的旅人，時刻在路上趕路。在狹窄擁擠的人行道上，人們有時會對構成人群的其他成員懷有敵意，因為他們可能妨礙了他們希望走得更快的腳步。在現代的空間裡，城市的每個人成為從一個地方到另一個地方的匆匆過客。沒有終極目標、沒有家、沒有歸屬感。

擁擠的樂園

「快」是現代性節奏的代名詞。我們周邊生活，隨處可見與「快」字有關的字眼，如快餐、快車、快遞、快班、快報、快件、快車道、快時尚，甚至快知識（什麼七分鐘一部電影，八分鐘一本書）。在「信息大爆炸」的時代，快速就是一切。「快」——無處不在的都市符號。在電子時代的快節奏中，人變得更為單一化，彷彿不斷失去某種生理機能和獨有的精神個性。

至於飲食男女，不知我們何時愛上了速食文化，甚至愛上了速食愛情？陳昇在〈擁擠的樂園〉一曲中這樣發問：

一段情可以忍受多少的考驗

人找到他自己的答案當他不需要愛情
流行的都市不安的感情
say goodbye to the crowded paradise

我們常會抱怨生活「太匆忙」。人也好、事也好，從我們的眼前劃過，然後便像空氣般散開，什麼也沒有留下。一句「太匆忙」，為我們「想不起來」、「記不起來」找到理由。然而，倘若人世間真的有什麼可以在留在記憶中，讓我們有可能細細品味人生的過往，緩緩地追思人生的體驗，那麼，它一定不是匆忙的產物。

齊克果說過：「隨匆忙而來的壓迫感就像魔咒，咒語向外擴展……想抓住年輕人，使其童年或青年時期幾乎沒有安靜和退隱的機會，以致神的永恆無法在他們的生命中展開。」（齊克果《致死之病》）雖然陳昇沒有像齊克果那樣的宗教情懷，但他以另一種方式尋求內在的永恆，一種可以承載生命的永恆。於是他唱道：

花朵在夜裡歌唱，豈只是想起昨天
莫非是因為歌的旋律有你
我沒有好的信仰，腦子有綺麗幻想
在生命歌裡，將一無所有

我不害怕，人生何其短
但是我，恐懼一切終必要成空
時光的河，悠悠地唱
告別了今天仍不知懺悔

——〈路口〉

齊克果被看作是西方「存在主義之父」。他的基督教哲學不是建立在外在超越的神，也不是建立在教會的教義，而是建立在人的自我認同的主體，具體地說，是人的「內在激情」。齊克果認為，上帝本身是一個悖論（paradox），人只有靠激情才能體驗祂的存在。如果說宗教經驗是內省審視的過程，人生亦然。沒有來自內在的激情以及對我們自身存在境遇的反省，我們將一無所有。

齊克果有一段名言，他說德國偉大的哲學家黑格爾營造了一個龐大完美的哲學體系，卻跟他的人生經驗毫不相關。有如一個人自己建造了一座王宮，自己卻不住在裡面。我們的人生不也常常是這樣嗎？我們在匆忙中為我們宏大的人生藍圖而努力，我們經驗的每一分鐘都是為了下一分鐘，為了未來的計畫。一件事未完成，又要應付另一件事。歲月流逝，當我們回頭時，才發現我們打出了一片天地，為自己營造了一座王宮，可是我們自身並未住在裡面。於是，我們的內心是一片空白；我們太忙，卻不知自己在忙什麼。匆忙，成為一種無意識的習慣而已。

事實上，「匆忙」是一個與時間有關的概念，是速度的指標。對一般人來說，時間無窮無盡，呈直線的姿態從過去流到現在，再流到將來。「匆忙」意味著我們感覺時間流動得過快，如果我們跟不上的話，就會被甩出去。都市人生活在繁囂之中，每天一覺醒來，忙碌的工作充斥著生活。同時，直線的時間流動意味著一個有目的、有計畫的秩序，即一個向未來延伸的時間流程。我們的生活處於向未來而生（future-oriented）的狀態；我們所有的意圖也是指向未來的時間。

「匆忙」也意味著時間的擁擠，其代價是我們忽略了「當下」的每一分鐘。所以，陳昇所唱的擁擠的城市也是一個匆忙的城市。我們每個人都活在一個快速的流程中，就像大機器流水線上的產品。生活是被動的機械運轉，成為沒有主體性的虛無存在。因此，陳昇在〈昨天、今天、明天〉裡問自己：我應該把自己放在哪一天？

慢活

我們的生命能否不那麼匆匆忙忙，不那麼疲於奔命呢？中國傳統的禪宗講究的是一種「慢生活」；受禪宗哲學影響的日本茶道更是慢生活的典範。其實，「慢」不是一種速度，而是一種態度。「慢」的精髓是把人的注意力從「將來」拽回到「當下」：right here, right now，此時此刻。在此時此刻，時間被放慢和拉長。

經歷過工業文明和現代主義的歐洲已經走進「慢生活」的時尚。所謂的「慢生活」或「慢活」（down shifting）又稱為「減速生活」，主張人在工作與生活之間取得平衡。「慢生活」的概念最早與「慢食運動」有關。一九八六年，義大利人Carlo Petrini提倡慢慢吃開始，後來形成了風靡世界的「慢城運動」（citta slow）[1]。「慢生活」提醒在高速發展時代的人們調整自身的生活節奏，改變自身的生活態度。「慢生活」注重細節、注重品質、注重當下的體驗。別再讓生命太匆忙，不要讓生命過於匆忙，放慢腳步靜心觀察。

實際上，「慢生活」的思想在十九世紀的美國超驗主義哲學（transcendentalism）就有所體現。超驗主義哲學主張在自然中淨化心靈，提升自我。最著名的代表作就是亨利．梭羅的《湖濱散記》。作者描述自己在簡樸的慢生活中，體驗生命的意義：「我步入叢林，因為我希望生活得有意義，我想我活得深刻，並汲取生命中所有的精華。然後從中學習，以免在我生命終結時，卻發現自己從來沒有活過。」受到老莊思想的影響，梭羅提倡親近自然，回歸本真。《湖濱散記》中的梭羅，好像道家隱士，隻身走入瓦爾登湖邊的森林，在那裡親手蓋了小屋，享受自然的樂趣和思想的自由。

梭羅在他的小木屋隱居了兩年之久。他在那裡耕耘、思考、寫作、傾聽自己內心的聲音。他厭惡都市，因為他厭惡都市的快節奏。

加拿大知名記者卡爾・歐諾黑在他的著作《慢活》中指出，現代人熱愛速度。根據「時間」的邏輯，趕不上步伐的人恐怕已經輸在起跑線上了。由此，有些人患上「時間病」，整天惶惶不可終日。「慢活主義」主張「該快則快，該慢則慢」的平衡生活模式。因此，強調慢活並不是要將每一件事都「龜速化」，而是在這個不斷加速的時代中找到放慢腳步的理由，調整適合自己的生活步調，避免沉淪在快速文化的洪流裡。

「慢生活」顛覆了速度、人群、商品、消費和城市，以及它們所代表的價值；「慢生活」顛覆了浮躁、慌亂、庸碌、匆忙；「慢生活」顛覆了目光短淺、急功近利、人情淡薄。我們在「慢」中重新找回內心寧靜、找回我們自己。

近年來北歐流行「慢電視」，著名的是挪威一家電視臺製作的一部七小時的火車紀錄片。沒有情節的「火車旅程」，竟然長達七個小時，你一定會覺得太無聊了。然而，就是這部又長又悶的節目，吸引了一百二十多萬的觀眾收看，占挪威二〇%的總人口。其中十七萬人更是從開頭看到尾的忠誠觀眾，使該紀錄片徹底扭轉了挪威各電視臺一向低收視率的尷尬局面。由於「火車旅程」的成功，電視臺隨即又籌備了另一部「更長、更瘋狂」的紀錄片，一部有關五天

1 一種城市哲學，起源於義大利一．五萬人口的小城鎮布拉，為一種放慢步調的城市生活型態。定義為反噪音、汙染，支持都市綠化，不能停車，沒有快餐店與大型超市如麥當勞、星巴克等。除了當地的四十二個城市已宣布為慢城，全球各地如英、法、德、日本等也有城市加入。臺灣花蓮縣鳳林鎮、嘉義縣大林鎮亦分別於二〇一四、二〇一六年加入。

挪威西部沿岸的郵輪風光節目*Hurtigruten Minute by minute*。影片全長約一百三十四小時，無間斷地記錄了郵輪航行的全部過程。之後，電視臺定期製作不少相同類型的實況紀錄片，像燃燒木柴紀錄片、織毛衣紀錄片等「慢電視」。「慢電視」製造的是「慢生活」。它有意識地把時間放慢、拉長，讓觀眾注重眼前發生的細節，並有時間去重複體驗和回味所看到的一切。

捧著一本閒書閱讀，那是一種慢，一種享受；自己沖調一杯有特色的咖啡，靜靜地品嘗，那是一種慢，一種享受；一壺茶水、一包瓜子，與親朋好友「侃大山」[2]，那是一種慢，一種樂。亦是一種隨意、一種即興。

陳昇的音樂被看作是一種「立足於本土日常生活文化的小而美的慢生活」（張曉舟語）。陳昇說話慢、唱歌慢，很多情況下，吟唱的也是慢生活。記得陳昇在媒體受訪時幾次說到，臺灣人現在最需要的是，能否讓大家的日子過得不那麼緊張。臺灣過去曾經有過最有錢的時代，可那不是正常的時代。現在是正常的時代，而且臺灣人的生活並不差。陳昇說：「我最不喜歡的三個字就是拚經濟，應該拚活著，用現在的姿態製造臺灣人最愛過的生活……不是只有拚經濟而已。」陳昇的這段話清晰地告訴世人他為什麼不贊同「服貿」以及類似的經濟政策，因為他不想看到臺灣像現在的中國，人人都像在趕最後一班車的樣子。有了效率，卻失去了生活的品質。這裡，陳昇所表達的不一定是某種政治觀點，而是一種人生態度。這種態度也是他一貫秉持的生活方式：悠閒盡興、隨意自在。（我寫這段話時，已經感覺會被一些「斜槓青年」罵了。慢個鬼呀，我們還要討生計呢！）

陳昇二〇〇八年的專輯《美麗的邂逅》中，有一首獨特民謠風格的歌曲〈飛行城市〉，從音樂的形式上將民謠的口白和搖滾的節奏巧妙地融合，再加之童聲的唱和，讓整首歌曲具有出神入化的效果。更為有意思的是魔幻般的歌詞：一句「我不能逼你相信我說的祕密」，帶出一個想要「飛離所有的野蠻所有的悲傷」的都市人的感嘆。在同一張專輯中的另一首民謠〈不完全部落〉也表達了類似的思想，敘述者口中所嚮往的「遙遠的地方」，是一個時間可以「停滯在那兒」，悠閒自在的彩虹堡。陳昇本人亦沉迷於極地探險、島嶼逍遙，以此釋放城市的拘束和慾望的壓抑。

二〇一七年，陳昇曾在臺灣的綠島舉辦戶外演唱會。綠島也被稱為「緩島」（slow island），演唱會的目的就是讓人們在島上感受慢生活的樂趣。在提到自己的著作《阿嬤，我回來了》的時候，陳昇說：「本書是要送給那些跟他一樣，不急著長大，並想在這個講究效率的時代，用自己的生活步調過活的人們，用流行一點兒的話來說，這本書，也是慢生活的啦！」（《天津報》，二〇一一年一月二十五日）顯然，陳昇要保持臺灣人原有的詩意和浪漫情

2 北京土話，沒有主題、東拉西扯的意思。

懷，保守那份「明月松間照，清泉石上流」的安寧。

中國古代文人非常重視「慢生活」。清代作家張潮寫過一本書《幽夢影》，是古代文人慢生活理論的代表之作。張潮認為：「人莫樂於閒，非無多事事之謂也。閒則能讀書，閒則能遊名山，閒則能交益友，閒則能飲酒，閒則能著書，天下之樂，莫大於是。」這話說得多好！讀書、遊名山、交益友、飲酒、著書——這不都是陳昇津津樂道的閒雅自在的生活方式嗎？難怪他大聲呼籲臺灣人要守護慢生活。

然而在現代後工業時代，「悠閒」對很多人來講是一種奢侈。西方傳統有leisure class之說，即所謂的有閒階層，類似中國古代可以享受慢生活的文人階層。「閒」有兩層含義：一是閒功夫，二是閒心情。有閒功夫時間上可以放慢速度；有閒心情心理上會有慢生活的追求。德國著名哲學家尤瑟夫．皮柏指出，現代人常常會將「慢生活」或「慵懶」看作一種「罪過」。而古人卻不是這樣。以古代的行為觀念看，慵懶有其特殊的意思：他要做自己想要做的事。用德國哲學家和詩人席勒的話來說，慵懶才有閒暇，才可以遊戲，才可以回歸孩童的本真。皮柏認為，閒暇是一種心靈的態度，也是靈魂的一種狀態，可以培養一個人對世界的觀照能力。「如果我們不能改弦易轍，繼續把工作視之為神明膜拜，終將帶來毀滅性的後果。」（皮柏《閒暇：一種靈魂的狀態》）只有身在閒暇之中，我們才會有時間去沉思生活的本質與意義。當然，有慢生活，才有時間讀閒書。陳昇對他的歌迷們唱道：

買本書回去看吧，給你的靈魂一點自由
買本書回去看吧，給你肉體一點兒快活
……
常說你內心非常空虛，因為你的心中沒有書
——〈買本書回去看吧〉

實際上，「慢生活」是一種詩意的存在。生活在快節奏中的人，可以時不時地慢下來，調整一下心態。慢下來，你會發現，萬事物物都在向你招手，對你說話，吸引你的注意：你會看到平時被你忽略的一切。慢，才能看到世界的風景、才能看到周邊的人與物、才能享受詩意的生活。

上世紀三〇年代，文學家林語堂提出文學的三要素：靈性、閒適與幽默。其中前兩項都與詩意生活有關。所謂靈性是指袁中郎（即袁宏道，明代著名的文學家）所說的「時」、「真」、「趣」，以此區別於詩文中復古主義的教條[3]。其實靈性就是本真本然的自我，是無拘無束的自由。而「閒適」則是一種「放下」的人生姿態。儘管林語堂並沒有提供有關「閒適」的具體界定，但讀者在他的作品中，特別是《生活之藝術》中，可以找到一種詩意的通達和沖淡的人生

3 指明代文壇「文必秦漢，詩必盛唐」的風氣。

態度。更為有趣的是，林語堂把「閒適」與「民主」放在一起，認為「閒適」是最民主的、沒有階級區分的，因為生存的美學態度與金錢無關。詩意生活有時不一定要超越生活本身，而是彰顯在生活的細節中。所謂慢生活是忙裡偷閒的慢時間、慢節奏、慢動作，慢心情。因而慢生活是從容的生活，詩意的生活，超越的生活。我們在「慢」中找回精緻、輕鬆、自在的生活。

等一等你的靈魂

過三十多年，在全球化大潮中，中國的經濟發展速度是驚人的，就像飛速發展的中國高鐵。然而，這是一個缺乏思考的年代，也是一個缺乏想像的年代。升官要快，賺錢要快，出名也要快。人們爭分奪秒，生怕被時代的列車拋下。在高速發展的時代，人們得到了許多東西，也失去了許多東西。忽然有一天，人們意識到，他們失去的東西遠遠比得到的東西更有價值。

這時我們聽到了一個聲音在呼喚：「中國，請放慢速度，等一等你的靈魂！」是啊，讓靈魂跟上腳步，我們才能知道往哪裡走；我們才能走出個態度來。

陳昇說的好，我們應該拚活著。不僅僅是to live（生存和生育），而是to live well（活得精彩）。古希臘哲學家亞里斯多德提出著名的「幸福論」（eudaimonia），亦可以翻譯為「美好人生」。這裡說的幸福不是主觀意義上的「感覺快樂和愉悅」（happiness），而是心智統一的「完美狀態」（well-being）。這樣的幸福是持久的，不會轉瞬即逝。亞里斯多德認為，幸福是最高的善、幸福是所有追求的終極目的。「完美狀態」包括身體德性、知性德性和品格德性。所以，美好人生不是財富的累積、不是名利地位、不是奢華的物質享受，而是身、智與德的圓滿。

德國法蘭克福學派哲學家赫伯特・馬庫色喜歡談論人的異化問題，認為人類的文明應該是從壓抑的文明走向自由的文明。馬庫色指出，現代工業社會技術進步給人提供的自由條件越多，相對的種種強制也就越多，這種社會造就了只有物質生活，沒有精神生活。（馬庫色《愛慾與文明》）法國哲學教授斐德利克・葛霍在《走路，也是一種哲學》有這樣一段話：「慢慢走的日子更加悠長：它讓人獲得更長久，因為每一分鐘、每一秒鐘都得到了呼吸、深化的機會，而不是被塞到接縫被撐開。匆忙就是同時火速進行好幾件事。這件事做著又做那件，然後另一件事又來報到。人在匆忙的時候，時間擁擠到爆裂，彷彿一個被各種物品塞得雜亂無章的抽屜。」

「快」是一種節奏，一種慌亂；「慢」卻是一種態度，一種浪漫。

生命的趣味不在於不斷地奔跑，而在於感受多姿多彩的過程。文化批評家華特・班雅明發明了一個新詞「漫遊者」（flaneur），指一個人以一種隨意即興的方式漫步城市的街頭，但「慢」中涵蓋著細微的觀察和深刻的反思（班雅明《巴黎，十九世紀的首都》）。漫遊者追求的是一種悠然自得，一種我行我素，而不是機械式呆板的、匆匆忙忙的城市經驗。只有放慢腳步靜心觀察，他／她與都市文化之間才會發生一種關係，一種文化的關係。看見世界、體驗世界，才是擁有。

目前中國流行一首由獨立民謠女歌手程璧演唱的城市民謠〈我想和你虛度時光〉，歌曲改編於著名詩人李元勝的詩作。它顯然和當下主流文化的「成功學」唱反調，渲染「虛度」人生的神話，讓「無意義」成為慢生活的真正寫照：

我想和你互相浪費
一起虛度短的沉默，長的無意義
一起消磨精緻而蒼老的宇宙

由此，「虛度」是這首歌的主旋律。而這裡的虛度是脫離世俗意義上的意義，也是對既定意義的質疑。所以，「慢」也是一種哲學、一種境界，一種生活美學，是「採菊東籬下，悠然見南山」的閒適詩意。正如海德格所說，「人要詩意地棲居在大地上，一個人安靜地生活，哪怕是靜靜地聽著風聲，亦能感受到詩意的生活。」

希望有一天，都市的上班族無需匆匆地趕上回家的地鐵，唱出昇式「我是一條柴魚」這樣淒涼的歌：

又是一樣的道別，又消失在人潮裡面
午夜的街頭，每個人都有一樣的面孔，不知都在尋找些什麼
也許我是一條魚，塞在無味的魚罐頭
午夜的地鐵，載走我蒼白的今天，而明天的我是冰冷的柴魚
城市太擁擠，情感就疏離，我已無法分辨我自己
情歌太多，What a silly love song，我也想要一個溫暖的窩
（我要如何管住我自己）
其實我也很滿足，偶爾也會很快樂
奔馳的地鐵，載走我蒼白的今天，而我是一條冰冷，冰冷的柴魚

——〈柴魚〉

沒有人願意成為被時間擠壓的冰冷柴魚。別了，冰冷的地鐵，冰冷的柴魚！一個人不只是生存於都市，應該真正地擁有都市的經驗，擁有屬於自己的體驗。班雅明說：「街道是漫遊者

的居所。他靠在房屋外的牆壁上，就像一般市民在家中的四壁裡一樣安然自得。」生活應該慢慢來，這是陳昇的人生哲學。

慢活哲學對於當下的香港人，也同樣具有啟示作用。香港的快節奏在全世界的城市中排名前五位。「I am busy」是港人常掛在嘴邊的一句話。許多來香港旅遊的遊客會說：「在香港，即便自己不趕時間，也會被後面的人推著走因而變得匆忙，因為所有的人都是『on the go』的狀態。」

香港人注重效率，做事快、說話快、走路快、就連吃飯都要比別人快，這大概是香港「拚搏精神」的具體表現吧。在餐館吃飯，我最不習慣的就是，飯還沒有吃完，就被服務生拿走飯筷趕著走。所以，在香港我們隨地可以看到各式快餐店、十分鐘可以搞定的快速理髮店，還有穿幾次就可以扔掉的快速時裝店。香港專欄作家蔡瀾曾在受訪時說道：「世界上沒有一個地方的交通燈，轉得比香港更快，這證明港人走路的速度極快。」

我在香港盡量避免乘坐被大家稱之為「奪命小巴」的交通工具，每次小巴飛速轉彎，乘客就會有被甩出去的感覺，簡直是一種香港獨有的瘋狂。在這種匆忙的生活環境下，人變得急功近利也就不足為怪，更不要說是否懂得如何優雅地生活了。套用馬庫色的話來說，香港的快節奏有了效率，卻代表了壓抑的文明；有了時空的秩序，卻失去了生活的美感。自由，最終服從於社會當下的效率，生存的意義被永恆的競爭所取代；人的個性被強化的同一所淹沒。

所以，雖然城市本身並不缺少色彩斑斕，可是我們時常會麻木至沒有任何的感覺。

其實，上世紀七〇年代以前的香港，也有過慢生活的歷史。只是傳統的慢生活被後來高速度的經濟發展所取代。港人面臨的問題是：我們是否還要這樣地趕下去？如果我們一直這樣地趕生活，我們又如何真正活在時間中，去感受剎那即永恆的玄妙？現在，不少港人，包括年輕人，產生要移民臺灣的意願。在形形色色的理由中，逃離香港的快節奏，是其中的一個理由。

木心曾說過：從前的日色變得慢，車、馬、郵件都慢，所以，一生只夠愛一個人。相比之下，當下流行的速食愛情真是褻瀆了「愛情」這兩個字。

還好，有陳昇的慢歌，濃濃稠稠的情緒。可以讓我們在周而復始的忙碌中停一會兒，靜靜地撫摸歲月留下的痕跡，把我們亂麻般的思緒整理一番。有時，聽著陳昇的音樂，不知自己身在何處，好像是在宇宙的某個角落。

時光的河，悠悠地唱。泡上一杯茶，或者一杯咖啡，靜靜地感受他歌中流露出的絲絲情愫，無論是矯情的長調，還是絕情的小調。

14

哲學

總有許多越不過的山丘
埋在青春柱下的是苦苦笑著的哲學課
——〈美好的哲學課〉

西方的哲學史一般會涉及到人生的三大終極哲學命題：人從哪裡來？人要到哪裡去？人為什麼活著？這三個問題聽起來都過於抽象和玄虛。還是存在主義思想家卡繆痛快，他說哲學只有一個最嚴肅的問題，這就是：「我要不要自殺？」一個關乎生命的「直立的問號」。如果說哲學永遠是創造概念的話，卡繆首次把「自殺」變成一個哲學概念，並在現實生活中尋求它的實際功能。

在卡繆看來，一些被認為偉大而深奧的哲學問題，其實只是概念遊戲而已。何謂本體？何謂存在？何謂先驗？何謂自由意志？何謂價值判斷？就算有了這些問題的答案，也不能直接衝擊我們的生活世界；冥思苦想之後，我們仍要回到日常的「具體」生活之中。唯有「關乎生死」的自殺問題，我們的判斷才會立刻決定我們是否要活下去以及如何活下去。因此，有別於傳統哲學的宏大體系，存在主義努力從具體現實的困境解釋生命的意義，尋索生命背後的抽象原理，面對人生的種種疑惑和無奈。

生存是荒謬

人為什麼會自殺呢？卡繆一言以蔽之，因為荒謬感（the sense of absurdity）。卡繆認為，人生由「我」、「世界」、「荒謬」三者組成，是一個怪誕的三位一體（The odd trinity）

（我依附於世界，世界因我而存在，而我與世界都荒謬）：在主觀的渴求與客觀的事實之間，存在著一條無法超越的鴻溝，由此產生絕望和荒謬感。如果漠視人類精神，即不能擁有荒謬。但如果漠視這世界，也不能擁有荒謬。卡繆在小說《異鄉人》中指出，人生萬事循環往復，並無新意；人一切的勞碌，都是徒勞無益，而誰又有權力評判一個人的靈魂呢？卡繆堅持人只有用「存在荒謬論」來回答「荒謬」問題。要破解「荒謬」的意義，必須從一種特殊的荒謬者[1]開始。這種荒謬者是「為荒謬者本身而荒謬」，而不是為了什麼外在賦予的意義而荒謬著。

一方面，荒謬感讓我們暈眩、痙攣、不知所措；另一方面，荒謬感又逼迫我們尋求、抗爭、迎接挑戰。笛卡爾的「我思故我在」成為卡繆的「我反抗故我在」。

荒謬的出路有兩種：自殺和希望。卡繆認為，自殺與希望皆透過摧毀荒謬的其中一個要素，從而摧毀荒謬。自殺直接把我們的生命抹去，令我們對意義世界的期盼隨之消逝。希望則是透過承諾「世界必定有其意義」，令我們對意義的尋求得到安撫；這種承諾往往體現在宗教信仰中。由此在卡繆看來「自殺」實際上包括兩種：肉身的自殺和思想的自殺。雖然卡繆承認，面對荒謬，宗教信仰的選擇可以被理解，但仍屬於自殺的範疇。

那麼如何回應荒謬和虛無的人生呢？卡繆的回答是：反抗、自由、激情；反抗即接受和擁

1 荒謬者指那些在一般人看來行事荒謬的人，如卡繆所塑造的薛西弗斯的形象，還有貝克特在荒誕劇《等待果陀》中，所塑造的弗拉季米爾和愛斯特拉岡兩個人物。

抱生命的荒謬，在虛無中尋求意義。自由即在荒謬中的「行動自由」以及對自我選擇承擔道德責任。激情則是對當下人生和生命的熱愛，即便人無法脫離荒謬的局面。當然，像大多存在主義思想家一樣，卡繆把個體看作一顆顆孤立的原子，個人與個人之間沒有本質的必然關係。所以抗拒荒謬，也是個人要面對的問題。卡繆說：「反抗讓人擺脫孤獨狀態，奠定人類首要價值的共通點。我反抗，故我們存在。」（卡繆《反抗者》）

或許有人會說，像卡繆、沙特這樣的存在主義思想家已經是上個世紀的人物了。我們現在已經處於後現代（postmodernity）或液態現代（liquid modernity）的時代了，還談「孤獨」、「自由」、「存在之荒謬」或「生命之意義」這類問題，是不是過於老套，缺乏新意呢？其實不然，因為存在主義提出的，是人的存在問題，只要人存在一天，這些問題就不會消失。社會學家鮑曼對現代消費自由所帶來的不確定性，提出「液態現代性」的概念。在鮑曼看來，液態現代社會讓人產生「流動的恐懼」（liquid fears），其中包括對自由（無安全感）的困惑和對不確定性（由此產生荒謬感）的無奈——「一切堅固的事物都已煙消雲散」。

在當今的數位網路時代，新的媒體將文字形式轉變為各種符號和圖像，隨之改變的是傳統的敘述意義、情感意義、社會功用意義、哲學形上意義等等，到處可見後現代所說的「意義的危機」。在虛擬的空間，一切意象和符號可以隨即出現而又隨即消失。每個人都是匆匆的過客，似有非有，並成為遊蕩在虛擬世界的「意象追求者」（imagologist），所有的文字和意義都會轉瞬即逝、灰飛湮滅。所謂的「真實」（reality）只不過是法國社會學家尚．布希亞所說的，一次次被拷貝的「真」，是「虛擬真」（simulacra），而神聖的「至善」、「至美」、「至真」更是被不斷地消解，剩下的只有離散的「碎片」。

在數位網路時代，荒誕也表現為我們在虛擬空間的人際關係：我們會在無意中與某人接觸，又隨時可以斷線。人與人之間，是更為深刻的流動的恐懼。與此同時，液態現代社會的荒誕性也表現在我們只注重生活的形式，而不在乎生活的內容。譬如，各種社交媒介讓我們經驗各種形態的「串聯」（connectedness），以此消解個體存在的孤獨和寂寞。我們甚至會說：重要的是我「在網路上」聊天，至於聊什麼已經不重要了（I belong to talking, not what is talked about）。雖然時代處境有所不同，但這一切，與卡繆所說的荒謬有什麼本質的不同呢？現代科技所創造的虛擬空間是縮小了人與人的距離，還是拉大了人與人的距離呢？也許網路時代讓「集體共孤獨」更為明顯罷了。

對於陳昇，世界的荒謬是顯而易見，因為生活就是「狗臉的歲月」。「生命的真意／沒有絕對的必需」(〈再見,阿好嬸〉);「你有沒有發現世界有點奇怪……他們說真理這個東西它早就不存在」(〈嗚哩哇啦〉);「拚死拚活是有什意義,人生可比一齣戲」(〈卡那崗〉)、「日子是過氣的黑膠唱片,生活是不重疊的同心圓」(〈美好的哲學課〉)。畢竟,人生是一個捉摸不透的世界,而不是 1+1=2 的邏輯公式。人生的荒謬性意味著因果律的缺失和人類理性的蒼白。如此,人生充滿恐懼,恐懼又揭示虛無。

在《形而上學是什麼?》一書的結尾,海德格引用希臘悲劇作家索福克里斯的詩句來結束他的論題:

> 但現在停止吧,不要再進
> 再讓悲痛之情高升
> 因為這一切都已命定

倘若荒謬是宿命,我們必然會想到死亡的問題:既然一切歸於虛無,那麼死亡不就是真正的虛無嗎?實際上,陳昇從不避諱「自殺」的議題。他多次提起,在創業初期的困境,自己亦曾經萌生過自殺的念頭。他也曾直截了當地問現在已經成為臺灣「搖滾教母」的金智娟(娃娃)「妳有想過自殺嗎?」這一敏感的問題。在一次訪談節目中,陳昇說到自己偶爾會站在大樓頂層,想像往下跳會是怎樣的感受。當然,陳昇不會選擇自殺,也反對任何人自殺。他所要表達的是人面對死亡的思考恐懼、以及克服恐懼的躍升。只有透過「死亡」這種比較激烈的想法，人才會嚴肅地自我救贖。

誠然，判斷生命值不值得延續，比追問宇宙有沒有盡頭、世界是不是有三維空間更為直接和重要。即便得出「生存是荒謬的」這個結論，我們是否有必要立刻逃離這令人無法了解的荒謬情境？卡繆認為，完全沒有必要。「與其孤身獨涉，不如安然沉睡」不是存在主義的風格。而且恰恰相反，卡繆堅持人要對生活說Yes，要「義無反顧地生活」；要積極反抗命運，直至窮盡自身。自殺是對生命的「躲閃」，也是對自我的「躲閃」。自殺表面上是解脫，卻終止了從苦難世界中的真正解脫。只要活著，人就一直站在時間的瞬間，體現時間的瞬間。恰恰是時間瞬間的特質，給人活著的信心。

陳昇說過：「因為貪戀生命，而受慾望煎熬。」但對於陳昇，慾望也是生命激情的來源。實際上，慾望也需要某種信念的支持，正如美國哲學家威廉·詹姆士所提到的一種「信念的意志」（will to believe）。詹姆士認為，在很多時候，我們有信念比信念的內容更為重要，所以陳昇一再說明：「美好的明天是我不能懷疑的信念」（〈凡人都寂寞〉）。不但如此，信念會讓我們從容地面對當下的挫折和磨難。虛無也好，荒誕也罷，我們對生命的激情和熱愛，並沒有因此而減退。在陳昇的音樂中，我聽到了他的信念：「活在當下，擁抱日常。」很奇怪，反而是接受荒謬人生的人，會有更強烈的活著的慾望。

人生比較無常，還是故事比較荒謬？
我們都活在一本名叫日常的荒謬小說裡
——《南機場人》

在虛無中尋找意義

有人把存在主義的荒謬觀看作是一種虛無主義（nihilism）的哲學。什麼是虛無主義？尼采說：「虛無主義乃是一種常態……沒有目標；沒有對為何之故的回答。虛無主義意味著什麼呢？——最高價值的自行貶黜。」（尼采《權力意志》）這裡的「最高價值」是指「真實的生命」，因此虛無主義就是對「真實的生命」的自行貶黜。

對尼采來說，虛無主義具有兩層「破」的含義：（一）破以基督教上帝為象徵的形而上學，其最高價值的存在；（二）破由於以基督教上帝為象徵的形而上學，其最高價值的缺失，而導致新的價值觀上的虛無主義。第一層「破」是對價值的否定，而第二次「破」是對否定價值的否定。後者在否定的同時又意涵某種的肯定，所以被稱作「積極性的虛無主義」（positive nihilism），它是對「消極性的虛無主義」（negative nihilism）的一種否定。

顯然，無論是卡繆的哲學還是陳昇的音樂，雖然承認荒謬的存在，但最終都是要彰顯真實的生命，而不是否定真實的生命。那麼，宗教信仰的安撫（卡繆稱之為「思想自殺」）可不可以呢？陳昇的態度有點曖昧，雖然他說自己是一個無神論者：「我沒有好的信仰，腦子有綺麗的幻想／生命的歌裡，將一無所有。」（〈路口〉）在〈無神論者的悲歌〉一曲中，陳昇把無神論者的困惑展示出來：

一個人走在渺茫無神的街頭
因為有點犯罪的慾念，多少有些懺悔的感覺
曾經以為迷失我自己，就在眾神遺忘的地方
賣力拖動猶豫的步伐，尋找星空最後的星光

一個人走著漫無目的的步伐
因為有點犯罪的慾念，竟然有些興奮的感覺
曾經以為迷失我自己，就在眾神遺忘的時光
不該允許不可思議的幻想，就這麼無可奈何的悲傷

雖然是「悲歌」，陳昇依然堅持「賣力拖動猶豫的步伐，尋找人間最後的信仰」。這正是哲學家的信念和姿態。「誰也不能替我決定路的方向」：存在先於本質；我的人生我來做主。

用沙特的話來講，自由人是自我決定的，可用自由創造自己的本質。倘若自由是道德論證，那麼自殺就是與實現最高的道德目標背道而馳，因為自殺表面上是種解脫的路徑，卻因自我否認取代了從荒謬世界的真正解脫。

很多人把卡繆的人生觀看作「虛無主義的悖論」。虛無主義否定價值，為什麼還要肯定生命的價值呢？倘若人世間種種的荒謬無所不在，人的痛苦無法避免，那麼人生的價值到底是什麼？如果我們信奉絕對的虛無主義，生命為什麼還需要苟延殘喘？這裡需要強調的是，存在主義雖然很有可能帶來某種虛無主義，但存在主義不是一種對生命的否定；相反，它常常會激發生命的激情和動力。我想，這就好比說我們肯定人有自我選擇的自由，但我們會否定人有選擇自殺的自由。

自殺是不可逆的選擇，直接徹底否定以後可以有的任何選擇；同樣，否定了個體生命的價值，人就無法再做任何的價值判斷，包括沒有價值的否定判斷。再者，卡繆的虛無和荒謬意在給個體提供創造自我價值的機會，即透過在虛無中尋找意義。而接受這個機會的姿態就是反抗、自由和激情。這亦是春上村樹在《舞舞舞》一書中所說的：「只要音樂還響著的時候，就繼續跳舞啊。」是的，接受虛無，與道共舞。

著名的愛爾蘭劇作家薩繆爾．貝克特曾經說過：「沒有比虛無更為真實的東西了。」他的荒誕劇《等待果陀》濃縮了作家對生命的體驗。劇中描述兩個窮愁潦倒的流浪漢，荒謬地等待一個似乎不存在的「救世主」。在等待過程中觀眾看到的是又無聊、又煩悶、又空虛、又瑣碎的對話；看到兩個人從白天等到晚上，直到一個孩子的出現，告知：「果陀不來了，或許明天會來。」

透過荒謬的等待，貝克特展現人的尷尬處境和存在的意義：人對生存在其中的世界、對自己的命運一無所知。果陀由此成為人們對於未來生活的呼喚和憧憬。《等待果陀》的存在主義思想極為明顯，充滿對傳統基督宗教的質疑和反抗，以及對世界的荒謬感。從解構主義的角度看，《等待果陀》告訴我們，「彌賽亞」是一種不斷延遲的來臨。

雖然「上帝已死」、救贖無望，雖然人生無法迴避疏離、焦慮、擔憂、耽溺與最終的歸宿——死亡，但人生最嚮往的處境是「自由」。文化學者班雅明指出，「只有對一切塵世存在的悲慘、無意義徹底確信，才有可能透視出一種從廢墟中升起的通向拯救王國的遠景。」（班雅明《德國悲劇的起源》）也就是說，虛無的「廢墟」感，就是救贖的過程，恰如「彌賽亞」（救世主）來臨之前的陣痛，是救贖的另一種形式。對於存在主義者而言，上帝是否存在並不重要，重要的是人在存在中重新確立自己、確立自由，即「存在先於本質」。在世界與我的同構中，尋求「不存在的存在，和存在的不存在感」之間的平衡。

生活是一幕幕的境遇劇，那是未知的結果，只有待我們自己冒險地做出選擇。

陳昇對待命運的態度正是這種存在主義的態度，他會問自己：「人生比較無常，還是故事比較荒謬？」他很多歌曲充滿了對人生的質疑，以至於有人把陳昇看作「頹廢歌手」。然而他對生存意義的懷疑態度反而使他強烈地肯定生命存在的價值，其中包括對社會的批判和反抗。在〈美好的哲學課〉這首歌曲中，陳昇唱道：「當年那個瘋狂的小孩，轉眼之間變成了嘮叨的歌手。」對於陳昇，兒時的瘋狂是一種反抗的姿態；成人的嘮叨也是一種反抗的姿態。反抗成為陳昇「行動的自由」：他反抗市場、反抗主流、反抗專制、反抗社會的種種不公義……

〈美好的哲學課〉是昇式哲學，即沒有抽象概念的生活哲學。陳昇後來在談到這首歌時說，一般人會把不懂的東西丟給哲學，再不懂的東西就丟給神學。但陳昇要把不懂的東西丟給自己，做自己靈魂的主宰。他要在真理的探尋道路上，成就自身的意義。他要在自由的行動中，去創造自己的本質。他要freedom, like a bird.

陳昇，一位擁有詩人和哲人靈魂的音樂家。他對生活的激情，是他藝術創作的最大動力。歌唱是昇式最質樸的「我的言說」；真摯動人的曲風來自於擁有真情的人。這種激情是內在的、自我的，是最原初的、最真實的情感。陳昇以一個詩人的情懷，哲學家的思考，面對世間物質與精神的衝突和對立，並將這個主題透過他的歌曲，處理得意氣風發、翻江倒海。陳昇唱人的慾望和掙扎，唱世界的荒謬和冷酷。聽者可以很強烈地從歌詞和音樂中，感覺到他所要給你的東西。

被稱作「存在主義音樂人」的巴布·狄倫，寫下許多具有強烈的異鄉人、荒謬、反抗元素的歌曲，像一九七五年出版的專輯《血淚交織》。狄倫是自由的思想者，是自由的精靈。他拒絕躲進舒適的庇護所，選擇站在發霉的街頭，思考人類的命運。他將批判思維融入他的歌曲，開創以流行媒介喚醒人們關注社會的先河。狄倫的音樂是屬於社會的，儘管他坦言：「我確實從來都只是我自己：一個民謠音樂家，用噙着淚水的眼睛注視灰色的煙霧，寫一些在朦朧光亮中漂浮的歌謠。」

同樣，陳昇也是用音樂看世界、看人生，看自己。像〈細漢仔〉、〈一百萬〉、〈壞子〉、〈嗚哩哇啦〉這樣憤世嫉俗的作品。正是在激情和反抗中，作為音樂人的陳昇，其自由的行動得以彰顯，難怪有人稱陳昇為臺灣的巴布·狄倫。

搖滾風的〈汀州路的春天〉是陳昇對荒謬世界的真正吶喊。在這裡，揶揄的矛頭從底層轉向所謂的精英階層和利益集團：

稻草人在無歌的時代裡哭泣
女巫的店在傳染病中掙扎不能成眠
屬於美麗的歌的記憶
都離開，都離開

瘋癲的教授怒罵著帝國主義

椰林大道瀰漫著溫香軟玉
如風般的約定是否
都存在，都存在

巴黎公社有些應該殺死的野人
每一個人在虛擬的世界都是調情高手
屬於善良的記憶
都離開，都離開

自以為是的知識份（分）子大張旗鼓
撻伐故鄉滾不動的一顆頑石
搖滾樂在沒有骨氣的時代是有點煩
……

生命總有許多不同的路
你要不走你就閉嘴沈默
如風的謎語就當我
從沒說，從沒說

歌詞反浪漫主義的味道很濃。歌者在感嘆一個理想和個性缺失的年代，斥責一個道德虛偽的年代；這種缺失和虛偽比「看一場不痛不癢的電影，談一場沒有目的的愛情」的無聊日子更可怕，因為整個社會進入了虛無的荒誕，「忘了當年的豪情」。整首歌曲中搖滾的配樂相當給力，歌者的嘲諷把對時代的討伐一次次推向高潮。

對陳昇來說，堅守原初的理念是他的宿命，即便世人把它視為「如風的誑語」。像薛西弗斯一樣，陳昇還要去推那「滾不動的一顆頑石」。

自由在虛無中獲得肯定

在訪談節目中，陳昇多次問到哲學的一個基本問題：「Where are my come from?」（昇式英文表達法），為了回答這個問題，他做了「歸鄉」的「原初思考」，在「我從哪裡來」的問題中尋求「我是誰」的答案。陳昇用「歸鄉還原法」表明存在的意義並不僅僅在瞬間的存在，而是當意識進入時間流時才顯現出來。事實上，「人從哪裡來？」這個問題是要解決「人要到哪裡去？」的問題，也就是形而上學的「根」、「基石」或有關存有（being）的本體論問題。但如果你強調的是「流浪」，堅持「不要問我從哪裡來」，你就避免了形而上學的原初思考。宛如詩人在流浪中，向死亡、向孤獨、向遺忘舉杯。

其實，無論是歸根的模式，還是流浪的模式，都離不開「我是誰？」的問題。古希臘德爾斐箴言[2]把「認識你自己」（know thyself）看作哲學的根本問題。尼采說：「我們怎樣找回自己呢？人怎樣才會認識自己？他是一個幽暗的被遮掩的東西；如果說兔子有七張皮，那麼人即使脫去七十乘七張皮，仍然不能說：這就是真正的你了，這不再是外殼了。……你的真正的本質並非藏在你裡面，而是無比的高於你，至少高於你一向看作你的自我的那樣東西。」（尼采《悲劇的誕生》）

尼采的意思是，找回真正的自己需要超越現在的自己。陳昇的音樂具有對「我是誰？」深刻的思考。他可以懷疑一切，但他無法懷疑他在懷疑。「如果我依戀在春風裡，就沒有了我自己」（〈春風大酒店〉），陳昇對自我的懷疑就是對自我的肯定。

陳昇有歸根的需求，但在大多情況下，他似乎又滿足於「流浪」的快樂：「我不能停住腳步，往哪裡去也不清楚。」（〈蘑菇蘑菇〉）如果你問他，人生的意義究竟是什麼？陳昇一定會告訴你：「答案在風中。」（The answer is blowing in th wind）他多次表白：「我認為這世界上沒有標準答案的，音樂沒有，愛情沒有，我也沒有。」作為創作者和歌者，陳昇的職責在於召喚，而不在於解答。

「答案在風中」的意思不是說沒有答案，而是要你自己去尋找答案。存在主義哲學一直堅持個人的、獨立的經驗，堅持人生沒有一個現成的、一勞永逸的答案。所以，我們人生的意義就是在尋找一個看似沒有的答案——這大概就是卡繆「流浪」的意涵：我們荒謬地在一個荒謬的世界裡尋找荒謬的意義。聽上去很像一個流行的哲學笑話：哲學家在做什麼？他在一間黑暗的屋子裡尋找一頂黑色的帽子。

哲學的意義在於「尋找」。因為尋找，所以自由；因為自由，所以要為我們人生的每一個選擇負責。尋找也是自我意識的覺醒，自我塑造的過程。陳昇在〈牡丹亭外〉唱道：「這世界有點假，可我莫名愛上她。」陳昇是這樣看待世態炎涼，以及活在世態炎涼中的自己。用卡繆的話重新演繹，就是「這世界有點荒謬，可我莫名愛上她」。黃梁一夢幾十年，夢裡的人沒看懂；夢外的人也沒看懂。其實，懂不懂不要緊，先愛上她再說。先愛上就是先要「活著」，所以陳昇告訴我們：「生命的最終意義，無非就是好好活著吧。」（《城市畫報》，二〇〇八年）

有一張ELLE'96十月紀念CD，名為「Bobby's Talk About Man and Woman，陳昇論男

2 德爾斐（Δελφο ）為古希臘城邦的共同聖地，主要供奉「德爾斐的阿波羅」，阿波羅神廟上刻有三句箴言，為古希臘民族的智慧與品格指導，分別為「妄立誓則禍近」、「凡事不過份」，以及「認識你自己」。其中以鑿刻於大門上的「認識你自己」最為知名。

女」（一九九六年），其中有一段陳昇與好友、臺灣知名的漫畫人蕭言中的對話：

陳：小中

蕭：怎樣？

陳：你覺得自由的定義是什麼啊

蕭：自由啊？

陳：對啊

蕭：就是做夢，然後沒有牽絆的去完成你的夢

蕭言中的幽默在於暗示一個信息：自由就是超越現實；超越現實才是人生的大夢。自由，是哲學不可迴避的問題，也是陳昇音樂所關注的問題。陳昇常說：我是自由人，我喜歡自由。他自稱是一個「喜歡到處遊蕩的」自由的歌者，一個「貪玩又自由的風箏」。但在實際生活中，我們雖然渴望自由，但內心卻又非常害怕真正的自由。正如人本主義心理學家埃里希·佛洛姆在《逃避自由》一書中所指出的那樣，自由是一個人最大的重擔，因為自由意味著我們不得不為自己的選擇負責。

按照沙特的說法，我們對生活的恐懼來自於我們的自由經驗。抉擇帶來焦慮（如果選擇錯了怎麼辦？），所以我們選擇逃避自由，容讓自我被其他事物所決定；在出現問題的時候，我

們會找藉口和埋怨他人。沙特將「拒絕選擇」稱作「虛假的信念」（bad faith）或「非本真的存在」（inauthentic existence）。人生主要的問題是克服自欺欺人，客服各種的牽絆，找尋本真的存在（authentic existence），即是要擁抱自己的自由，又要負上自我創造的責任。

從今人的角度來講，存在主義的自由觀也有一定的意義，它有別於庸俗的自由觀。這種自我塑造的自由，需要勇氣去面對和承擔，就像陳昇的歌所唱的那樣：

> 我想做一些從來都沒做過，連自己也感到訝異的事情
> 這一次，我決定私奔，和我自己
>
> ——〈我喜歡私奔和我自己〉

為了自我創造，我們有時必須打破既定的思維框架和觀念的冰層，在本真的存在中找回原始的野性水流，讓我們的生命真正成為一道自由湧動的水流。在我看來，陳昇的自由觀是存在主義的自由觀。他用自由追尋他的音樂夢想，超越現實的羈絆，完成自我創造的理想。他明晰世界上沒有不受外在限制的自由，就像在天空自由飛翔的風箏，再自由也有線的指引和風的影響。儘管如此，自由仍然是陳昇所崇拜的最高價值，是他的精神命脈：「慾望的門已開，夢的草原沒有盡頭／夢裡憂鬱的花香飄浮在風中。」（〈關於男人〉）

如沙特所言：「人命中注定是自由的。」（Men are condemned to be free.）這裡的自

由，既是形上學意義上的，也是社會學意義上的。自由在虛無中獲得肯定。所以沙特說：「自由之為自由僅僅是因為選擇永遠是無條件的。這樣的選擇由於它毫無支撐點，由於它向自己規定著自己的動機，所以可能顯得是荒謬的，而事實上也的確是荒謬的。」（沙特《存在與虛無》）

從這個意義上來說，自由孤獨者純意識的自主性，意味著選擇的自主。選擇是在自由和必然之間，主體的知覺活動。在存在主義哲學中，我們可以看出：存在＝虛無＝自由。哲學是通過思維讓人的內心達到獨立自存的道路。自由無法解決人生中的一切問題，但自由可以讓一個人保持活下去的心態。

宇宙有沒有盡頭？

同自由的話題一樣，「宇宙有沒有盡頭？」這一關乎哲學宇宙——本體論的問題，已經成為昇式插科打諢的幽默（陳昇於演唱會上，曾多次問歌迷這個問題）。宇宙迷思的終結，就是音樂狂歡的開始。每當主持人問他一個他不願回答的話題時，他會用這個嚇人的大問題反問人家。哲學界有個流行的說法，被本體論糾纏困擾的人一定是個瘋子。按照這個邏輯，陳昇就是個瘋子。

英文中有一個詞是cosmogony（宇宙演化論），與cosmology（宇宙學）同源，皆有「宇宙論」的含義。cosmogony強調有關宇宙之源的科學理論，以及其敘述的文化層面（包括語言邏輯、倫理學等等），也就是說，對宇宙意義的解讀會影響我們的生活態度。

在中文中，「宇宙」一詞代表空間與時間：「上下四方曰宇，往古來今曰宙。」《莊子．齊物論》有「旁日月，挾宇宙」之說，中國人思考宇宙，萬物、人事，都是一個大整體。在古希臘文化中「宇宙論」（亦稱「天體論」）中的「宇宙」（cosmo）一詞義有「秩序」的含義，與「混亂」（chaos）對立。

中國而言，時空之前稱之為「混沌」。現在我們說的「宇宙」指的是英文的universe，關於宇宙，科學哲學目前有很多的說法。大爆炸理論（big bang theory）認為宇宙自形成以來一直在膨脹。宇宙如不是可以無限制的膨脹，就是等到脹到某一個最大值時就會開始收縮，最後會收縮成一個點，通常稱為「大崩墜」（big crunch）。陳昇有一次回答自己的問題，認為「宇宙沒有盡頭」，所以一切都歸於虛無。

作為宇宙的一部分，人的存在只不過是偶然演化過程中的一瞬間而已，沒有什麼永恆不變的價值。人生眼見的一切，小至草木、塵埃、大至宇宙星辰，都沒有什麼固定不變的意義。存在主義強調人生之存在，並無預設之意義，很多事情的發生屬於偶然而非必然，關注點因此在「偶然」的意義上，也就是說，生命在一定意義上是盲目的、任意的，偶然的。然而，對於像康德這樣的哲學家，說宇宙沒有目的，生命純粹是偶然，會是一件很恐怖的事情。因為康德認為，在盲目和偶然的框架下，自由失去了支撐點。

中國傳統講：「人生代代無窮已，江月年年只相似。」老子說：「（宇宙）之道是視之不見、聽之不聞、搏之不得。」但與此同時，「道又是無邊無際、無所不在。」中國哲學著重「心物一元」，即所謂「大宇宙」和「小宇宙」的同一性，也就是宇宙（或曰「道」）與存在者的同一性。古人喜歡講「宇宙人生」，聽起來好宏大，但顯示中國哲學的獨特性，即從內視的空間走向外視的空間。這一點與存在主義思想脈絡有相似之處，因為存在主義也是著重於具體的內視存在。

存在主義要強調的是，如果存在的大宇宙的發生和進化純屬偶然，那麼人生就沒有預設的意義，即非絕對理性的本體論，亦非上帝創世論。然而人的存在又必須要求生命具有意義——這就是存在主義哲學所說的弔詭或悖論（paradox），亦即卡繆所說的荒謬性。具體來講，一個人必須要在生命的苦難中尋找生命的意義，而不能放任命運的左右。因為本體原本的無意義，所以你獲得了自我創造意義的自由！相對於宇宙，個體是微不足道的；相對於我們自己，個體就是一切。

誠然，「宇宙有沒有盡頭」這一問題和陳昇的音樂沒有什麼關係，純粹是陳昇無中生有的俏皮話。這就是陳昇，不把你搞死，他是不會罷休的。但無論如何，我還是喜歡他的幽默感。我不知道宇宙有無盡頭，但我知道陳昇音樂沒有盡頭，用臺灣著名音樂人張培仁的話來講，陳昇是一個「never ending story」（沒有盡頭的故事）。

詩人／音樂人

波特萊爾曾經說過：「詩人享受著無以倫比的恩惠，因為他可以隨心所欲地使自己成為他自己或其他人。……對他自己來說，一切都是敞開的。」（波特萊爾《巴黎的憂鬱》）正因如此，哲學家像尼采、海德格試圖用詩的魔力來表達哲學邏輯概念不可表達的東西。作為詩人，陳昇用意象表達自已的思想和想像；作為哲學家，陳昇用理性反思生命和生存的意義。有些哲學家喜歡玩概念，認為哲學就是「概念構成的科學」。但陳昇不是，他的哲學不是來源於抽象的概念，而是立足於內在和外在的觀察和經驗。作為詩人和音樂人，陳昇注重對生活的直覺和感知，所以他的思想是帶有激情的，而不是冷冰冰的；是來自心靈的思考，而不是來自邏輯的論證。陳昇把生命拋入他的音樂，所以我們所感受的不只是他的音樂，而是他的生命。

英國作家莎拉·貝克威爾寫了一本介紹存在主義哲學的通俗讀物，名為《我們在存在主義咖啡館》，其副題是「那些關於自由、哲學家與存在主義的故事」。貝克威爾認為，與其說存在主義是種哲學，不如說是種心境、是種態度。這個描述亦符合陳昇音樂的特質：他的歌唱出的是種心境和態度。可以說，陳昇是位為數不多，能把心境和態度唱出的歌者。

在不經意中，陳昇把內心的波瀾化為感人的音樂。他唱人生、唱愛情、唱無奈、唱生死、唱荒謬、唱解脫。他用他獨特（有些怪異）的音樂，細數著人生的哲理。對於我，陳昇是詩人／哲學家／歌者，是自由靈魂的綿延；他的音樂創作是自由靈魂的符碼。

天堂裡沒有太多的哲學
啦啦啦啦
再聽許多的歌吧
——〈假如你能多看我一眼〉

陳昇嘲笑荒謬的寫歌人，也嘲笑荒謬的聽歌人。然而我們正是在這種雙重的荒謬中，開始了心靈深處的自我審視。內心的激情、衝突、逆轉、升騰都在荒謬中一一展示。生命可以是支離破碎的，但我們不會放棄。

陳昇的說唱中，我們體驗著原始的生命之流，直面「我是誰」的拷問。伴隨著音符的流動，聽者可以由被動變成主動；甚至超越歌曲本身，去捕捉那份屬於自己生命的感動和精神的意涵。因此，對於聆聽者來說，我們從音樂中獲得的不是對原創者的複製，而是對原作品的召喚，對原有意義的延伸。這一切，可以是直覺感性的、也可以是理性反思的。喜歡陳昇，因為在他的歌聲中，我觸摸到躲在黑暗角落中的自己。

我要說，陳昇的歌是我經歷過，最難忘的「美好的哲學課」。他的歌曲時常比抽象的概念更接近思想的脈絡，也更接近生命的原初。平實的歌詞，經由音樂相應相扣的連接，組合成獨有的哲思符碼，演繹出對人生是非的探尋、對自由和選擇的擔當。

生命的旅，沒有來，都是去的；而生命的旅程，真是有趣啊
有喜，有悲，也恨，也有愛；生命的旅程，真是有趣啊

——Airport Malpensa

■

我在媒體上看到，陳昇二〇一七年跨年音樂會的主題是「說故事的自由人」，不禁暗自歡喜。我囉哩囉嗦地寫了一堆，實際上最想要說的，就是自由二字。我們學哲學的人，經常會討論價值取捨的道德困境。而對我而言，在所有的價值中，自由是人生最重要的價值。正如陳昇所言：「唯有自由不羈的靈魂，才能翻越高牆，閱讀每一個人身上的故事。」在新舊交接之際，我期待著這場自由人的盛宴。中國也好，臺灣也好，讓所有熱愛陳昇的歌迷，同陳昇一道，把自由的音符自由地揮灑。

「原諒我一生不羈放縱愛自由」——這是香港知名的搖滾樂Beyond，其〈海闊天空〉一曲中的一句歌詞。陳昇的演唱會上，也曾多次出現過這首歌，以表達他對自由的釋放。在網路上，我看過陳昇與Beyond同臺的錄影。我想，他們之所以相互欣賞，是因為他們擁有共同的理念，即自由精神。我愛陳昇的歌，正是因為愛他所表達的人生，愛他所表達的自由！

我喜歡思奔，和陳昇的歌。

後記

數月前，在不經意當中聽見陳昇的歌，並在瞬間擴散到我心靈的每個角落。我一下栽進了陳昇的音樂世界，開始被他的歌聲所吞噬：早上聽、晚上聽，走到哪裡聽到哪裡。我放下手邊要趕寫的學術論文、放下要遞交的學術研究申請報告，開始在互聯網上收集我可以找到的任何和他有關的音像資料。還好，是暑期期間，我不用擔心上課、備課的問題。或許，我會把陳昇的音樂帶進課堂；我的學生一定會覺得我的神經出了毛病。儘管如此，我還是琢磨著陳昇的哪一首歌適合我教授的哪一門課、哪個環節。

整整一個月，我都處在一個癲狂的狀態，滿腦子都是陳昇的歌聲。就是和朋友交談，我也會多次提到他的名字。我的朋友大多不熟悉這個名字，會奇怪地問我：陳昇是誰？

新學年到了，我有些為自己的情緒擔憂。我一輩子沒有做過哪位歌星的粉絲，對偶像崇拜更是嗤之以鼻。沒想到現在的我卻「墮落」到如此地步！這種迷狂、沉醉、戰慄讓我自己吃驚。為了靈魂的自我拯救，也為了記錄這段瘋狂的經歷，我做了一個衝動的決定：乾脆寫些和陳昇有關的東西。這樣一來，我就有理由為自己不停地聽他，看他、想他、說他來「正名」。

於是，忙裡偷閒，我開始寫他的音樂，寫我的感受。陳昇用音樂圖解他的思想，我則是用文字圖解他的音樂。

我在三個月內完成了這本書稿。我從在網路的虛擬世界第一次看到陳昇，到迷戀上他的音樂，再到完成這本書稿，大概有四個月的功夫，這也算是一種同我projected對象「閃婚」的形式吧。

本來只想隨意圖寫，藉機抒發一下我個人的感受，讓自己的情緒有個發洩的平臺。沒想到越寫越多，越寫越理性，好像在做哲學論文。我把寫好的幾章拿給我的一位做過多年編輯的好友。她讀完後對我說：「你應該再放鬆些，想說什麼就說什麼，不要太顧及前因後果、上下邏輯。就像陳昇那樣，自由些。」我只有苦笑，幾十年的學院派訓練，我已經喪失「好好說話」的能力。

書名定為「我喜歡思奔，和陳昇的歌」，借用了陳昇的歌名〈我喜歡私奔和我自己〉。「私奔」這個詞有意思，倔強任性、打破禁忌、追求自由。喜歡陳昇，其中一個重要的原因是喜歡他「浪人」恣意的姿態。

「這世界有點假，可我莫名愛上他。」Bobby，你在我的記憶中走過一回。歲月寂寥，因有你而喜悅。謝謝！

同時，我要感謝好友Johnny（潘明倫教授）、香港浸會大學文學院署理院長為我的書作序。潘教授是西洋古典音樂專家，也是浸大交響樂團及香港巴羅克室樂團的音樂總監。當我告訴他，我寫的是臺灣音樂人陳昇，與香港和古典音樂都沒有關係。他只說了一句話：「妳寫他，自有妳要寫的道理。」

還要感謝好友Leo（張錦青教授）和Zac（劉宗坤律師），感謝他們對我的鼎力支持。張教授是研究維特根斯坦的學者，他用維氏理論解讀莊子的哲學，頗有獨特的見解。劉律師在美國休斯敦有自己的事務所，平時業務繁忙。他也曾是研究宗教和哲學的學者，為了給我作序，特意抽出時間，研聽陳昇的音樂。

還要提一下我的閨蜜們：媛媛、素英、文娟、蔚、潔、方方、Melody和Stella。當我「熱戀於」陳昇和他的音樂時，她們能耐著性子，聽我的絮叨。媛媛還自願成為我的「經紀人」，為我張羅出書的具體事宜。

感謝我的先生Tony，一位因熱衷於寫詩作畫而辭退工作的IT高管。雖然是「理工男」出身，他會時不時地做一些不著調的事情（這一點，和陳昇有一拚）。本書的油畫插圖，皆出於他的手筆。

感謝時報出版的陳信宏主編，雖然至今還未有幸與陳主編見過面。沒有陳主編的盡心推薦，玉成此書，我的書稿或許至今還只是靜靜地躲在我的電腦裡呢。

最後要感謝此書的責任編輯、美術設計及其他工作人員。特別是瓊苹，我們因書結緣，雖然至今只是通過電腦書寫往來，可我覺得我們已是認識多年的好友啦。

二〇一八年十二月於香港九龍塘

陳昇歌曲音樂著作權
※歌曲名依首字排列

20歲的眼淚
詞曲:陳昇
OP:新樂園製作有限公司
SP:Rock Music Publishing Co. , Ltd.
50米深藍
詞曲:陳昇
OP:新樂園製作有限公司
SP:Rock Music Publishing Co. , Ltd.
One Night In北京
詞曲:陳昇
OP:新樂園製作有限公司
SP:Rock Music Publishing Co. , Ltd.
詞:劉佳慧
OP:Rock Music Publishing Co. , Ltd.
SUMMER
詞曲:陳昇
OP:新樂園製作有限公司
SP:Rock Music Publishing Co. , Ltd.
一個人去旅行
詞曲:陳昇
OP:新樂園製作有限公司
SP:Rock Music Publishing Co. , Ltd.
曲:蔡科俊
OP:Rock Music Publishing Co. , Ltd.
凡人的告白書
詞曲:陳昇
OP:新樂園製作有限公司
SP:Rock Music Publishing Co. , Ltd.
子夜二時，你做什麼
詞:陳昇
OP:新樂園製作有限公司
SP:Rock Music Publishing Co. , Ltd.
不再讓你孤單
詞曲:陳昇
OP:新樂園製作有限公司
SP:Rock Music Publishing Co. , Ltd.
半生情
詞曲:陳昇
OP:新樂園製作有限公司
SP:Rock Music Publishing Co. , Ltd.
四號
曲:陳昇
OP:新樂園製作有限公司
SP:Rock Music Publishing Co. , Ltd.
汀州路的春天
詞曲:陳昇
OP:新樂園製作有限公司
SP:Rock Music Publishing Co. , Ltd.
她不是我的
詞曲:陳昇
OP:新樂園製作有限公司
SP:Rock Music Publishing Co. , Ltd.
老爹的故事
詞曲:陳昇
OP:新樂園製作有限公司
SP:Rock Music Publishing Co. , Ltd.
老麻的私事
詞曲:陳昇
OP:新樂園製作有限公司
SP:Rock Music Publishing Co. , Ltd.
冷情歌
詞曲:陳昇
OP:新樂園製作有限公司
SP:Rock Music Publishing Co. , Ltd.
別讓我哭
詞曲:陳昇
OP:新樂園製作有限公司
SP:Rock Music Publishing Co. , Ltd.
我沒在那
詞曲:陳昇
OP:新樂園製作有限公司
SP:Rock Music Publishing Co. , Ltd.

我喜歡私奔和我自己
詞曲:陳昇
OP:新樂園製作有限公司
SP:Rock Music Publishing Co. , Ltd.
夜
詞曲:陳昇
OP:新樂園製作有限公司
SP:Rock Music Publishing Co. , Ltd.
妹妹
詞曲:陳昇
OP:新樂園製作有限公司
SP:Rock Music Publishing Co. , Ltd.
青鳥日記
詞曲:陳昇
OP:新樂園製作有限公司
SP:Rock Music Publishing Co. , Ltd.
思念人之屋
詞曲:陳昇
OP:新樂園製作有限公司
SP:Rock Music Publishing Co. , Ltd.
恨情歌
詞曲:陳昇
OP:新樂園製作有限公司
SP:Rock Music Publishing Co. , Ltd.
春風大酒店
詞曲:陳昇
OP:新樂園製作有限公司
SP:Rock Music Publishing Co. , Ltd.
孩子氣
詞曲:陳昇
OP:新樂園製作有限公司
SP:Rock Music Publishing Co. , Ltd.
昨天今天明天
詞曲:陳昇
OP:新樂園製作有限公司
SP:Rock Music Publishing Co. , Ltd.
風見雞
詞曲:陳昇
OP:新樂園製作有限公司
SP:Rock Music Publishing Co. , Ltd.
風箏
詞曲:陳昇
OP:新樂園製作有限公司
SP:Rock Music Publishing Co. , Ltd.
哥哥是英雄
詞曲:陳昇
OP:新樂園製作有限公司
SP:Rock Music Publishing Co. , Ltd.
害怕
詞曲:陳昇
OP:新樂園製作有限公司
SP:Rock Music Publishing Co. , Ltd.
拿起來放下
詞曲:陳昇
OP:新樂園製作有限公司
SP:Rock Music Publishing Co. , Ltd.
柴魚
詞曲:陳昇
OP:新樂園製作有限公司
SP:Rock Music Publishing Co. , Ltd.
浮雲車站
詞曲:陳昇
OP:新樂園製作有限公司
SP:Rock Music Publishing Co. , Ltd.
航班116
詞曲:陳昇
OP:新樂園製作有限公司
SP:Rock Music Publishing Co. , Ltd.
宿命
詞曲:陳昇
OP:新樂園製作有限公司
SP:Rock Music Publishing Co. , Ltd.
從來不是主流
詞曲:陳昇
OP:新樂園製作有限公司
SP:Rock Music Publishing Co. , Ltd.

細漢仔
詞曲：陳昇
OP：新樂園製作有限公司
SP：Rock Music Publishing Co. , Ltd.
最後一次溫柔
詞曲：陳昇
OP：新樂園製作有限公司
SP：Rock Music Publishing Co. , Ltd.
最後一盞燈
詞曲：陳昇
OP：新樂園製作有限公司
SP：Rock Music Publishing Co. , Ltd.
無神論者的悲歌
詞曲：陳昇
OP：新樂園製作有限公司
SP：Rock Music Publishing Co. , Ltd.
黑夢
詞曲：陳昇
OP：新樂園製作有限公司
SP：Rock Music Publishing Co. , Ltd.
塔裡的男孩
詞曲：陳昇
OP：新樂園製作有限公司
SP：Rock Music Publishing Co. , Ltd.
溫柔的迪化街
詞曲：陳昇
OP：新樂園製作有限公司
SP：Rock Music Publishing Co. , Ltd.
路口
曲：金城武
OP：Rock Music Publishing Co. , Ltd.
詞：陳昇
OP：新樂園製作有限公司
SP：Rock Music Publishing Co. , Ltd.
像父親那樣的人
詞曲：陳昇
OP：新樂園製作有限公司
SP：Rock Music Publishing Co. , Ltd.
漠然
詞曲：陳昇
OP：新樂園製作有限公司
SP：Rock Music Publishing Co. , Ltd.
鴉片玫瑰
詞曲：陳昇
OP：新樂園製作有限公司
SP：Rock Music Publishing Co. , Ltd.
擁擠的樂園
詞曲：陳昇
OP：新樂園製作有限公司
SP：Rock Music Publishing Co. , Ltd.
錢歌
詞曲：吳紅巾
OP：Rock Music Publishing Co. , Ltd.
歸鄉
詞曲：陳昇
OP：新樂園製作有限公司
SP：Rock Music Publishing Co. , Ltd.
藍
詞曲：陳昇
OP：新樂園製作有限公司
SP：Rock Music Publishing Co. , Ltd.
鏡子
詞曲：陳昇
OP：新樂園製作有限公司
SP：Rock Music Publishing Co. , Ltd.
關於男人
曲：楊騰佑
OP：Rock Music Publishing Co. , Ltd.
詞：陳昇
OP：新樂園製作有限公司
SP：Rock Music Publishing Co. , Ltd.

譯名對照

引子

馬勒　Gustav Mahler

《追風箏的孩子》　*The Kite Runner*

梅特林克　Maurice Maeterlinck

《青鳥》　*L'Oiseau bleu*

奧尼爾　Eugene O'Neill

《天邊外》　*Beyond the Horizon*

1. 民謠

華茲華斯　William Wordsworth

佛斯特　Robert Frost

〈故鄉的人們〉　The Old Folks at Home

〈山腰上的家〉　Home on the Range

〈山南度〉　Shenandoah

〈甜蜜的家〉　Home, Sweet Home

〈往事難忘〉　Long, Long Ago

〈在老斯莫基山頂上〉　On Top of Old Smokey

〈愛琳，晚安〉　Irene, Good Nigh

〈深谷相思〉　Down in the Valley

〈俄亥俄的河堤〉　Banks of the Ohio

奧莉薇亞・紐頓–強　Olivia Newton-John

桃莉・巴頓　Dolly Parton

強尼・凱許　Johnny Cash

四兄弟合唱團　Brothers Four
〈芳草萋萋〉　The Green Field
〈七朵水仙花〉　Seven Daffodils
娜娜・慕斯庫莉　Nana Mouskouri
〈一次又一次〉　Over and Over
《辛德勒的名單》　*Schindler's List*
瓊・拜雅　Joan Baez
巴布・狄倫　Bob Dylan
史蒂芬・賈伯斯　Steve Jobs
〈鑽石與鐵鏽〉　Diamond and Rust
〈答案在風中〉　Blowin' in the Wind
D. A. 彭尼貝克　D. A. Pennebaker
《別回頭》　*Dont Look Back*（這裡Don't故意沒有「'」）
〈地下鄉愁藍調〉　Subterranean Homesick Blues
〈鈴鼓手先生〉　Mr. Tambourine Man
比比金　B. B. King
〈你能有多藍／憂傷〉　How Blue Can You Get
帕華洛帝　Luciano Pavarotti
康威・崔提　Conway Twitty
〈瓊妮別哭〉　Don't Cry Joni
威利・尼爾森　Willie Nelson
〈新奧爾良之城〉　City of New Orleans
〈常駐我心頭〉　Always on My Mind
珮西・克萊恩　Patsy Cline
〈她得到了你〉　She's Got You
凱莉・安德伍　Carrie Underwood
仙妮亞・唐恩　Shania Twain
泰勒絲　Taylor Swift
費絲・希爾　Faith Hill

貓王　Elvis Presley
湯姆・瓊斯　Tom Jones
〈綠草如茵的家園〉　The Green Green Grass of Home
柯林・布雷克　Clint Black
〈新好男人〉　A Better Man
尼爾・楊　Neil Young
李歐納・柯恩　Leonard Cohen
〈花落何方〉　Where Have All the Flowers Gone
米哈伊爾・肖洛霍夫　Mikhail Sholokhov
《靜靜的頓河》　*And Quiet Flows the Don*
皮特・西格　Pete Seeger
齊格蒙・鮑曼　Zygmunt Bauman
《液態之愛》　*Liquid Love*

2. 情歌
喬治・麥可　George Michael
〈無心快語〉　Careless Whisper
麥可・波頓　Michael Bolton
〈當一個男人愛上一個女人〉　When a Man loves a Woman
《無比情深》　*My Secret Passio*
艾佛利兄弟二重唱　The Everly Brothers
〈沉醉於夢中〉　All I Have to Do is Dream
〈你永遠不會獨行〉　You'll Never Walk Alone
〈我們其中的一個不會錯〉　One of Us Cannot Be Wrong
英格伯・漢普汀克　Engelbert Humperdinck
康德　Immanuel Kant
尼采　Friedrich Nietzsch
〈槍與玫瑰〉　Gun N' Roses

《查泰萊夫人的情人》 *Lady Chatterley's Lover*
〈帶我舞向愛的盡頭〉 Dance me to the end of love
胡立歐・伊格萊西亞 Julio Iglesias
〈致我愛過的所有女孩〉 To All the Girls I Have Loved Before

3. 歸鄉
海德格 Martin Heidegger
《存在與時間》 *Being and Time*
弗里德里希・荷爾德林 Friedrich Hölderlin
古斯塔夫・馬勒 Gustav Mahler
《大地之歌》 *Das Lied von der Erde*
《藝術作品的本源》 *Der Ursprung des Kunstwerkes*
梵谷 Vincent van Gogh
伽斯頓・巴舍拉 Gaston Bachelard
米蘭・昆德拉 Milan Kundera
《查拉圖斯特拉如是說》 *Also sprach Zarathustra*

4. 宿命
索福克里斯 Sophocles
《伊底帕斯王》 *Oedipus Rex*
《阿伽門農》 *Agamemnon*
亞里斯多德 Aristotle
阿爾貝・卡繆 Albert Camus
《薛西弗斯的神話》 *Le Mythe de Sisyphe*
沙特 Jean Paul Sartre
《牆》 *Le Mur*
亞瑟・米勒 Arthur Miller
《推銷員之死》 *The Death of a Salesman*
田納西・威廉斯 Tennessee Williams

《玻璃動物園》 *The Glass Menagerie*
《自由之路》 *Roads to Freedom*
艾耶爾　A. J. Ayer
《悲劇的誕生》 *Die Geburt der Tragödie aus dem Geiste der Musik*

5. 記憶
愛倫・坡　Edgar.Allan Poe
〈鍾聲〉 Bells
肯尼・羅傑斯　Kenny Rogers
羅伯特・佛洛斯特　Robert Frost
〈無人走過的路〉 The Road Not Taken
瑪莉・霍普金　Mary Hopkin
〈往日時光〉 Those Were the Days
阿里・郭利斯馬基　Aki Kaurismäki
馬塞爾　Gabriel Marcel
雅克・德希達　Jacques Derrida

6. 孤獨
《去年在馬倫巴》 *L'Année dernière à Marienbad*
亞倫・雷奈　Alain Resnais
亨利・伯格森　Henri Bergson
《孤獨星球》 *Lonely Planet*
《波士頓環球報》 *Boston Globe*
〈獨自旅行的女性？世界也可以是妳的牡蠣〉 Women Travelling Alone? The World Can Be Your Oyster, Too
莎士比亞　William Shakespeare
《溫莎的風流婦人》 *The Merry Wives of Windsor*
柏拉圖　Plato
〈會飲篇〉 Symposium

阿里斯多芬　Aristophanes
《致死之病》 *Sickness onto Death*
索倫・齊克果　Søren Kierkegaard
《非此即彼》 *Either/Or*
叔本華　Arthur Schopenhaue
《陌生人之歌》 *The Stranger Song*
《美麗失敗者》 *Beautiful Losers*（暫譯）
賈科莫・萊奧帕爾迪　Giacomo Leopardi
〈無限〉 The Infinite
艾瑞克・克林南伯格　Eric M. Klinenberg
《獨居時代》 *Going Solo*：*The Extraordinary Rise and Suprising Appeal of Living* Alone

7. 藍色

伊夫・克萊茵　Yves Klein
威廉・蓋斯　William H. Gass
《藍——一段哲學的思緒》 *On Being Blue:A Philosophical Inquiry*
《美國心玫瑰情》 *American Beauty*
凱文・史貝西　Kevin Spacey
德布西　Achille-Claude Debussy
艾爾加　Edward Elgar
《海景三十七》 *Sea Pictures, Op. 37*
佛漢・威廉斯　R. Vaughan Williams
《海之交響曲》 *A Sea Symphony*
茱莉葉・畢諾許　Juliette Binoche
《藍色情挑》 *Bleu*
克里斯多夫・奇士勞斯基　Krzysztof Kie lowski
藍白紅三部曲　Trois Couleurs
《藍色是最溫暖的顏色》 *Blue is the Warmest Color*

柯西胥　Abdellatif Kechiche
朱莉・馬侯　Julie Maroh
史蒂芬・史匹柏　Steven Spielberg
《月光下的藍色男孩》 *Moonlight*
詹姆斯・希爾頓　James Hilton
法蘭克・辛納屈　Frank Sinatra
吉爾・德勒茲　Gilles Deleuze
《駭客任務》 *Matrix*
阿迪・商羯羅　Adi Shankara

8. 嬉戲
赫拉克利特　Heraclitus
弗里德里希・席勒　Friedrich Schiller
《審美教育書簡》 *On the Aesthetic Education of Man*

9. 流浪
萊蒙托夫　М. Ю. Лермонтов
約翰・藍儂　John Lennon
吉姆・莫里森　Jim Morrison
大衛・布魯克斯　David Brooks
《液態現代性》 *Liquid Modernity*
《BOBO族：新社會精英的崛起》 *Bobos in Paradise*
馬里翁　Jean-Luc Marion
《流浪者之歌》 *Lieder eines fahrenden Gesellen*
法蘭茲・舒伯特　Franz Schubert
《冬之旅》 *Winterreise*
披頭四　The Beatles
〈內在之光〉 The Inner Ligh
〈山上的愚人〉 The Fool on the Hill

加里・斯奈德　Gary Synder
〈道非道〉　The Trail Is Not a Trail
〈道之外〉　Off the Trial

10. 真實
《巴布・狄倫的另一面》　*Another Side of Bob Dylan*
〈寶貝兒，那不是我〉　It Ain't Me Babe
弗拉基米爾・納博科夫　Vladimir Nabokov
《蘿莉塔》　*Lolita*
巴爾扎克　Honoré de Balzac
《人間喜劇》　*La Comédie humaine*
查爾斯・波特萊爾　Charles Baudelaire
《惡之華》　*Les Fleurs du mal*
瑪麗蓮・曼森　Marilyn Manson
威廉・布萊克　William Blake
〈天堂與地獄的婚姻〉　The Marriage of Heaven and Hell

11. 男人
弗洛伊德　Sigmund Frued
《敞開心扉，寫下悲傷》　*Opening Up by Writing it Down*（暫譯）
弗拉基米爾・馬雅可夫斯基　Vladimir Mayakovsky
馬塞爾・牟斯　Marcel Mauss
《禮物：古典社會中交換的形式與功能》　*Essai sur le don*
西蒙・波娃　Simone de Beauvoir
《第二性》　*Le Deuxième Sexe*
雅各・拉岡　Jacques Lacan
奧古斯特・斯特林堡　August Strindberg
《父親》　*The Father*
維吉尼亞・吳爾芙　Virginia Woolf

《燈塔行》 *To the Lighthouse*
《唐吉軻德》 *Don Quijote de la Mancha*

12. 都市
阿諾德・荀白克 Arnold Scheobenberg
托馬斯・哈代 Thomas Hardy
《返鄉記》 *The Return of the Native*
西奧多・德萊塞 Theodore Dreiser
《嘉莉妹妹》 *Sister Carrie*
《大亨小傳》 *The Great Gatsby*
法蘭茲・卡夫卡 Franz Kafka
《變形記》 *Die Verwandlung*

13. 匆忙
威廉・古柏 William Cowper
亨利・梭羅 Henry Thoreau
《湖濱散記》 *Walden*
卡爾・歐諾黑 Carl Honoré
《慢活》 *In Praise of Slowness*
尤瑟夫・皮柏 Josef Pieper
席勒 Johann C. F. von Schiller
《閒暇：一種靈魂的狀態》 *Leisure：The Basis of Culture*
赫伯特・馬庫色 Herbert Marcuse
《愛慾與文明》 *Eros and Civilization*
斐德利克・葛霍 Frederic Gros
《走路，也是一種哲學》 *Marcher une Philosophie*
華特・班雅明 Walter Benjamin
《巴黎，十九世紀的首都》 *Charles Baudelaire: A Lyric Poet in the Era of High Capitalism*

14. 哲學

《異鄉人》 *L'Étranger*

《反抗者》 *L'Homme Révolté*

尚・布希亞 Jean Baudrillard

威廉・詹姆士 William James

《權力意志》 *Der Wille zur Macht*

薩繆爾・貝克特 Samuel Beckett

《等待果陀》 *Waiting for Godot*

《德國悲劇的起源》 *Ursprung des deutschen Trauerspiels*

《血淚交織》 *Blood on the Tracks*

埃里希・佛洛姆 Eric Fromm

《逃避自由》 *Escape from Freedom*

《存在與虛無》 *L'être et le néant*

《巴黎的憂鬱》 *Le Spleen de Paris*

莎拉・貝克威爾 Sarah Bakewell

《我們在存在主義咖啡館：那些關於自由、哲學家與存在主義的故事》
At the Existentialist Café: Freedom, Being, and Apricot Cocktails

LEARN系列 041

我喜歡思奔，和陳昇的歌
寫在歌詞裡的十四堂哲學課

作　者—張穎
主　編—陳信宏
編　輯—王瓊苹
責任企畫—曾俊凱
封面設計—海流設計
內頁設計—吳詩婷
內頁油畫—荒目（Tony zhang）
內文排版—極翔企業有限公司
編輯顧問—李采洪
發 行 人—趙政岷
出 版 者—時報文化出版企業股份有限公司
10803台北市和平西路三段二四〇號三樓
發行專線—（〇二）二三〇六—六八四二
讀者服務專線—〇八〇〇—二三一—七〇五
（〇二）二三〇四—七一〇三
讀者服務傳真—（〇二）二三〇四—六八五八
郵撥—一九三四四七二四時報文化出版公司
信箱—台北郵政七九～九九信箱
時報悅讀網—http://www.readingtimes.com.tw
電子郵件信箱—newlife@readingtimes.com.tw
時報出版愛讀者—www.facebook.com/readingtimes.2
法律顧問—理律法律事務所　陳長文律師、李念祖律師
印　刷—勁達印刷有限公司
初版一刷—二〇一八年十二月十四日
定　價—新台幣三六〇元

時報文化出版公司成立於一九七五年，
並於一九九九年股票上櫃公開發行，於二〇〇八年脫離中時集團非屬旺中，
以「尊重智慧與創意的文化事業」為信念。

我喜歡思奔,和陳昇的歌：寫在歌詞裡的十四堂哲學課 / 張穎著. -- 初版.
-- 臺北市：時報文化, 2018.12
288面；14.8X21公分. -- (LEARN系列；41)

ISBN 978-957-13-7626-4（平裝）

1.人生哲學　2.通俗作品

191.9　　107020174

本書所使用陳昇之歌詞，皆獲台灣滾石音樂經紀股份有限公司授權。

ISBN 978-957-13-7626-4
Printed in Taiwan